上海研究院
智库报告系列
丛书主编　李培林

上海金融促进实体经济及长三角一体化

发展研究报告

A COLLECTION OF RESEARCH REPORTS ON HOW SHANGHAI FINANCE PROMOTES THE DEVELOPMENT OF THE REAL ECONOMY AND THE INTEGRATION OF THE YANGTZE RIVER DELTA

上海研究院金融课题组　著

社会科学文献出版社
SOCIAL SCIENCES ACADEMIC PRESS (CHINA)

“上海研究院智库报告系列”编委会

序言1　实现金融与经济可持续发展有赖于金融适度

白钦先*

我的学生上海研究院研究员杨涤博士告诉我，近期由他牵头组织了一批中青年学者完成一组金融研究课题，即将汇集成册并予以公开出版，由于课题组的成员有好几位是我的学生，杨涤邀请我写一篇短序。我现在由于年龄渐长且身体欠佳，不能写长篇文章了，但作为一个长期从事金融研究的老学者，对于中青年学者的迅速成长并能独当一面深感欣慰，便欣然允之。

中国正在中国共产党的领导下，走在逐步崛起并实现伟大的中国梦与民族复兴的康庄大道上。在继续深化改革、推动高质量发展与推进更高水平对外开放的进程中，毫无疑问，金融的作用至关重要。早在1998年，我就提出以金融资源论为基础的金融可持续发展理论，现在看来，这个理论的观点与方法已经被实践证明是正确的，也依然

* 白钦先，我国著名金融学家，辽宁大学金融学国家重点学科首席学术带头人；国务院第四届、第五届学位委员会应用经济学学科评议组成员；中国金融学会常务理事，学术委员会委员；中国国际金融学会常务理事，亚太金融学会中国理事，中山大学岭南（大学）学院特聘教授等；享受国务院政府特殊津贴专家；沈阳市劳动模范；2017年度“中国金融学科终身成就奖”与2012年“中国金融研究杰出贡献奖”获得者。

适用于当前的中国金融分析。金融是资源的核心要义，即对于实体经济而言金融要适度，金融过度或者金融压抑都是不正确的。金融不能偏离实体经济的发展而发展，偏离了实体经济发展，金融就会成为空中楼阁，就会形成泡沫经济，进而可能造成系统性金融风险。用一句话概括即“金融必须坚持不懈地依赖于、依从于、服从于、服务于实体经济”。

近几年来，中央已多次明确指出：金融应该回归于支持实体经济，金融投机应该被抑制。金融行业的平均利润不应长期高于实体经济的平均利润，只有这样才能促进实体经济的发展，进而避免经济的空心化、空洞化和泡沫化，才会促进就业，带动现代服务业的发展，才会更有利于国计民生。美国的华尔街金融就是过度虚拟化、泡沫化，导致美国的实体经济发展严重不足，带来了一系列社会问题。中国总结自身以及国外的正反两方面经验教训，深刻认识到金融适度发展的极端战略重要性。合理利用金融发展促进实体经济发展，鼓励引导金融资源向实体经济领域流入、配置并有效控制金融风险，是实现金融与经济可持续发展的必由之路。

上海研究院金融课题组完成了一组很好的金融课题。这些中青年金融学者与时俱进，紧紧围绕上海的金融发展与实体经济发展这一关键领域展开研究，取得了丰硕的成果。上海市是国际化大都市，也是全国性金融中心，研究上海的金融发展基本上就站在了我国金融研究的前沿，我国金融理论研究发展后继有人，作为老一代金融学者我深感欣慰。

我注意到，他们的研究并不是纯理论性研究，根据需要他们更侧重于对策研究，注重实际调研，从实际中发现问题并运用金融理论去分析问题，进而找到解决问题的对策。他们的研究成果是专业的，也是规范的。这些研究报告的结论足可供政府部门借鉴和参考。当然，他们的研究结论也可能还有不足之处，甚至有错误，但只要结论对策能对政府决策部门有所启发，无论是正向还是逆向，我认为他们的研究就是有意义的，应予鼓励。

正像我以前说过的那样，做科学研究，一定要保持系统性、专业性和持续性，过程把握住了，结果也十有八九自然就把握住了。上海研究院这一批中青年金融学者很优秀，他们只要持之以恒地一直这样做下去，就必然会对上海、长三角和全中国的金融发展做出自己的理论贡献。我对他们表示鼓励和支持，我期待中国这样的高级研究人才越多越好，在这里我也祝贺并期待上海研究院金融课题组为中国金融发展做出更大的理论贡献。

是为序。

2020 年 10 月 28 日

序言2　用理论研究支撑长三角区域金融与实体经济高质量一体化发展

杨　涤*

1991 年初，邓小平同志有一个著名的论断：金融很重要，是现代经济的核心。金融搞好了，一着棋活，全盘皆活。2019 年 2 月，习近平总书记指出，金融是国家重要的核心竞争力，金融安全是国家安全的重要组成部分，金融制度是经济社会发展中重要的基础性制度。深化金融供给侧结构性改革必须贯彻落实新发展理念，强化金融服务功能，找准金融服务重点，以服务实体经济、服务人民生活。要以金融体系结构调整优化为重点，优化融资结构和金融机构体系、市场体系、产品体系，为实体经济发展提供更高质量、更有效率的金融服务。

上海作为全国的金融中心，正在向全球国际金融中心转变与迈进。在当前国际经济政治形势错综复杂的大背景下，尤其是美国发起的中美贸易摩擦使全球经济受到了重要影响，中国经济也面临挑战与机遇共存的局面。上海作为中国改革开放的排头兵，承担着中央赋予的重大战略任务，2018 年在上海召开的首届中国国际进口博览会开

* 杨涤，金融学博士，上海研究院全职研究员，金融板块研究负责人。

幕仪式上，习近平总书记代表中央宣布将长三角一体化上升为国家战略，上海肩上又担起了新的重任。2019 年 12 月中共中央、国务院印发的《长江三角洲区域一体化发展规划纲要》提出，实施长三角一体化发展战略，是引领全国高质量发展、完善我国改革开放空间布局、打造我国强劲活跃增长极的重大战略举措；推动形成区域协调发展新格局，发挥上海龙头带动作用，苏浙皖各扬所长。2020 年 2 月 14 日，《关于进一步加快推进上海国际金融中心建设和金融支持长三角一体化发展的意见》（银发〔2020〕46 号）正式发布，其重点提到了要用金融支持长三角一体化发展。可见，上海在其中发挥龙头带动作用的长三角，与粤港澳大湾区、京津冀经济带，构成了整个中国经济的重要增长极和动力引擎。

目前上海已经成为金融市场门类最为完备的城市之一，金融市场的年成交额超过了 1600 万亿元，融资金额近 10 万亿元。上海也已经成为中外金融机构的重要集聚地，各类国际性、总部性的金融机构不断地涌现，金融机构超过 1600 家，其中 30% 是外资金融机构。

上海已经成为国内金融创新开放的最前沿。近年来，上海顺利推出了科创板上市，不断推出债券通、燃油期货等重要产品，加快银行间货币市场的建设。新一轮产业变革与科技革命方兴未艾，挑战与机遇并存。上海将把握机遇，紧紧围绕三大任务、四大功能，不断进行对外开放和创新发展。上海将进一步深化“6 + 1”格局，未来将形成包括全球资产管理、跨境投融资服务、金融科技、国际保险、全球人民币支付清算、金融风险管理与压力测试等在内的六大中心，并形成国际一流的优良金融生态系统。同时，上海将高标准谋划“十四五”时期的上海国际金融中心建设以及科技创新中心建设。[①]

① 《上海市委常委、副市长吴清在凤凰网财经峰会的致辞》，2019 年 12 月 1 日。

上海研究院是中国社会科学院与上海市委、市政府共建的新型智库，立足于上海，放眼世界，坚定遵循习近平新时代中国特色社会主义思想，紧紧围绕改革发展的重大理论和现实问题展开课题研究与对策咨询。上海国际金融中心建设、长三角一体化金融自身发展以及如何促进实体经济发展，一直是上海研究院金融课题组持续关注的重要研究板块。

2019 年 8 月 8 日，在科研处组织下，上海研究院召开了“以上海金融为龙头，促进长三角实体经济发展”研讨会，参会学者们集中讨论了上海及长三角实体经济现状，分别从不同角度论述了上海如何利用金融促进实体经济发展，包括：合理发展供应链金融，发展长三角金融一体化促进实体经济发展，加强自贸区新片区金融创新，建设良好金融生态，利用区块链和大数据贯通全流程金融监管等。学者们相互讨论、激发灵感，提出了很多有针对性的想法和建议。为了把这些金融学者的思考进一步深化，上海研究院金融课题组围绕金融促进实体经济发展，承担了此次研究课题，本书就是这组课题的结题成果。

课题组于 2019 年 8 月召开研讨会并设计课题，9 月开始写作，11 月上旬完成初稿，最终 11 月末定稿提交给出版社。金融课题组的中青年学者们非常辛苦，研究也富有效率。这支金融研究团队由上海研究院研究员杨涤博士担任组长，团队成员来自复旦大学、东北财经大学、山东科技大学、沈阳航空航天大学、远洋资本有限公司、江苏银行、光大银行等，既有来自智库和高校的学者，也有在金融第一线的工作者，他们的思维碰撞产生了火花，他们从实际出发，用理论去分析、概括、总结上海及长三角金融发展的实际情况，提出了有针对性的对策建议。

上海研究院的金融研究正形成自己的特定领域和特色。我要特别感谢上海研究院第一副院长李友梅老师对我的鼓励与支持，她让我负责起金融板块的研究，这是对我研究能力和组织能力的充分信任，为我搭建了一个研究平台，使得我多年以来一直想回归理论研究，发挥自己理论联系实际的优势，为国家和地方的经济与金融发展出谋划策、建言献策的愿望得以满足与实现。我还要特别感谢上海研究院常务副院长赵克斌老师，2020 年上海研究院支出预算大幅压缩，但出于对学术的支持，赵院长表示全力保障按时出版。正是在两位院领导的关心、关怀与支持下，本书才会顺利出版。

我代表课题组各位撰稿人还要感谢上海研究院科研处陈文彦老师和社会科学文献出版社的编辑，她们在炎炎夏日不辞辛劳，积极为本书出版做了烦琐的联络、审阅等细致工作，为她们的认真、敬业、耐心和平易近人风格鼓掌和点赞。向她们致敬！道一声辛苦了！

2021 年 2 月 15 日

目 录
CONTENTS

长三角一体化进程中金融一体化研究报告

杨　涤*

摘　要： 长三角一体化不仅仅是资源要素流动自由化，本质上是更高质量的区域一体化发展，并带动全国高质量发展。要实现长三角一体化须金融一体化先行，上海要发挥金融资源优势，用金融一体化引领长三角实体经济一体化。金融一体化要建立统一大数据平台，实现金融数据标准化、共享化；可在长三角铺开FT账户，促进贸易投资自由化、便利化；合力打造多层次金融市场，引导金融支持实体经济；建立区域统一监管机制，实现全覆盖、全流程监管；科创金融与供应链金融并行并重，形成产业新布局。

关键词： 长三角一体化　金融一体化　金融市场

* 杨涤，辽宁大学金融学博士，上海社会科学院博士后，上海研究院全职研究员。已公开发表专业论文和经济金融述评文章100多篇，许多文章被国内著名财经网站转载。参与和主持过多项国家级及上海市政府部门相关课题研究项目。主要研究方向为中国经济金融改革、金融资源配置、新资源及经济发展理论、国资国企改革和国有不良资产处置等。专著有《金融资源配置论》《21世纪新资源理论——关于国民财富源泉的最新研究》《21世纪新资源理论——关于国民财富源泉的最新研究》（2018大众版）。

一　长三角一体化与金融一体化的关系

长三角地区是中国资源配置最具市场活力、对外开放程度最高、制度改革步伐最大、创新能力最强的经济区域之一。长三角已经成为中国经济发展的核心动力引擎之一。这里的资源要素已经实现了很高的全球化流动与配置。

长三角一体化的驱动力来源于历史、来源于人文，更来自全球化复杂局面。中央对长三角给予厚望，要求长三角要具备全球发展视野和全球竞争意识，要引领整个中国参与到全球化大潮中去。长三角一体化涉及很多领域、很多方向与很多方面。其中，金融一体化是一个不可或缺的重要领域、重要方向与重要方面。在展开对金融一体化研究之前，有必要对长三角一体化做一个理论上的梳理，才能对它的理解有一个更高占位，并能真正认识清楚长三角金融一体化的必要性。

（一）传统的区域经济一体化理论无法指导长三角一体化

2018 年，自从在上海举办的首届进口博览会上习近平总书记宣布长三角一体化成为国家战略以来，各种解读纷至沓来。其中，最具典型代表性的一种理解是：长三角一体化就是促进互联互通，使得资源要素可以自由流动，不受任何行政或法律法规限制。资金要素自由流动，即资金流、商品流、人员流、信息流可在区域内自由流动，没有人为障碍。长三角一体化要实现类似于欧盟国家之间努力实现的那样：实现资源要素流动自由化和贸易自由化。

首先，在实行经济一体化的国家或地区之间，产品与生产要素的自由流动和自由配置是最基本的内容，也是区域经济一体化的传统定义和行动起点。按照教科书上的定义，区域经济一体化是指区域内两个或两个以上国家或地区，在一个由各自政府授权组成的共同机构下，通过制定统一的规则，消除彼此之间阻止经济贸易往来与资源要素流动的障碍，实现区域内互利互惠、协调发展和资源优化配置，最终形成一个政治、经济与社会高度协调和统一的有机体。区域一体化是国家与国家间或地区与地区之间的经济联合，是从低级阶段向高级阶段递进实现一体化发展的过程。一般来说，经济一体化只能在体制与文化相类似甚至相同类型的国家或地区之间实现。荷兰经济学家简·丁伯根认为："经济一体化就是将有关阻碍经济最有效运行的人为因素加以消除，通过相互协作与统一，创造最适宜的国际经济结构。"美国经济学家詹姆斯·米德则认为："一体化是达到一种联盟状态的过程……不仅要消除各成员体经济单位之间的歧视，而且要形成和实施协调的和共同的政策，其范围应足以保证实现主要的经济与福利目标。"①

可以看到，区域经济一体化传统定义更强调经济贸易的互通有无和生产要素的自由流动，强调经济资源流动与配置的跨境跨区便利化、自由化。因此，最初的定义更强调一体化的经济属性，区域一体化又可以称为区域经济一体化，其最终目标是实现彼此相互开放，形成相互联系、相互依赖的有机体。长三角一体化也会包含上述内容，例如，希望达到信息、人才、商品、物资与技术等在三省一市之间突破行政区划的限制，可以自由地流动和配置。从这个意义上说，长三角一体化与传统区域经济一体化的内涵是兼容的，甚至构成了全球化趋势的重要基础。放眼全球，区域一体化正成为推动国家和地区经济

① 在本文中，"经济一体化""区域经济一体化"内涵基本相同，都是指一定地理区域内不同主体之间发生的经济相互融合的动态过程。

发展的重要力量。

区域一体化最成功的案例当属欧洲一体化。欧洲一体化进程经过60余年的发展，政治、经济、文化等各个领域都取得了巨大的进展，为区域经济一体化发展探索出了一条独特的实践道路。随着欧洲一体化进程的不断推进，各成员国之间的关系也更加紧密。但是，一体化进程的不断推进，超国家性越来越强，必然会触碰到各成员国的核心权力，各成员国利益诉求并不完全相同，使得各成员国不再愿意让渡国家权力，甚至出现抵触引发“民族主义”和“民粹主义”，出现了大量的矛盾。2016年英国举行全民公投决定脱离欧洲一体化进程，独立发展就是这种局面的反映。时至今日，欧洲一体化仍在因为英国脱欧事件而动荡不安。欧洲一体化实践（尽管现在出现了波折）基本证明了区域经济一体化理论的内在合理性。

基于比较优势理论和规模报酬递增理论，区域一体化能极大地促进各国或地区的生产效率和经济规模，进而提升人民的生活水平。20世纪90年代以来，在经济全球化趋势推动下，WTO成员数量增加很快，一些发展中国家发展速度很快，发达国家和发展中国家在部分谈判领域出现了矛盾和分歧，现有的WTO体制很难协调，加上以美国为代表的“逆全球化”思潮抬头，导致一方面全球化出现挫折，另一方面区域经济一体化走向深入，大有取代原有多边贸易体制的趋势。

其次，在以传统区域经济一体化理论为基础，并借鉴欧盟一体化的实践来思考长三角一体化进程时，我们很容易陷入“线性思维”，出现逻辑困惑。珠三角、长三角与京津冀三大一体化区域，是一个国家内部的经济一体化，甚至经济一体化中的最高形式——货币联盟也都不需要，因为人民币是统一的货币，欧盟为之奋斗30多年才有的货币统一条件，长三角区域天然就具备。

应该说，长三角一体化的基础比欧盟要优越。首先，三省一市不是国与国的关系，而是一个国家内部区域板块之间的关系。其次，已经有共同货币——人民币，欧盟分阶段分步骤多年才实现共同货币——欧元。再次，有共同语言与共同文化。复次，基本有共同市场。最后，有共同的中央政府给予政策支持。三省一市都有主观能动性。这些就是一体化的先天优势，也蕴含比欧盟一体化更好的发展机遇。所以，上面那种要素自由流动以及互联互通的一体化实际上在长三角区域已经实现了，是一种初级阶段的一体化。

这样看来，长三角一体化乃至中国其他区域一体化，不能完全套用传统意义上的一体化定义与思维。要在现有已实现了政治统一、货币统一的基础之上，摒弃传统区域一体化思维，重新审视与梳理长三角一体化的现实内涵与可能形式。长三角一体化不能完全按照欧盟那样的线性路径，必须在现有已基本实现资源要素流动自由化、货币一体化的基础之上，继续推进区域内产业升级和合理布局，发挥各个城市的比较优势，同时也通过协调发展战略，把各地发展与整个区域经济发展联动、融合起来，最终实现高质量的一体化发展。

最后，按照传统区域一体化来指导长三角一体化进程，会带来资源配置的“马太效应”，拖累长三角一体化发展。“马太效应”是一种自由市场经济病，这种病伴随自由市场经济而来，无法消除。在经济体系中，它使市场过于自由，任由资源要素自由流动，以及市场规则自由配置，难免产生两极分化现象，导致“穷的越穷，富的越富”。区域经济一体化，实际上是一种跨境跨区形成市场经济的过程。如果没有政府主动“对冲”去协调和调整，过度看重资源要素自由流动和跨境配置，区域一体化就会产生经济增长的“马太效应”，导致各地区发展不均衡加剧，也会导致某些区域产业空心化，实体经济发展不足，最终导致小城镇就业不足，城市凋敝，人口净流出，贫富差距拉大。比方说，在长三角区域，更多的资金和人才流入上海、杭州等发达城市，很多项目也会选择营商环境好的区域落地，假如没有政府户籍限制，没有房产投资的“限购限贷”政策，那么，长三角一线城市与小城镇之间发展的差距就会越拉越大，出现生产与消费的“马太效应”，最终反过来也会拖累一线城市的可持续发展。

（二）长三角一体化的本质：打造经济增长极和动力引擎，带动全国高质量发展

从历史上看，长三角地区一直是中国经济最发达、商业最活跃、人口最稠密、城市最繁华的区域之一。三省一市历史文化相通相融，具有崇文崇教、崇工崇商、兼容和谐、开放创新的共同特点与人脉天然交织融合的基础。长三角交通基础设施完备，已形成网络化和高速化的特征。改革开放后，长三角地区经济更是独占鳌头，成为我国经济发展水平最高、开放力度最大、企业最具活力的区域之一。可以毫不夸张地说，长三角区域经济分量在中国大地经济版图中举足轻重（见图 1）。

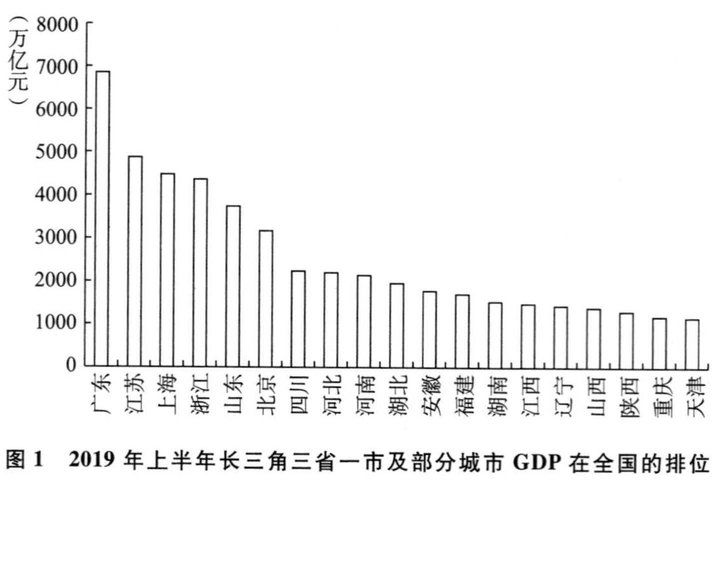

图 1　2019 年上半年长三角三省一市及部分城市 GDP 在全国的排位

长三角城市群是“一带一路”与长江经济带重要的交汇地带，已跻身成为全球六大世界级城市群之一。推进长三角一体化发展是全球世界级城市群发展的经验。长三角区域在中国经济高质量发展进程中以及全方位对外开放格局中的地位举足轻重。由于苏浙沪内在的人文经济联系，长三角区域内一体化发展一直以来都是一个重要话题，从中央到辖区都给予了持续的关注和超前探讨。长三角一体化的决策发展历程如表 1 所示。

表 1　长三角一体化决策发展历程

时间	内容
20 世纪 90 年代	随着长三角经济的高速发展，建立联席会议制度，区域一体化提上日程
2010 年 5 月	国务院发布《长江三角洲地区区域规划》
2016 年	国家印发《长江三角洲城市群发展规划》
2018 年 3 月	江苏、浙江、安徽和上海三省一市组建长三角区域合作办公室
2018 年 7 月	发布《长三角地区一体化发展三年行动计划（2018—2020）》
2018 年 11 月 5 日	习近平总书记代表中央宣布长三角地区一体化发展成为国家战略
2018 年 11 月	三省一市《关于支持和保障长三角地区更高质量一体化发展的决定》
2019 年 5 月	政治局会议上正式审议通过《长江三角洲区域一体化发展规划纲要》
2019 年 7 月	国务院向相关城市下发《长江三角洲区域一体化发展规划纲要》
2019 年 7 月	长三角三省一市着手细化实施方案

现在讲长三角一体化已经不是静态的一体化，也不仅仅是互联互通和要素自由流动、自由配置的一体化，而是指区域协调发展的一体化，是指三省一市共同高质量发展的一体化。从全国来看，长三角区域把“引领作用”作为自我定位。中国需要多个“增长极”和驱动引擎。长三角作为一个整体板块区域，要共同发展并最终作为中国发展的一个增长极带动、支撑全国发展。

长三角可以说是中国三个沿海增长极中的核心极，是中国发展动力的“核心引擎”，在整个中国发展和对外开放大格局中担任着重要角色。在笔者看来，京津冀、长三角、珠三角是构成整个中国发展的沿海动力引擎，也是从北到南中国经济的三个重要增长极。它们发展好了，增长快了，就会把中国沿海经济联动成为一片，转动整个中国经济引擎，进而带动整个中国高质量发展。

（三）更高质量的长三角一体化须金融一体化先行

从金融资源理论来看，金融是资源配置的核心制度和基础设施。金融资源配置在先，实体资源配置在后。金融一体化是经济一体化的核心。长三角金融一体化发展的目的也就是紧紧围绕区域一体化高质量发展而提供全方位的、多功能的、高质量的金融服务，使得金融“脱虚向实”，回归金融服务本质，通过金融资源配置结构合理调整，进而合理调整区域实体经济结构。金融要在对接长三角一体化区域发展战略，支持长三角重大项目建设，推动产业转型升级上发挥先导、驱动、配置甚至调整的重要作用。

长三角一体化要调动各个关联依存主体的积极性才能有明显效果。这是社会与经济发展的内在规律和根本机制。以前我们经常说，要调动国家、集体与个人的积极性，还要调动中央和地方的积极性，说的道理都是一致的。中央部委与长三角区域内城市之间都需要调动积极性，这种积极性调动是彼此的、相互的和双向的，不是只依靠单独一方。长三角一体化不能靠行政命令，不能依赖上指下派，不能指望单方面努力与付出，必须在结合总体战略的框架下，遵守资源配置的内在规律，打造一个所谓的一体化生态经济体。生态经济体内部的各个板块、各个群体、各个主体都是独立决策、独立行动的社会主体，它们有思维自由、各有特色、各有利益诉求，又彼此之间相互需要、相互依赖，有相互协调发展的内在需求。如果不打造生态经济体，而一味地追求上支下派、硬性推进，就很可能带来效率低下，一体化做表面文章，甚至在中央要求严格与急迫的情形之下，可能出现阳奉阴违、弄虚作假、欺上瞒下的现象。

在目前行政区划下，各地都以自己为核心招商引资，都以引入多少家企业进驻尤其是总部型企业进驻为荣，以税收为主要地方财政收入的考核体系无疑都与引入企业数量密切相关。从各地国资跨省跨行政区域投资来看，虽然这是非常重要的一种区域内供给侧调整，有助于形成优势互补、高质量发展的区域经济布局及提升产业基础能力和产业链水平，但按照现有的税收上缴制度，属地化经营特征导致这种税收分成无法实现，造成跨区域相互投资的动力不足。这种利益分配不能完全靠打统账来笼统地予以模糊或忽略。这是一个机制设计问题，既然中央有分立的考核——这也很必要，那就要设计出地税分成的制度，保障三省一市“亲兄弟明算账”，不能一锅粥搞平均主义。另外，还可考虑国税的分成支持，各地土地作为国有股份入股项目公司，都可以作为经济机制的选择。对产业空间布局现状的分析以及对技术上的时间迭代的思考，都应不囿于一城一地，而更应着眼于整个长三角区域统一与协调。这就要靠主体积极性，要有机制安排，最终共享发展成果，一体化成果必须各方共享，尤其是政府之间都有利可图，才会真正拿出优质资源来合作，进而有力地支持长三角一体化发展。

长三角一体化的第一阶段是以政府驱动为主阶段，政府通过政策导向或强制，以“关停并转”进行供给侧改革，引导产业布局，除了补短板，解决“掐脖子”的高新产业问题，也要重视现有非高科技甚至传统产业的合理布局。其中包括钢铁业、矿产业、现代服务业、传统农业等。不能为了科创产业而忽视常规产业、基础产业、传统产业，这些产业是吸收就业人口的基础，也是稳定社会经济必须予以扶植发展的产业。其中，长三角农业一体化布局就是很重要的一个方面，这需要另外专题研究。

长三角一体化高级阶段是市场驱动阶段，市场主体带来的机遇，在完成供给侧改革和产业基本布局之后，由长三角市场内需来引导供给，由市场力量来驱动精细的供给与需求结构。这一阶段主要是产业升级后的继续升级与持续创新，包括消费升级，衣食住行，其中，教育、医疗、养老这些短板要实现升级发展。第二阶段实际上启动的是市场力量主导的消费驱动的发展模式。一旦进入这个阶段，也就进入了长三角一体化高级阶段，金融的重要作用就会凸显出来。长三角一体化中的城际铁路网建设，其跨区的金融需要如何满足？异地买房的金融需要如何满足？推而广之，跨区产业链的金融需求如何满足？贷款征信如何跨区进行？异地养老、异地居住、异地用工、异地医保结算等如何办理？没有金融的一体化，一切都无从谈起。我们不能等待高级阶段到来之时才使用金融驱动。金融是市场经济的基础设施，是资源配置的基础性、核心性制度，其建设也需要一个循序渐进的一体化过程。长三角区域金融一体化在增强经济创新力和竞争力方面具有无可替代的作用，不仅会加强区域内资源配置能量，还会形成合力对接国际金融市场，进一步提升地区金融合作的外溢效应和全球竞争力。

长三角一体化中的基建、产业融合、医疗养老等，都需要金融一体化先行。特别是区域交通枢纽、交通网络的建设、5G 网络及 G60 科创走廊的布局、产业协同发展等都离不开金融的深度参与和支持，长三角一体化首先是金融一体化，就如同在“一带一路”的推进中第一步便是金融先行，首先设立“亚投行”，先提供金融资源，再配置实体资源。上海市已认识到金融一体化的重要性，“金融一体化是长三角一体化的重点和核心之一。下一步，上海将进一步谋划好长三角地区金融合作规划，推动区域金融协调发展和改革创新联动，支持区域内各类金融机构服务长三角高质量一体化发展，增强上海资本市场对长三角区域经济建设的辐射力，协同完善地方金融监管体制，为长三角地区更高质量一体化发展提供有力支撑。”[①]

（四）发挥上海金融资源优势，引领长三角金融一体化

长三角是全国金融机构集聚区之一，金融机构体系较为完整。[②]中央给了长三角一体化任务，上海当仁不让要牵头推进一体化进程。上海具有金融资源优势，具有对外开放窗口优势，在国际上也具有相当的城市品牌优势，另外，上海大型国企很多，国资力量雄厚。上海的跨国公司集聚，总部经济发达。上海还有自贸区制度先行先试优势。这些优势都可以对长三角其他区域形成辐射、溢出与平移效应。但是，客观地说，上海的积极性需要调动，其他三省的积极性也需要调动。调动积极性就要安排相应的行动机制，只有行动机制对路与到位，三省一市才会有真正的主动性、积极性。三省一市在一体化进程中摸索、尝试与探索积极地调动机制，找到高效合作的发力点和制度设计。中央政府也可在宏观上给予制度创新的空间，给予先行先试政策支持。

上海具有经济基础雄厚、资源禀赋优越、金融资源集中、各类要素齐全、金融生态良好、市场发育成熟的优势。上海具有较为完备的金融市场体系，集聚了包括股票、债券、货币、外汇、票据、期货、黄金、保险等各类全国性的金融交易市场。“一带一路”倡议促进了一批相关的国际性、总部型、功能性金融机构和金融组织相继成立，

① 姚嘉勇：《在“长三角金融发展研究报告（白皮书）发布暨区块链底层技术和产业应用研讨会”上的发言》，2018 年 4 月 26 日。

② 杨成长、蒋健蓉、阮晓琴、谢欣：《金融协同促进长三角一体化发展》，《上海证券报》2018 年 6 月 13 日，第 8 版。

上海金融内外双向开放已初具制度基础。上海可充分发挥金融中心优势，实现以市场配置为主的对内开放。对内开放及整合国内资源，重视国内市场需求潜力，是上海缓解当前经济内外压力的必然路径。长三角一体化目前正处于政府主导阶段，上海可在继续推进现有财政支持的长三角一体化，一批重大建设项目、重大专项行动、民生服务工程、重大合作计划基础之上，发挥金融的功能与作用，用金融资源配置实现市场化的实体资源配置，通过扩大对内开放的力度、深度和广度，向更高质量的长三角一体化发展迈进。

作为中国改革开放的排头兵，上海理应进一步扩大对内开放，形成内外开放、联动发展的良好格局和发展典范。对内开放要首先从对长三角区域开放金融服务做起。总体来看，上海对外开放力度大于对内开放力度，集聚效应超过辐射效应，“引进来”要好于“走出去”。上海对内开放不仅缺乏专门的统计口径，也没有明确的部门来统筹推进。在长三角一体化过程中，上海自然要发挥金融中心优势，在推进上海国际金融中心建设三年行动计划和实施长三角一体化发展战略的同时，借助金融优势，通过金融整合、金融协同，优化区域内金融资源配置和推进长三角金融一体化，进而优化实体经济要素配置。用金融驱动引导实体资源，提升互联互通的水平，实现资源配置最优，推动长三角一体化从“政府驱动阶段”向“市场驱动阶段”迈进。

金融的一体化发展是一个系统性的大工程，需要地方政府、金融管理部门和金融机构加强跨区域合作与协调。从统计数字来看，近年来大额实时支付资金流动规模、上海与浙江之间的资金流动比重均下降了3%～5%，地区之间的资金流转虽保持平稳，但北京等城市保持上升趋势。从区域资金流动的角度来看，上海与长三角其他地区的资金联系没有体现出来，趋势上并不太密切，甚至有所疏离。反而是浙江、江苏的民营资本更为活跃。这在一定程度上反映了上海的金融功能供给与长三角地区实体经济的金融需求有所脱节。这值得我们密切关注。

在长三角一体化示范区建设问题上，金融的一体化是当务之急，要提前布局，先行顶层设计，乃至先行先试，至少不能滞后，否则将会对长三角一体化形成巨大阻碍。目前长三角金融一体化的规划没有一盘棋规划，还处于各自为战，业务同质化，监管不统一、数据不共享，无序竞争现象严重。长三角金融一体化的“政府驱动阶段”有待设计与启动。不同城市根据城市规模与行政级别，争夺对应级别金融机构，这样形成不了多层次比较优势的业务分工；协调机制仍存在区域行政的限制，缺乏官方的共同协调机制；金融机构地域性太强，制约了市场竞争机制发挥作用；金融监管也呈现行政区域化，铁路警察各管一段的管理模式阻碍了金融监管的有效性；金融基础设施、信息数据包括征信信息没有共享；金融人才流动还存在诸多如户口、社保等方面的限制。诸如此类还有其他问题存在。

上海未来30年城市发展定位已经明确，那就是要成为长三角世界级城市群的核心城市。上海提出要建设五大中心——国际经济、金融、贸易、航运、科技创新中心，建设成为卓越的全球城市和具有世界影响力的社会主义现代化大都市。上海是一座开放的城市，上海更是一座具有强大金融基因的城市，早在20世纪二三十年代，上海已成为亚洲公认的首屈一指的金融中心，各类交易市场、金融机构在这里集聚发展。改革开放后，上海开启了国际金融中心建设新征程，已成为国际上金融市场门类最为完备的城市之一，成为中外金融机构重要聚集地，成为中国内地金融对外开放最前沿和金融发展环境较完善的地区之一。上海要牢牢把握和发挥好“开放”和“金融”这两大突出优势，通过进一步开放来汇聚全球资源，更好地发挥金融支持长三角产业发展的作用。[①]

二　长三角金融一体化的对策建议

（一）建立统一大数据平台，实现金融数据标准化、共享化

长三角区域内政府、工商企业、金融机构与消费者的信息数据实现共享，就能促进金融资源要素与实体资源要素自由流动，实现金融资源精准对接实体经济，进而促进经济发展。

1. 政府与市场联手开发金融大数据

现代金融发展已深深打上了互联网烙印，很多金融业务已实现了网络化操作，极大方便了企业和消费者。但由于行政管辖区以及金融属地化监管的现状，长三角三省一市积累起的金融数据资源并没有实现共享与开发。作为国内金融中心，上海在跨境金融领域积淀着优越的金融数据资源，而长三角其他省市由于民营经济较为发达，金融系统内也集聚着巨量的区域金融数据资源。在未来以5G和物联网为代表的新一代技术革命即将全面铺开的大背景下，所有这些金融数据资源就是一个潜在的大数据资源宝矿，蕴含着巨大的产业发展机遇，会带来巨量的就业机会和巨大的居民收入提升空间。

要想开发金融大数据资源，首先要逐步实现金融大数据资源的开放。金融大数据主要分布在金融机构和金融监管机构中，还有一部分存在于各类新型平台企业的数据库中。这些数据资源涉及居民的金融财产总额和结构、收入水平、消费水平、投资水平，有很强的数据隐私性和保密性，对其进行开发开放，要分级别、分客户、分对象，有

① 郑杨：《金融合作推动长三角高质量一体化》，新浪网，2019年6月4日。

监管、有限制、有管理。至少将政府控制的金融数据这一块先开发起来。开发金融数据资源，也要有生态的概念，应是政府与市场两种力量的有机结合，充分运用最新金融科技有效合作与有序推进。

2. 推动金融大数据的共享化与标准化

金融数据资源一定要实现共享和标准化，才能成为真正可利用的经济资源。因此，有必要建立基于跨三省一市、跨金融市场、跨金融机构，区域内统一的金融大数据平台，统一金融数据统计口径、采集标准，推动长三角金融数据资源的标准化和共享化。首先，基于金融数据一体化平台，可共享公共服务普惠和便利，通过金融数据一体化助推公共服务的一体化，从而推动实体经济资源要素区域内自由流动。另外，在金融服务网络的互通上，要将各银行机构的支付清算系统、银行卡系统、公用事业费代缴系统、票据业务系统和柜面系统等业务网络全部连接起来，最终实现通存通兑，便利市民在各行之间自由进行资金交易。人民银行要在支付清算系统、银行卡系统、票据业务系统等金融服务系统建设上协调各银行机构，整体推进网络系统的互联互通。[①]

3. 加强长三角金融科技合作

利用外部科技金融力量，三省一市地方政府共同搭建政府组织协作平台，建立规范高效的金融协同信息共享机制。加强流动性风险管理的合作与互助，提高流动性应急处置能力，防范区域内发生流动性风险；建立“信用长三角”合作机制，形成区域金融机构监督和测评体系，金融机构之间促进沟通与合作，共同研发金融产品，实现风险互防互控，防止区域性金融风险的爆发。

---

① 黄金木：《积极推进长三角金融一体化发展》，《金融时报》2019 年 2 月 18 日，第 12 版。

（二）在长三角铺开 FT 账户，促进贸易投资自由化、便利化

自由贸易账户（FT 账户）被认为是上海自贸区金融改革的一大创新，该账户体系具有本外币一体化的金融服务功能，并能对跨境资金流动实行逐企业、逐笔、全口径的实时监测。最新数据显示，上海全市已有 56 家金融机构通过分账核算系统验收，累计开立 13.6 万个，已有 4000 多家企业开立。

上海自贸区企业 FT 账户的现状还不够令人满意，很多在上海的商业银行分行有这种权限为企业开设相关账户，但由于分支行与总行之间，上海分支行与长三角其他城市分支行之间存在区域权限，在数据分享、查阅权限等方面存在梗阻和障碍，具体包括以下问题。

（1）开户程序烦琐。按照目前银行对境内外企业申请开立 FT 账户的程序要求，企业需要提供的资料需要 20 多项大类，30 多项小类，涉及相关材料份数多达 40 ~ 50 份（同一份资料需一式几份），办事人员为此跑银行盖公章的次数多达 20 余次。在开户周期方面，一般为 1 个月左右，最长为 3 ~ 4 个月，其中外资企业申请周期尤长，且需要提供中英文两个版本的财务报表。在外资企业递交相关材料后，银行还需委托专业机构对材料上的签字公章做真伪鉴证后才能批准开户，费时费力。

（2）结算程序烦琐。根据对相关企业和银行的调研，FT 账户对资金的审查是逐笔进行的，材料提交复杂且程序烦琐。该举措虽满足了审慎性监管要求，却忽视了企业对金融服务便利化的需求。由于人民银行系统是属地化管理，上海的人民银行和其他地区的人民银行并不能直接把端口开放给彼此属地的商业银行。举例来说，上海之外的企业由于属地管理权不同，在上海自贸区内注册的子公司申请 FT 账户的时候需要查证股东信息，上海的商业银行需要委托

股东方所在地的分支机构向当地人民银行或上一级银行申请查询，时间成本颇高。

上海成功举办进口博览会，有助于扩大长三角区域的对外开放，增加进出口贸易并促进跨境资金流动，自然推动贸易结算量与资本结算量，FT 账户服务效率也应及时跟进。针对上述存在的问题，笔者认为可通过改革去除梗阻，提升功能，改善 FT 账户服务。

（1）打通 FT 账户全部权限关口。FT 账户是上海自贸区内的金融创新，它和人民币自由兑换、“一带一路”金融服务、人民币国际化战略密切相关。人民银行系统应抓住进口博览会机遇，从服务实体经济出发，从改善营商环境出发，从扩大开放出发，建立国际贸易金融新秩序的高度出发，抓紧协调资源、研究对策、完善功能，统一开放相关商业银行对接 FT 账户的端口，做到跨区域跨省市对全部商业银行开放。只要符合操作流程，就允许商业银行查询信息，促进数据开放和信息流动。

（2）简化申请材料，实现线上办理。建议在现场办公的基础上，开通 FT 账户的线上办理功能。例如，香港企业在上海的商业银行申请开立 FT 账户，按监管规定需要提供《注册证书》原件。这是香港相关机构发给香港企业允许它们开办企业的正式文件，类似于内地以前的组织代码证。查询这样的文件可以通过网络进行。另外，向银行提供的企业相关材料也可以化繁为简，例如公司章程、财务报表就可以不要。外企在境内开办账户时，只需提供中文版的材料即可。国内企业与外资企业应同等待遇。

（3）放松逐笔监管，实现额度监管。现在对 FT 账户的资金监管，是逐笔监管。每一笔的资金往来，都需要在银行柜面上审核一遍企业提供的资料。企业每一次都要重复提供一些资料，重复盖公章。这和自由贸易账户创立的初衷有所违背。建议 FT 账户的逐笔监管改为额度监管，对每个开立 FT 账户的企业进行年度核定额度制。这样既能照顾到资金流动需求，也能做到审慎性监管。同时，可建立不守信企业黑名单，并对优质企业逐步适当地放大额度，逐步实现自由贸易账户功能升级。

（4）将 FT 账户制度在长三角区域全面推广。长三角一体化突破行政区划藩篱，它是改革，是开放，更是创新。建议把上海自贸区现有的金融政策和成熟做法，在有所创新突破的基础上输出平移、复制到示范区，比如业务授权扁平化。作为带动长三角金融改革措施之一，可考虑把上海自贸区金融成功政策例如 FT 账户制度在长三角区域全面推广。特别是要借助每年一届的进口博览会机遇，把长三角贸易、生产、运输用金融资源配置起来。上海的金融优势不仅体现在资金和机构的聚合与辐射上，在金融制度、金融人才与金融观念上，也会对长三角有扩散与辐射作用。FT 账户还是一个独立账户体系，以之为基础进行金融创新，风险可控，对于长三角区域内金融创新的推广更具可行性。截至目前 FT 账户还没有在长三角区域其他自贸区开设。出于管控风险的考虑，除了上海自贸区，其他长三角自贸区没有能力把控好风险。应该说，风险管理是金融监管的重要特征，风险也是金融业的本质特征。分阶段、分批次、分区域把上海自贸区 FT 账户试验成功的经验在长三角其他自贸区进行复制平移，是推动长三角金融一体化的重要抓手和启动点。上海应提升建设国际金融中心、服务科技创新的能力，长三角一体化进程协同起来，在金融业新一轮扩大开放背景下，进一步以拓展 FT 账户功能和应用为突破口，一方面在上海自贸区进行更加大胆的金融创新尝试；另一方面，把已经取得试验成功的做法和制度平移复制到长三角其他区域，这将对整个长三角一体化起到积极的推动作用。

（三）合力打造多层次金融市场，引导金融支持实体经济

长三角区域发展不平衡，各有优势和短板，尤其是未来一体化将从“政府主导阶段”转入“市场主导阶段”。当市场经济发展到一定阶段时，非银行金融机构（如保险、证券、信托等）就会迅速发展，融资规模也会接近甚至超过银行金融。这种金融结构转变和市场经济发展阶段密切相关，也与金融科技发展、金融机构业务水平和创新能力、金融生态环境、国民金融素质等密切相关，推动长三角金融市场资源共享有新突破。

1. 合力打造功能互补、优势叠加、特色明显的长三角金融集聚生态圈

长三角地区要共同推动大数据、云计算、物联网、人工智能、工业互联网等技术创新协作，携手把长三角地区打造成为全球科技创新发展高地。

上海科创板已开板，但目前来看，要想真正发挥出科创板促进我国科创企业发展的作用，还有很长的路要走。广大中小企业依旧存在融资难、融资贵的难题。固然国家出台了各种鼓励政策，号召银行给中小企业融资，但金融本质是一种市场行为，融资的市场属性极强，规范性极高，应以规则为基础，而不是靠行政干预。特别是在重视科创金融的同时，鼓励发展直接金融，支持科创之外的传统中小企业，尤其是供应链上的中小企业，发展供应链金融，支持规范的供应链金融机构发展，这也是运用市场手段发展金融，进而支持实体经济发展的有效路径。除了支持优质创新型企业在沪上市，还要加快长三角区域信用评级体系建设，率先构建区域绿色金融体系，引领全国绿色金融发展。采取一定的政策支持发起设立主要投资于长三角一体化发展的产业投资基金、股权投资基金，鼓励它们投资于实体经济，尤其是

创新性产业和新型业态，用金融资源支持实体经济发展。

2. 上海可牵头尝试离岸金融，推动金融国际化

为了发挥龙头作用，上海可考虑在示范区设立一个国内版“开曼群岛”离岸区，尝试金融国际化，对上海国际金融中心进行新尝试。进一步加大市场化力量，吸引外国商人和投资者自由注册，试行“三零规则”（零关税、零壁垒、零补贴），当然也允许区域内金融机构跨区域经营（没有分支机构）进入这个特殊区域设立机构，开展业务。

（四）建立区域统一监管机制，实现全覆盖、全流程监管

最近一段时间以来，P2P 网络借贷平台爆雷频发。据不完全统计，全国查封、扣押、冻结涉案资产价值约百亿元。没有真实实体经济需求，完全是靠“编故事”“击鼓传花”“庞氏骗局”，以诈骗为目的的融资行为已经严重扰乱了金融市场秩序，不得不引起政府监管方的重视。尤其是借助 P2P 这种互联网模式，更是加剧了金融犯罪的严重程度。金融违法人数与案件数都触目惊心（见图 2、图 3）。

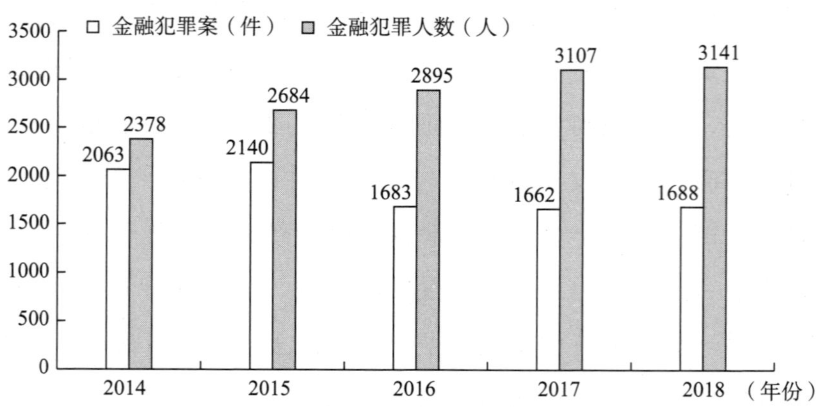

图 2　2014～2018 年金融犯罪案件数量与犯罪人数

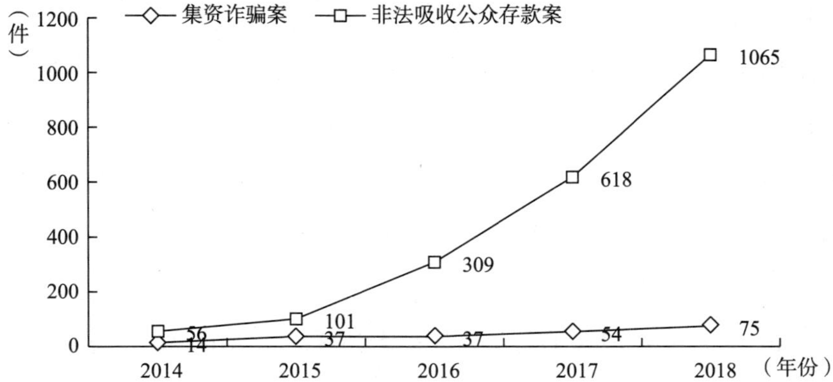

图 3　2014～2018 年集资诈骗案件数与非法吸收公众存款案件数

实际上在 2007 年以前，中国虽然没有 P2P 的概念，但是民间借贷自古就有了，有很多民间借贷利息远远高于金融系统内的利息，在中小企业融资不畅多年难以解决的背景下，所谓的高利贷、“非法集资”也时有发生，屡禁不止。由于中国的社会信用体系并不健全，P2P 这个舶来品，借助互联网和移动互联网，在中国大地野蛮地生长起来。

2007～2011 年，作为“互联网＋金融”的一种创新，网络借贷平台的发展得到默许，很多互联网创业人士跨境进入这个行业，笔者曾经旁听过一个互联网金融的创业路演会，发现绝大部分人士没有金融工作背景，也不懂得风险管理，却在现场滔滔不绝地谈论所谓的金融创新。他们的模式是信息中介，对接项目和资金，因此这一阶段是国内 P2P 发展的初期，

2012～2013 年，在巨大短期财富效应刺激下，整个行业进入野蛮生长阶段。这个时期，P2P 平台数量迅速增加，大量从事民间借贷、小贷公司、银行以及融资担保行业的从业者涌入 P2P 网贷行业，有些缺少资金的公司干脆就自己设立 P2P 网贷平台，作为自己融资的工具。此时的 P2P 平台年化收益动辄高达 30% 以上，采用高返利方式

吸引投资者。

2013～2018 年，P2P 行业迎来爆雷潮并触发监管行动。2013 年当时爆发了轰动深圳整个网贷行业的“网赢天下集资诈骗”的案例。这个行业已经偏离了原有的信息中介属性，很多违法犯罪行为出现。2015 年下半年，超过 1000 多家平台倒闭，其中涉及 90 万人的 E 租宝事件成为当时的典型案例。

2016 年，监管层开始注意 P2P 爆雷风险，2016 年中国互联网金融协会成立，紧接着银监会、工信部、公安部和国家网信办四部委联合发布了《网络借贷信息中介机构业务活动管理暂行办法》，2016～2018 年整个 P2P 行业都处于大进大出的洗牌期。2018～2019 年上半年达到爆雷高峰期。2019 年，大的 P2P 平台轮番出事或爆雷。就像“多米诺骨牌”效应一样，以陆金所宣布退出 P2P 为标志，宣告 P2P 进入寒冬。[①]

笔者在很早就开始研究互联网金融，对 P2P 一直给予关注。[②] 笔者认为，P2P 平台本质上是信息中介，是投融资的信息服务平台，解决的是企业项目与投资者之间的信息不对称问题，但在实践中，很多 P2P 平台打着网贷平台旗号，实际操作起来就难免越线，形成资金池，开始做起股权融资业务、借贷业务，变信息中介为融资中介，变网贷信息平台为金融业务平台。这就发生了越界，从信息中介越界到金融中介。P2P 业务一旦跨越“信息中介”界限，就是负债经营，形成“类银行业务”，那就是无牌照违规经营，需要查处。上海需要建立 P2P 平台监控数据库，从平台公司成立伊始就要予以登记在册，对从事 P2P 业务的公司实现备案制度，及时掌握平台实际控制人、主要

---

① 这部分历史参考徐杨《P2P 爆雷现代启示录》，微信公众号“新全球资产配置”。

② 白钦先：《21 世纪新资源理论——关于国民财富源泉的最新研究》，中国金融出版社，2006，第 263～265 页。

经营管理者、财务人员等信息并基本做到准确，变更需要报备。对其从事的业务，要在银行系统中予以一定的资金流向监控，结合目前银监会要求的大额资金流向监管措施予以“知晓监管”。对于那种异常的大额资金调动，以及资金没有流入实体经济而空转的现象尤其加以注意并及时提出风险警示。这样就从源头上做到了信息掌握与动态监管。

1. 在建立长三角金融大数据统一平台基础之上，实现全流程数据监控

上海作为全国金融中心，很多长三角非法集资案件都在上海设立公司操作。P2P平台爆发危机的原因在于利益驱动和缺乏全流程动态监管，应在建立长三角金融大数据统一平台基础之上，建立数据库动态识别，早期介入监管，早期扼杀爆雷萌芽。另外，除了以P2P为代表的非法集资新业态，还有各种电信电话金融诈骗以及各种“利滚利高利贷”的套路贷，这些非法行为完全不利于长三角区域内市场经济健康发展，应该出台专门的区域内协调一致的法律法规予以专门治理，以打造良好的金融生态进而净化科创板外部环境，也为上海国际金融中心建设提供良好的营商环境。

经济的信息化、互联网化是这个时代的一个潮流趋势，“互联网+金融业”也是必然，这是互联网金融创新的方向。但是，鼓励互联网金融创新不等于放任自流，不等于放松监管。美国次贷危机源于鼓励级债券发行，也曾经被认为是金融创新，但最终导致了次贷危机。作为全国金融中心的上海，更应该自觉维护稳定的金融环境，上海监管部门尤其需要对越界保持警惕，未雨绸缪，及时扼杀爆雷萌芽。促进互联网金融创新稳步走向正轨，同时也为科创板打造良好的外部环境。

2. 长三角区域顶层设计，实现协同统一监管

对待金融领域中的潜在“地雷”风险的监管不能等待爆雷才介入，要从源头开始进行全流程监管。从公司的工商注册及平台的网络注册开始形成监管。要形成市场监管部门、税务管理部门、开户银行、大数据公司、公安部门、金融监管部门等多部门联动，形成全流程监管链条。对于那些资金集聚速度很快，资金调动频繁，资金去向不明或令人生疑的资金平台，要立即介入监管，不能等待发生真正爆雷风险之时再出手。

受三省一市行政区划限制，区域内金融监管机制还没有统一规划。一方面，长三角三省一市联合发布的金融监管政策几乎没有，尚未建立正式的、长效的官方金融监管合作机制；另一方面，长三角区域现有的、正在经营的金融机构风险管控体制的行政分割也较为明显，在金融数据共享及权限管理上有待改善创新。简而言之，区域内还没有形成政府、监管机构、金融机构高效治理以非法集资为代表的金融犯罪的合作机制。在金融大数据平台共享信息基础之上，可考虑区域顶层设计，协同对区域内各金融市场、金融机构、金融产品、金融人才进行统一监管。

在长三角一体化建设进程中，实体经济对金融市场的需求很大，需求层次也呈现多样化，需要大量数据信息支撑。金融监管涉及资金、业务、人才等合法合规多方面，现有的监管体制和监管力量不足以应对。搭建一个跨三省一市的监管平台很有必要，这个平台汇集各方信息、研究成果，尤其是可及时公布最新的金融监管统一规范与长三角区域内金融政策，对解决跨区域金融监管将会发挥积极作用，也可有效防控 P2P 平台的非法集资现象，避免爆雷事件引发系统性金融风险。

（五）科创金融与供应链金融并行并重，形成产业新布局

从美国、日本及欧洲各国的实践来看，实体经济的发展在一个国家的经济发展中至关重要、不可或缺。实体经济虚拟化，是一个国家最大的风险。从金融资源理论来看，这就是一个金融适度的问题，从总体上看，单个国家金融发展，既需要金融总量适度，也需要金融结构比例适度。实体经济虚拟化不是金融适度，而是金融供给总量超过实体金融需求总量，会带来金融虚拟化，或通货膨胀，或金融资源集中的行业资产价格过度上涨，存在资产泡沫，甚至形成泡沫经济。

譬如，在特定时间段内，金融资源集中投资于互联网经济或者房地产经济，造成这两个行业资产与成本大大上涨，而挤占了产业经济的金融资源，恶化了营商环境，抬高了人力成本和土地成本，实体经济发展将举步维艰。这种情况在美国、日本、中国都有所显现。日本的泡沫经济已经破灭，进入增长的徘徊期。美国实体经济虽然是特朗普一直想振兴的，但由于前期相当长时间内营商环境的恶化，诸如劳动力供给不足，工会力量的制约，再加上资本的逐利性和全球化进程，这一调整还有待时日。而中国抓住了全球化机遇，成功成为全球产业链和贸易投资循环中的重要一环，目前要十分警惕经济虚拟化，控制房地产发展速度。大力发展实体经济，发展科创，推出中国制造2025，这些都是正确的认识。经济转型升级和产业升级换代是发展经济的必然，要鼓励金融资源流入实体经济，要让实体经济有钱赚，而限制金融高利润，尤其是那种金融投机利润，切实采取措施防止实体经济虚拟化、空心化。

1. 发展科创金融，建设科创板生态

设立“科创板专项工作组 + 科创母基金”，对科创企业进行预筛选，建立科创板后备企业数据库。在长三角率先实现“科创企业金融

服务方一体化”，培育优质科创企业，为其提供科创板上市的快捷通道。趁势鼓励天使投资、风险投资、PE和公司创投、科技银行等新金融要素的大力发展。借助科创板这一重要契机强化金融一体化与科创中心的联动建设。

通过网络互通，将各银行机构的支付清算系统、银行卡系统、公用事业费代缴系统、票据业务系统和柜面系统等业务网络全部连接起来，最终实现通存通兑，便利市民在各行之间自由进行资金交易。异地养老、异地居住、异地用工、异地医保结算等要及时办理，使得金融一体化不仅能够支持大产业也能在第一时间惠民。借助区块链公共账簿的思维模式，未来长三角在实现一体化的过程中，有必要向中央申请组建区域性“长三角政策性银行”，以保障长三角一体化基建、城建、产业结构调整和科创等有效的资金供给。启动阶段可考虑建立“长三角协同优势产业基金”、多层次的“长三角引导基金”等，用金融资本来推动产业融合，再通过产业融合推动实质性的经济一体化，这些基金可以政府成立，也可鼓励民营成立，鼓励它们发展，把政府意图、政府导向和市场配置资源结合起来。

长三角产业是“一核多中心”，未来有望实现“多核多中心”。在高铁经济时代，长三角即将进入闭环链接，上海及省会城市在物理链接上的中心效应在下降，跨省城市要素流动正在实现精准对接。在长三角一体化和高铁经济双重效应下，长三角发达的县域城市存在节点放大的机遇。

2. 发展供应链金融，支持供应链中小企业

目前，长三角区域的供应链金融尚处于萌芽状态，供应链金融的概念在长三角地区尚未普及，大部分企业仍处于观望状态，对新型的融资模式缺乏尝试的意愿，长三角并没有形成体系化、规模化及生态化的供应链金融服务。

供应链金融是基于交易过程向核心企业和其上下游相关企业提供的综合金融服务，该模式突破了传统信贷业务受理调查和审批等诸多限制，创新了融资方式。供应链金融一方面沿袭了金融创新服务实体经济的趋势，另一方面又在此基础上，增加了对中小微企业以金融资源为核心的更多资源的输送。供应链金融符合国家发展实体经济的政策导向、实际满足了实体经济产生的金融需求，是金融资本与产业资本跨界的融合。无论是来源于银行系的供应链金融，还是诞生于互联网平台系的供应链金融，都在逐渐形成业务发展模式和风险控制流程。以互联网、大数据为代表的新一代信息技术，推动着全球经济格局的变化，给我国供应链产业的升级换代提供了巨大的空间，借助金融科技创新，供应链金融也将迎来一个较大的发展机遇。预计到2020年我国供应链金融市场规模将达到27万亿元。

必须看到，国家鼓励科技创新，设立科创板，发展中国制造2025，用供给侧改革促进产业结构改革与升级，这是我国经济体系的一场深刻调整与改革，无疑是正确的方向。但我们也应继续支持常规产业、基础产业、支柱产业甚至新型业态、新型模式产业等事关国计民生、不可或缺的实体经济的发展。这些板块固然没有那么多科技含量，或者用到的是现有成熟的技术和设备生产线，从科技水平上看，并不能代表中国制造2025，但这些板块可实现大量就业，为经济转型和社会经济可持续发展提供基础和稳定载体。尤其是在这些板块错综复杂的产业链条上，生存着巨量的中小企业，它们是整个产业循环中不可或缺的环节，提供不同类型的产品与服务，吸纳大量社会人口就业。因此，对它们的支持也不能因为科技含量低而忽视。这就是为什么长三角需要发展供应链金融的原因。

3. 上海可牵头长三角地区发展供应链金融

金融是上海的优势，积聚了高质量的金融资源，用上海金融支持整个长三角地区供应链的发展，就是供给侧改革，就是产业结构的重新塑造，就是对一体化的推动。上海可以利用金融龙头地位，发展供应链金融，打造一体化的产业链。通过供应链金融发展，基于真实的交易背景，确保金融为实体经济服务。长三角地区聚集了一批高端装备企业，在国内举足轻重。应围绕新能源汽车、航空航天、机器人、海洋与船舶、轨道交通等核心产业，建设跨地区的网络协同供应商产业链，引导“核心企业”下的各供应链企业在长三角地区重新合理布局。现阶段的主要任务是将供应链金融机构和服务逐步导入更多的核心企业中，也采取一定的措施，鼓励核心企业扶植供应链发展，进而衍生出更多的金融服务需求，从需求端对传统金融提出创新需求并进行服务拓展。上海监管机构也应该牵头研究长三角供应链金融发展路径，带动区域内各银行、金融机构、企业积极参与，共同探索长三角供应链金融发展的具体方式和办法，出台鼓励供应链金融发展的相关政策，并适时地、动态地加以风险监管。

结　语

在推进长三角一体化进程中，金融一体化非常重要，需要适时予以推进。上海需要借助上海自由贸易试验区新片区的政策“东风”，在投资贸易自由化、便利化方面开展更多创新和探索，并牵头长三角地区具有一定发展基础的省会城市和经济试验区，把实践中证明行之有效的金融改革与金融创新举措复制平移过去。长三角金融一体化实际上就是为长三角区域中实体经济提供高质量的金融供给，其核心目的是通过长三角地区金融高质量一体化发展，促进长三角地区实体经济高质量一体化发展。

参考文献

杨成长、蒋健蓉、阮晓琴、谢欣：《金融协同促进长三角一体化发展》，《上海证券报》2018 年 6 月 13 日。

黄金木：《积极推进长三角金融一体化发展》，《金融时报》2019 年 2 月 18 日 。

吴静、卢志坤：《长三角一体化进入实质推进阶段 三省一市并重发展谋协同》，《中国经营报》，2019 年 8 月 12 日。

黄金木：《长三角城商行一体化发展》，《中国金融》2019 年 2 月 1 日。

胡小武：《长三角一体化国家战略中的城市定位》，《群众》2019 年 1 月 20 日。

肖钧铭、赵松：《高校英语教育与区域经济发展的相互作用》，《价值工程》2012 年 7 月 18 日。

陈锋、陈媛媛《新经济对会计假设影响的研究》，《中国集体经济》2019 年 8 月 14 日。

王富民：《欧洲一体化发展研究》，《法制博览》2019 年 2 月 5 日。

王岱、范希春：《习近平经济思想与马克思主义政治经济学的内在关系》，《当代世界与社会主义》2019 年 4 月 20 日。

吴春集：《区域协调发展战略背景下我国文化产业发展路径研究》，《中国文化产业评论》2018 年 9 月 30 日 。

顾海良、田桥《坚持和发展新时代中国特色社会主义政治经济学——访教育部社会科学委员会副主任顾海良教授》，《高校马克思主义理论研究》2018 年 12 月 20 日。

周航：《从党的十九大报告看中国社会主要矛盾变化的根据及解决方法》，《大连海事大学学报（社会科学版)》2019 年 2 月 15 日。

张晖明：《从合作机制内涵建设落实“一体化发展”战略》，《浙江经济》2019 年 2 月 10 日。

张优优：《新时代下协调发展理念的实现路径探析》，《北京教育（德育）》2019 年 3 月 25 日。

高汝仕：《论建设现代化经济体系的核心特征》，《中共四川省委党校学报》2018 年 12 月 15 日。

张荐华、高军：《中国改革开放 40 年中的区域经济发展不平衡问题与对策研究》，《当代经济管理》2018 年 7 月 23 日。

魏建国：《当代中国地方法治竞争的兴起：原因、意义及完善趋向》，《北方法学》2019 年 1 月 15 日。

刘洪愧、刘霞辉：《构建开放型经济新空间布局：理论基础、历史实践与可行路径》，《改革》2018 年 12 月 5 日。

肖金成、安树伟：《从区域非均衡发展到区域协调发展——中国区域发展 40 年》，《区域经济评论》2019 年 1 月 18 日。

李侃：《新时代加强职业教育发展的思考》，《湖北开放职业学院学报》2019 年 2 月 15 日。

郭晓蓓：《改革开放 40 年我国产业结构演进历程与新时代重大战略机遇》，《当代经济管理》2018 年 9 月 3 日。

门洪华：《推动中国对外开放进入新时代——党的十八大以来中国对外开放战略的总结与前瞻》，《社会科学》2019 年 1 月 10 日。

郭瑞萍、张愿娟：《现代化经济体系内涵的再辨析》，《淮海工学院学报（人文社会科学版）》2019 年 4 月 22 日。

张红：《ECFA 框架下长三角金融一体化的路径探析》，《上海金融学院学报》2010 年 12 月 20 日。

周诺：《关于建设现代化经济体系的探讨》，《中国金属通报》2018 年 9 月 30 日。

陈晨、王世涛、张泽辰、王峥、徐爱梅、张楚昊：《利用互联网实施的金融犯罪呈上升趋势》，《检察日报》2019 年 9 月 8 日。

郑杨：《金融合作推动长三角一体化发展》，《中国金融》2018 年 8 月 1 日。

张晓鸣：《长三角合力打造金融集聚生态圈》，《文汇报》2018 年 6 月 16 日。

夏天：《去年全市“非吸”案大幅上升》，《上海法治报》2019 年 8 月 28 日。

佘明龙：《金融科技助力沪苏浙金融生态圈建设——“区域金融创新与沪苏浙金融生态圈建设论坛”综述》，《嘉兴学院学报》2019 年 1 月 2 日。

王文博、班娟娟、何欣荣：《长三角三年内将形成世界级城市群框架》，《经济参考报》2018 年 6 月 4 日。

中国社会科学院陆家嘴研究基地课题组：《如何完善上海与长三角地区金融合作机制》，《上海证券报》2015 年 5 月 28 日。

方方：《沪苏浙金融平台为“长三角”提速》，《中国经济导报》2008 年 4 月 29 日。

周闯、王峰：《共商区域金融协调发展大计》，《金融时报》2008 年 4 月 22 日。

钱进、章永哲：《共商区域金融发展大计构建区域金融合作平台》，《上海金融报》2008 年 4 月 22 日。

张炜：《金融一体化助力长三角高质量一体化发展》，《中国经济时报》2019 年 6 月 17 日。

李劲松、吴合庆：《三亚：如何“闯”出一条 FT 账户新路》，《三亚日报》2019 年 4 月 26 日。

苗晓宇：《“人人贷”风险与防范》，《中国国情国力》2012 年 1 月 7 日。

盛斌：《对外开放的新形势、新议程和新挑战》，《中国外资》2019 年 3 月 5 日。

沈志敏：《推动长三角地区更高质量一体化发展》，《科学发展》2018 年 10 月 20 日。

赵洋：《整治金融乱象需要协调监管“重拳”》，《金融时报》2017 年 7 月 31 日。

余司羽：《徽商银行董事长吴学民：着力“六大金融”把握银行转型之变》，《第一财经日报》2019 年 6 月 6 日 。

魏陆：《上海对内开放新思考》，《东方早报》2013 年 9 月 17 日。

李果：《京津冀上市公司市值高，珠三角制造强，长三角协同好》，《21 世纪经济报道》2019 年 5 月 29 日。

郑庆辉：《供应链金融的现状、问题及对策——以福建省石狮市为例》，《福建金融》2019 年 1 月 25 日。

宋华：《中国供应链金融的发展趋势》，《中国流通经济》2019 年 3 月 15 日。

邵伟：《数字化供应链金融探析》，《上海金融报》2017 年 10 月 13 日。

本报特约评论员《为长三角一体化发展提供高质量金融供给》，《中国城乡金融报》2019 年 5 月 20 日。

胡勇：《基于物流金融的中小企业融资途径分析》，《湖北经济学院学报（人文社会科学版）》2017 年 5 月 15 日。

上海发展供应链金融、助力长三角金融供给侧改革研究报告

主父海英*

摘　要： 在推进长三角经济一体化发展的过程中，金融供给侧结构性改革是一个巨大的助力。供应链金融是解决中小企业融资、支持实体经济发展、发展上海金融供给侧改革的重要工作。上海一方面云集了各类大型"核心企业"，具有成熟的供应链，但巨大的资金周转压力限制了上下游中小企业成长；另一方面又出现金融供给者放贷难现象，即金融供需两难局面。针对中小企业数字化能力弱、供应链信息不透明、核心企业动力不足、监管难度大等问题，本报告提出建立供应链金融信息共享与公共服务平台、供应链金融产业园，在上海自贸区设立企业票据贴现、承兑中心及债权流通市场，尽快出台对供应链平台企业以及提供资金的供应链金融机构的政策性支持措施，做好顶层监管设计、防范上海市供应链金融风险、鼓励资产证券化等，特

* 主父海英，山东科技大学副教授，硕士生导师，金融系主任，在《财贸经济》《经济评论》《上海金融》《金融理论与实践》等学术期刊上发表论文20余篇。作为项目负责人或主要研究人员完成了国家社会科学重点项目、国家自然科学重点项目、国家统计局项目、山东省社科规划项目、山东省软科学项目等二十余项；获软科学优秀成果奖一等奖一项、山东软科学优秀成果二等奖一项（首位）、山东软科学优秀成果二等奖一项、山东高校优秀科研成果二等奖一项（首位）等。

别重点提出了加快完善上海市供应链金融机制，加速制定供应链金融标准等。

关键词： 供应链金融　金融供给侧改革　区块链赋能供应链

在推进长三角经济一体化发展的过程中，金融供给侧结构性改革是一个巨大的助力。必须找准金融服务的重点，以加强金融服务功能来服务实体经济，这才是题中应有之义。为了提供精准的金融服务，要构建多层次、广覆盖、有差异的银行体系等金融机构，积极开发差异化和定制化的各种金融产品，对于主业相对集中于实体经济，市场对其产品的接受度高、技术先进、符合国家产业发展方向，但是遇到暂时性资金困难的企业进行有重点的支持。然而在这个过程中，长期以来遇到了重重阻力，在此背景下，供应链金融成为解决中小企业融资，发展上海金融供给侧改革的重要工作。上海云集了各类大型国有企业、优质集团公司、上市公司、跨国公司、企业总部，在这些“核心大企业”下都有成熟的供应链，巨大的资金周转压力限制了中小企业成长，甚至威胁其生存，这更凸显了发展供应链金融的紧迫性。上海通过金融供给侧改革，适应全球化发展和新科技革命浪潮的来临，完全可以通过供应链金融的支持，予以供给侧改革合理化引导。

供应链金融是依托产业链核心企业的信用，在真实交易背景之下，依托商业银行与产业链核心企业为上下游企业提供无须抵押担保的订单融资、应收应付账款融资等多元化、多种形式的金融支持服务，是整合各种金融工具（如保理、小贷、金控、银行、支付工具、结算、基金、信托、担保等）的一种综合化金融服务的新业态。核心企业通过对上下游中小企业的信用背书，引入商业银行、保理公司等外部金融机构实施综合授信，不仅提升了核心企业的资源配置能力，还支持了中小企业的资金周转，进而也提高了中小企业的存活率，还为金融机构找到了一个盈利创新点。

一　供应链金融

——金融供给侧改革的新业态

（一）通过供应链金融解决中小企业融资问题的基础逻辑

1. 供应链中的上下游中小企业资金问题

供应链是指从原材料到中间品到最后的产成品的一条链式结构。供应链是从采购原材料开始到制成中间产品及最终产品，最后由销售网络把产品送到消费者手中的一个由供应商、制造商、分销商、零售商直到最终用户所连成的整体功能网链结构。在供应链中，核心企业拥有优越的谈判地位，经常要求以应付账款模式让上游供货企业赊销，下游企业进货却要求预付货款，从而导致上游企业资金短缺，下游企业周转不灵（见图 1）。

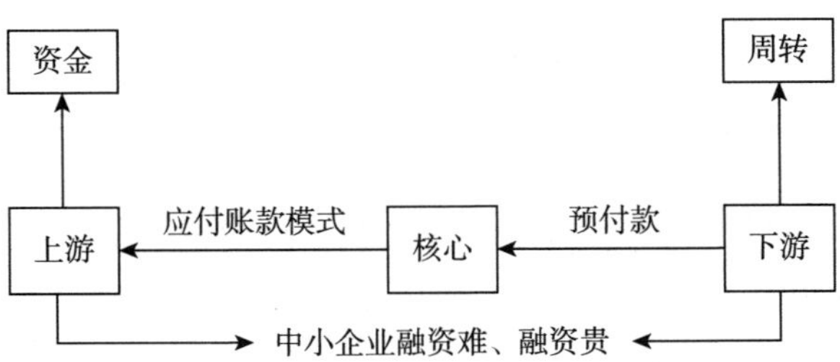

图 1　供应链中上下游中小企业资金问题成因分析示意

2. 中小企业融资市场失灵

首先，中小企业信贷市场融资缺乏竞争力。中小企业数量在我国占据企业总数的 95% 左右，是不可小觑的经济力量，其发展离不开资金的支持，商业银行对非国有企业的贷款占比仅在20%左右，中小企业超过30%的融资来自地下钱庄的渠道。也就是说，中小企业在融资市场上由于自身实力较弱、信用等级低、缺乏抵押担保物、资本市场进入困难等因素，其融资市场失灵，特别是在信贷市场上没有竞争优势，主要原因有两点。一是风险问题。借钱需要信用或担保，中小企业信用等级低，缺乏抵押担保物，银行对财务报表的真实性存疑。至于动产抵押，对银行来说比较辛苦，比如库存抵押如何保管？真假如何分辨？还要找第三方物流帮助监管等。所以，银行为中小企业服务的动力不足。二是贷款操作成本问题。中小企业贷款额度小，银行利润低，但是一笔银行贷款无论额度大小，操作成本是一样的。

其次，金融供需双方出现两难局面。作为金融需求方的中小企业融资难、融资贵，而作为金融供给方的银行却难以找到目标客户，出现放贷难的局面。同时，供应链中的核心企业因为信用级别高而易于融资，即便资金充裕，也有银行主动上门；反之供应链中上下游的中小企业，作为核心企业的供应商、分销商，由于大量应收账款和预付款的存在，资金紧张，却又融资困难（见图2）。

3. 供应链金融对中小企业融资难的纾解之术

第一，为了提升业务效率，解决中小企业放贷成本高的问题，可以通过供应链来培养核心企业的互联网化，因为银行放一笔贷款无论额度大小成本是一样的。

第二，为了解决中小企业信用级别低、违约率高的问题，在供应链金融融资模式中，依托真实交易以及由此形成的存货、应收账款、预付款等资产，在核心企业的信用支持下，对中小企业提供金融支持。

可见，供应链金融是以核心企业为中心，基于真实的贸易背景、

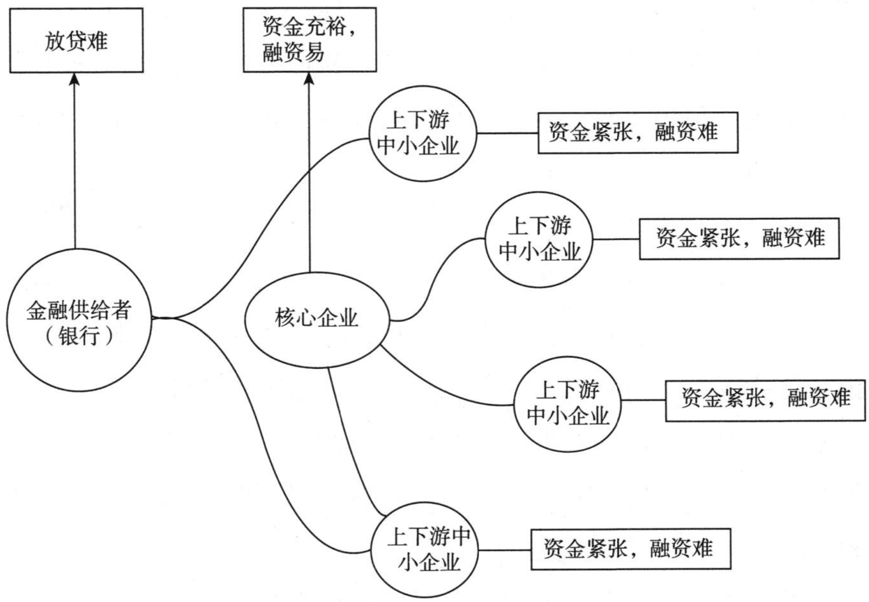

图 2　金融供需两难的局面

企业的应收账款、订单等对上下游企业提供金融产品和服务。虽然供应链中大量的上下游中小企业在银行融资非常困难，但它们毕竟是核心企业的上下游企业，并非孤立存在的，它们可以将这笔贷款与核心企业“绑定”，从而更容易获得银行的信任和信贷支持。由此改变了传统金融机构与中小企业一对一的授信模式。

可以说，供应链金融是从产业中来，又到金融中去的，因为其深厚的实业根基，使其兼具金融的爆发力和产业的持久性，彻底颠覆了人们基于传统而对金融的认知。

（二）供应链金融创新的基础逻辑

1. 供应链金融可实现多方共赢

第一，供应链金融本质是整个产业链的信用共享，给予中小微企业新的增信路径和全新的融资工具。供应链金融模式的根本是提供了新的增信路径，不仅使上游的供应商供货能够保持稳定，同时也使得下游企业有了充足的资金得以提升业绩，从而解决了中小微企业因为经营不稳定、信用不足、资产欠缺等因素导致的融资难问题，弥补了其年化融资成本 8% ~20% 的空白。

第二，核心企业切入供应链金融，也满足了核心企业产业转型升级的需求。核心企业掌握的物流、信息流、资金流将充分发挥优势，使得其产业链长期经营的价值得以变现，在此意义上，应鼓励其为中小微企业确权，从而获得供应链上现金流的稳定和业绩的提升。

第三，对于资金供给方是一个新的利润增长点。银行因为核心企业提供的隐性背书，事实上降低了向中小企业放款的风险，回报可观。

第四，物流企业在此中发挥上下游桥梁优势，不仅拓展了业务空间也带来了业务量的增加。物流企业完全可以更深入地渗透到供应链金融中，比如通过搭建互联网交易平台的形式，掌握第一手的买卖双方的交易信息，从而具备专业的货物存储能力。供应链金融中一个主要形式就是存货抵押，比如仓单质押授信等，这正是物流企业的优势所在。

2. 供应链金融是企业增信、解决资金流入实体经济的最有效办法

供应链金融需要场景，即实体经济运作图。中小企业很难从正规金融渠道融资成功的一个原因是：中小企业的资产中有 70% 属于应收账款和存货，但这些无法被列入合法的担保物范围，融资失败直接影响整条供应链的竞争力，也无法保持其生产的稳定性。目前，中小企业解决融资问题要么依赖非正规金融，要么依赖自有资金，在整个供应链的资金流中，需为围绕核心企业发展的中小企业提供资金，才能够保证整个供应链资金流和运营的畅通。

3. 供应链金融是“四流合一”的全新的产融结合创新模式

供应链金融不同于以往传统银行借贷最大的区别是：其是一种产融结合的创新，该模式是将整个供应链的商流、物流、信息流和资金流“四流合一”，紧密结合。

4. 供应链金融的发展将对“一带一路”倡议产生巨大作用

供应链金融本身是使贸易更加便利化的催化剂，也是大宗商品供应链健康生态的黏合剂。供应链金融的发展将对“一带一路”项目国家货币的计价结算起到巨大的推动作用。随着供应链金融的发展必将增加交易的透明度，对于货和钱的监控、反洗钱工作、网络安全都将产生正面的影响。借助中国供应链金融发展处于世界领先的契机，规范发展，制定规则，可以说机不可失。可以借助供应链金融的基础设施，结合“物联网 + 区块链 + 大数据”等，有计划地建立区域经济共同体。

（三）我国及上海市供应链金融发展及政策梳理

供应链金融的发展呈现出融资规模的巨量化、参与主体的多元化、各类平台的复杂化、一些机构产品的神秘化等表现。

1. 我国供应链金融发展概况

(1) 巨量化的供应链金融市场融资规模

供应链金融在我国的发展速度比较快，我国供应链金融市场规模2015 年为 11.97 万亿元，2016 年为 12.95 万亿元，2017 年已经达到14.42 万亿元，2018 年达到 16.51 万亿元，2019 年将达到 20 万亿元。[①] 这种发展速度得益于我国应收账款、存货总量以及融资租赁规

① 据前瞻产业研究院发布的《中国供应链金融市场前瞻与投资战略规划分析报告》统计数据。

模的不断增长。

（2）业务模式类型中应收账款融资业务比例最高

从业务模式来看，2018 年供应链金融服务企业有 60% 开展了应收账款融资；有近 40% 开展了订单融资和预付款融资；此外，还有很多企业开展了存货质押融资、纯信用贷款融资和上游担保融资业务（依托核心企业开展的），比例分别为 32%、26% 和 24%（见图 3）。[①]

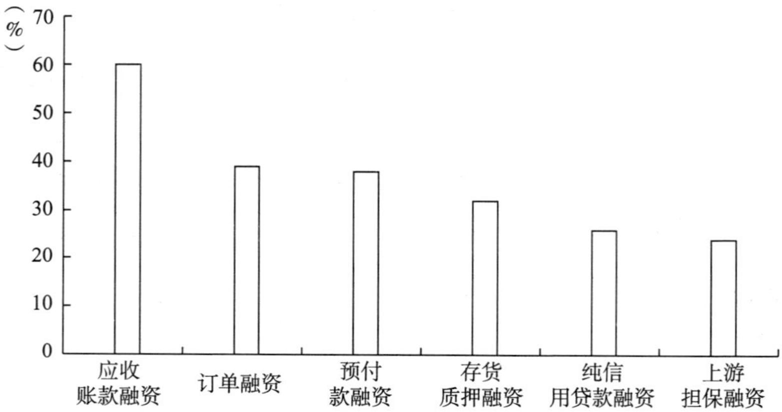

图 3　2018 年供应链金融业务模式类型

应收账款及存货规模不断增长成为供应链金融的重要融资模式，也为供应链金融快速发展奠定了基础。银监会数据显示，我国中小企业应收账款从 2013 年的 5.9 万亿元增至 2018 年的 8.5 万亿元，中小企业存货规模从 2013 年的 5.5 万亿元增加到 2018 年的 6.3 万亿元（见表 1）。

此外，融资租赁同样是供应链金融中的重要方式。2010～2018 年是我国融资租赁行业快速发展时期，企业数量从 2010 年的不足 200 家增至 2018 年的近 12000 家，增长了 50 多倍；融资租赁合同余额从 2010 年的 7000 亿元增至 2018 年的 66500 亿元，增长了 8.5 倍（见图 4）。

① 中国人民大学中国供应链战略管理研究中心调研数据。

表 1　2013～2018 年中国中小企业应收账款及存货规模情况

单位：万亿元

年份	中小企业应收账款	中小企业存货规模	合计
2013	5.9	5.5	11.4
2014	6.5	5.5	12
2015	7	5.6	12.6
2016	7.5	5.8	13.3
2017	8	6	14
2018	8.5	6.3	14.8

资料来源：银监会。

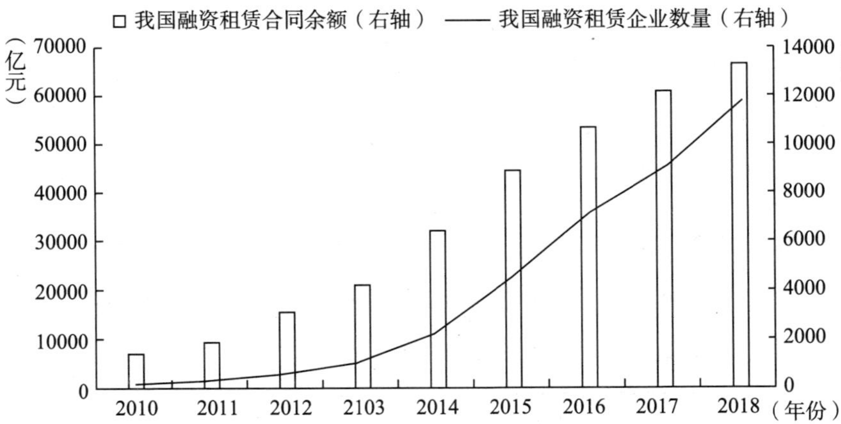

图 4　我国融资租赁合同余额及融资租赁企业数量

资料来源：银监会；观研天下，《2019 年中国供应链金融行业分析报告－行业深度分析与发展前景研究》。

（3）供应链金融市场参与主体多元化

由于国家政策的大力鼓励，供应链金融市场中有越来越多的市场主体参与进来，主要有行业龙头、银行、供应链公司/外贸综合服务平台、物流公司、B2B 平台、金融科技公司、非银行金融机构、金融信息服务平台等。其中，供应链公司/外贸综合服务平台和 B2B 平台数量占 55%，再加上金融科技公司及非银行金融机构，四者总占比达

83%（见图5）。

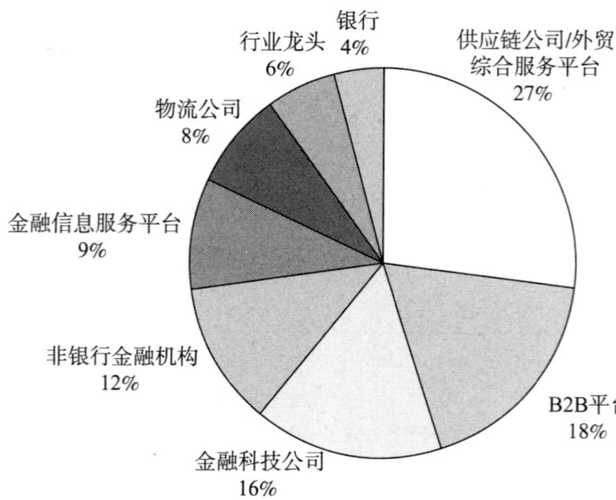

图5 供应链金融主体构成占比

资料来源：公开资料整理。

从市场主体的区域覆盖分布来看，业务区域范围扩张趋势明显（见表2）。2017年全国覆盖的占比仅为39%，而2018年供应链金融服务企业有78%就做到了全国覆盖。[①]

表2 我国供应链金融行业部分参与者规模分布格局

类别	企业名称	注册资本（万元）
银行	招商银行	2521984.6
	建设银行	250001097.8
	平安银行	1142489.5
行业龙头	鲜易	1217.77
	海尔	31118
	达实智能	190215.92

① 中国人民大学中国供应链战略管理研究中心调研数据。

续表

类别	企业名称	注册资本（万元）
供应链公司	创捷供应链	6482.57
	朗华	10000
	怡亚通	212269.78
	普路通	37331.81
外贸综合服务平台	一达通	330000
	东浩兰生	220000
B2B 平台	钢银电商	103038.19
	东煤交易	5460
	金银岛	16892.86
物流公司	顺丰速运	441876.73
	菜鸟	1000000
	普洛斯	40000（万美元）
金融信息服务平台	吉信佳	3000
	筷来财	10000
金融科技公司	蚂蚁金服	1576124.7
	京东金融	306081.31
	易宝支付	10000

资料来源：公开资料整理。

2. 供应链金融政策梳理

近年来，供应链金融的发展得益于国家不断出台的相关政策。从2016年2月人民银行等八部委发文提出要大力发展应收账款融资，到2019年中国银保监会发布《关于推动供应链金融服务实体经济的指导意见》，都在支持大力发展供应链金融。一定要用好政府出台的各种支持供应链金融的政策，很多地方政府由于对政策不熟悉，错失很多发展的机会（见表3）。

表 3　关于发展供应链金融的政策

年份	政策	内容
2016	《关于金融支持工业稳增长调结构增效益的若干意见》	大力发展应收账款融资
2017	《关于金融支持制造强国建设的指导意见》	推进企业集团财务公司开展延伸产业链金融服务试点工作。大力发展产业链产品和服务，满足产业链上下游企业的融资需求
2017	《关于积极推进供应链创新与应用的指导意见》	供应链成为供给侧结构性改革的重要支撑
2017	《商贸物流发展“十三五”规划》	推广供应链金融。鼓励商贸物流企业直接融资，主要方式是股权投资、债券融资等方式
2017	《关于金融支持工业稳增长调结构增效益的若干意见》	建立应收账款交易机制，为产业链上下游创业者提供资金支持
2017	《小微企业应收账款融资专项行动工作方案》	为支持小微企业供应商，动员国有大企业、大型民企等供应链核心企业开展在线应收账款融资业务
2017	《应收账款质押登记办法》	应收账款登记期限从 1～5 年扩展为 0.5～30 年，明确应收账款转让登记，参照质押登记办理
2017	《企业应收账款资产支持证券挂牌条件确认指南》	规范应收账款 ABS，主要是其发行和存续期
2018	《关于开展供应链金融创新与应用试点的通知》	发挥上海中征应收账款融资服务平台、票据交易所、动产融资统一登记公示系统等作用，确保资金流向实体经济。推动供应链核心企业与相关企业、商业银行等进行合作
2018	《关于全国供应链创新与应用试点城市和企业评审结果的公示》	试点城市和企业，有 55 个城市，269 家企业入选
2019	《关于开展 2018 年流通领域现代供应链体系建设的通知》	发挥中央财政服务业发展专项资金对现代供应链体系建设的支持作用，中央财政资金引导社会资本
2019	《关于加强金融服务民营企业的若干意见》	商业银行依托产业链核心企业的信用、依托其真实的交易背景和商流、物流、信息流、资金流“四流合一”的闭环，为上下游企业提供订单融资、应收应付账款融资
2019	《关于促进中小企业健康发展的指导意见》	鼓励企业依托供应链金融、应收账款、特许经营权等进行融资
2019	《中国银保监会办公厅关于推动供应链金融服务实体经济的指导意见》	运用互联网、物联网、区块链、生物识别、人工智能等技术，鼓励开发供应链金融专项信息科技系统

资料来源：课题组根据国务院、央行、财政部、商务部等颁布的有关供应链发展的政策进行整理。

3. 上海供应链金融发展概况

目前，已有55座城市被列为全国供应链创新与应用试点城市名单，上海是其中之一（见表4）。

表4　全国供应链创新与应用试点城市名单

序号	城市名称	序号	城市名称	序号	城市名称	序号	城市名称
1	北京	15	杭州	29	寿光	43	海口
2	石家庄	16	宁波	30	焦作	44	成都
3	太原	17	舟山	31	商丘	45	广安
4	包头	18	义乌	32	许昌	46	泸州
5	大连	19	亳州	33	中国（河南）自由贸易试验区	47	贵阳
6	鞍山	20	芜湖	34	武汉	48	毕节
7	营口	21	中国（福建）自由贸易试验区厦门片区	35	襄阳	49	昆明
8	长春	22	赣州	36	湘潭	50	西安
9	梅河口	23	景德镇	37	广州	51	渭南
10	哈尔滨	24	青岛	38	深圳	52	定西
11	绥化	25	东营	39	东莞	53	西宁
12	上海	26	临沂	40	中国（广东）自由贸易试验区深圳前海蛇口片区	54	银川
13	南京	27	威海	41	南宁	55	奎屯
14	张家港	28	烟台	42	柳州		

资料来源：中华人民共和国商务部网站。

表5为上海市供应链金融试点企业名单。

表5　上海市供应链金融试点企业名单

排序	试点企业名称	排序	试点企业名称
1	上港集团物流有限公司	7	上海市糖业烟酒（集团）有限公司
2	上海本来生活信息科技有限公司	8	上海天地汇供应链管理有限公司

续表

排序	试点企业名称	排序	试点企业名称
3	上海盒马网络科技有限公司	9	上海众敏供应链管理有限公司
4	上海华能电子商务有限公司	10	上汽通用汽车有限公司
5	上海家化联合股份有限公司	11	上药控股有限公司
6	上海久耶供应链管理有限公司		

资料来源：中华人民共和国商务部网站。

4. 供应链金融的进阶——从供求关系到全行业协同布局

(1) 供应链金融 1.0 ——以点带链

供应链金融 1.0 的主要特征为："M + 1 + N"。商业银行通过对供应链核心企业这个"1"的信任，依据其信用支撑，向它上游的 M 个供应商或下游的 N 个客户（一众中小微企业）提供融资授信支持。这种融资服务只是基于上下游协作中单笔交易的某项资产，该压哪批货、该转哪笔账，一一对应。在这个模式中，银行开展供应链金融的基础是核心企业的信用转移。通过核心企业为它上下游的中小企业做担保，银行才会放心给这些企业融资。此时商业银行开展融资业务是基于对核心企业的信任，如果核心企业失信，将对银行造成致命打击，而这成为 1.0 时代的痛点，注定这一模式不会持续运转下去。

(2) 供应链金融 2.0：线上"1 + N"和供应链金融 3.0：线上"N + 1 + N"

互联网金融公司以产业链中某企业的应收账款作为供应链金融的切入点：供应商与采购商签订销售（服务）合同产生了应收账款，供应商将其收益权转让给保理公司，保理公司首先会对该交易进行尽职调查以及风控的审核，之后才会为供应商提供融资服务。其后，保理公司再将应收账款的受益权转让给与其有合作关系的互联网金融公司，应收账款到期后保理公司将从供应商处收回的本息支付给互联网金融公司。核心企业（"1"）的数据与银行完成对接（见图 6）。

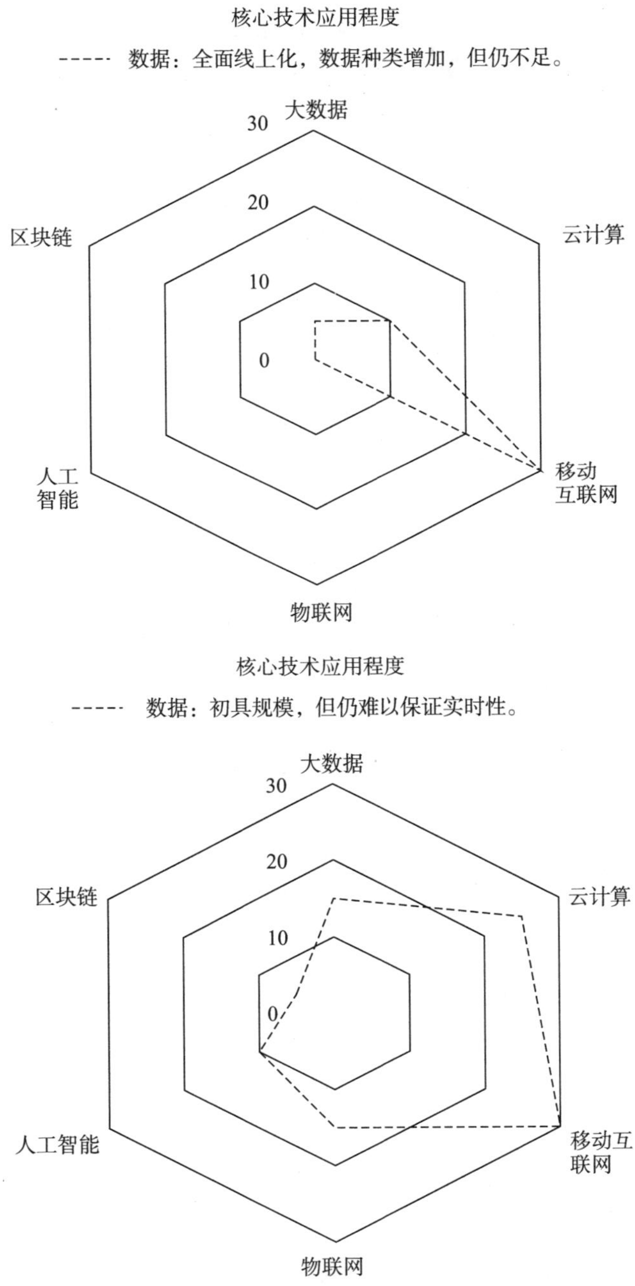

图 6　供应链金融 2.0：线上“1 + N”和供应链金融 3.0：线上“N + 1 + N”模式

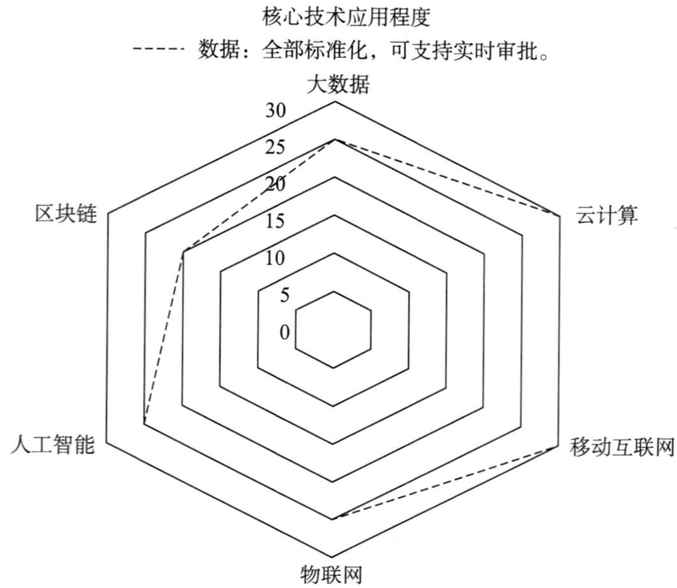

图 7　供应链金融 4.0：线上“N × N”模式

（3）供应链金融 4.0：线上“N × N”模式

融资模式：中小企业的订单、运单、收单、融资、仓储等行为，包括为之服务的金融机构、第三方服务商、物流等都搭建在同一个服务平台上，不仅方便向企业提供交易服务，还可以为它们提供供应链金融等配套服务。

如果参与主体之间互不信任，那么商票、银票就难以流通，从而制约供应链金融的发展。银行利用区块链技术解决供应链金融的增信难题，解决了上述难题。

浙商银行最先推出区块链技术和供应链金融结合的产品：“仓单通”。在“仓单通”平台上，存货人把仓储货物和提货单转化为标准化的“区块链电子仓单”，这样无论是向受让人转让还是作为质物质押给银行后进行在线融资都非常方便。提货时，可以凭持有的“区块链仓单”向仓储监管方要求提货，这样线上交易和线下实物交割就可以实现同步，安全、合规、时效性强。

雄安新区华夏银行的“链通雄安—区块链—供应链”产品已经成功完成了首笔放款业务。此产品借助了区块链平台的数据溯源，依托雄安集团信用，利用其财务行为规范、资金管理等功能，解决采购原材料、发放工人工资等资金支付问题，为高效解决雄安建设分包商的资金问题提供了方案。

腾讯区块链于2018年4月也推出了供应链金融解决方案；蚂蚁区块链于2019年1月推出供应链协作网络——“蚂蚁双链通”，腾讯区块链供应链协作网络、“蚂蚁双链通”均以核心企业的应收账款为底层资产，让核心企业的信用在区块链上一级流通，使得平等而高效的普惠金融服务更多服务于其上游中小微企业；另外，不仅像BAT这样的互联网巨头更多地使用区块链技术解决供应链金融问题，以富士康、华为为代表的制造业，也开始做同样的尝试。

区块链是不可篡改、不可重复融资的，是可被追溯的模式，以此模式实现债权凭证的流转，把传统赊销凭证转换为区块链记账凭证，这种模式不仅可以拆分，还可以流转；既可持有到到期日，也可以进行融资。

区块链技术下“债务凭证的数字化”。比如“比亚迪”把其上游企业的1000万元应付账款作为一个债务凭证，在比亚迪承诺付款的前提下，其上游企业即一级供应商在自身资金充裕的情况下，可以把该应收票据切分，分别流转给其上级，即二级供应商或者三级供应商直至N级供应商。该方式使这笔资金的使用更灵活高效，且覆盖面更广。这就是供应链金融4.0在利用区块链技术的基础上，解决了供应链金融的增信难题并开展融资（见图8）。

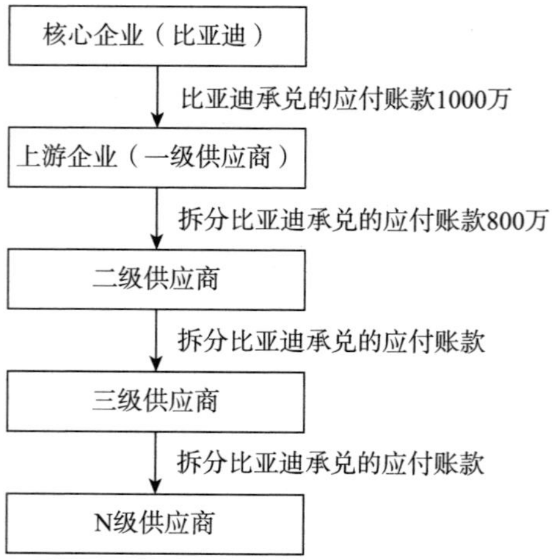

图 8　区块链技术下债务凭证的数字化

二　供应链金融行业痛点及面对的风险

（一）供应链金融行业痛点

1. 信用难以穿透

供应链金融服务难以覆盖长尾中小企业，核心企业信用可以传递到上游一级供应商，但是再上一级的信用就很难覆盖到。由于“信息孤岛”问题的存在，金融机构出于风险管控的考虑，只能基于核心企业的主体信用，垂直对上下游企业进行授信。风险传递的扩散性使得金融机构的服务对象局限于一级供应商与经销商，而处于供应链远端的中小企业的融资需求则很难得到满足。

以汽车制造业为例，其供应链长、行业波及面广、环境变化复杂、不确定性强。核心企业一般只从事汽车总装及车身制造，其他则由专业零部件制造商生产并供货。汽车零部件的种类名目繁多，轿车的零部件总数甚至多达1万个以上。核心企业的一级供应商一般是比较大的零部件制造企业，它可以依靠核心企业的信用或者自己的信用从传统金融机构获得融资，但是它上一级的小零件供应商通常规模较小，抵押物不足，存在融资难、融资贵的问题。一旦这些小的零件供应商产生资金短缺，以致不能及时供货或者出现残次品，就有可能引发多米诺骨牌效应，致使核心企业生产延误，严重的话甚至导致供应链断裂，以致停产，进而影响全年销售额。

造成这种现象的主要原因有以下三个。第一，由于企业数据的复杂性与征集技术的有限性，金融机构对上游融资需求方缺乏真实的信用信息数据支撑，上游供应商也没有足够的抵押来获信，因此，银行等金融机构为了规避风险，对核心企业的信用支持仅限于一级供应商。第二，核心企业出于保护私密信息的需要，不愿意提供充足的交易往来信息，进而导致整个供应链主体信用记录的不完整性。第三，供应链金融链条上的信用金融中介无法准确评估信用信息的变化轨迹，造成了缺乏资金、技术实力支撑的中小企业的信用数据传递受限。

近年来，部分银行推出的大商票拆小商票和一些平台基于核心企业信用开立的可流转信用证解决了一部分问题，但支持的流动性还比较有限。

在目前的市场环境下，赊销是买方的主要结算方式，相应的账期也从30天延长到60天、90天甚至180天，供应链上游的供应商存在较大的资金缺口。但是核心企业的信用传递不到供应链的尾端，企业难以获得银行的优质贷款，而民间借贷利息居高不下，融资难、融资贵的问题较为严重。

2. 中小企业数字化能力弱，供应链信息不透明

大部分中小企业并不知道什么数据有用、如何建立数据库、如何

使数据可信来帮助自己实现低成本融资。这时会涌现出一些平台去服务、引导中小企业，不断丰富其数字化程度，充分链接数据端口，打破数据孤岛。具体模式为：同一笔业务中的仓储监管企业、金融机构、融资企业及其他关联企业节点加入同一“信息岛屿”，其数据只能由岛上成员访问，各方成员通过密钥交换算法，共同建立一个密钥，加密其商业机密数据，同时，保障了内部成员可以充分利用数据。

目前，全部建档企业的53%，即有1370万户小微企业被纳入了人民银行征信中心建立的企业征信系统。[①] 但是仅有371万户小微企业获得了信贷支持，其贷款余额目前也仅仅有33万亿元。尽管发展势头良好，但目前的征信系统覆盖率仍远低于发达国家，当前，我国征信与增信体系信息缺乏有效整合，存在覆盖广度不够的问题，存在连带担保与违规授信，甚至存在企业和个人信息的泄露等问题。所以，现有的信用信息系统急需更广泛的征集并积极推进其进一步的整合、公开和共享。[②]

在我国受访中小企业中还没有利用任何数字化平台的占比高达17%。[③] 45%的受访企业表示：它们降低了参与数字化平台的意愿，主要原因是对隐私与安全问题的担忧；44%的受访企业则顾虑营销工具缺乏用户支持的问题；38%的受访企业顾虑数据分析的不确定性；37%的受访企业认为支付工具服务费过高。[④]

在传统供应链运作中，“信息孤岛”问题普遍存在，链上参与方的系统相互割裂，各自保存信息，没有有效的共享渠道和途径。如核心企业与其上下游的交易信息只会存储于双方的系统之中，金融机构

① 《央行征信系统：已纳入1370万户小微企业》，2019年6月15日。

② 建设银行《中国普惠金融蓝皮书（2018）》。

③ 咨询机构埃森哲的研究。

④ 康民：《尽快开展数字化业务是中小企业的明智之举》，《中国保险报》2019年9月3日。

授信信息只有金融机构掌握。整个供应链信息的不透明，使得参与者无法洞察交易流程中所有的信息流和进展情况，降低了供应链的运作效率，加大了操作难度和风险。对银行等金融机构而言，信息不透明则使其无法从中小企业获得有效的数据，进而怀疑整个交易的真实性，使得许多真实且急迫的融资需求被拒绝。在目前商业运营模式以及法律规范下，企业间交易信息通常以纸质票据形式进行传递，而大数据技术尚不完善、应用水平偏低，无法构成全面覆盖的、信息安全真实的、数据实时监控的商务信息系统。

因此，现在市场上关于企业的数据虽然很多，但目前就数据真实性判断的难度比较大、成本比较高，即形成了“四流”（资金流、信息流、物流、商流）、难合一的问题，加大了中小企业贷款、银行风控、相关部门监控的难度。但随着区块链技术的发展、各方的积极参与，数据将变得更加可信，风控模型也会变得更加精准有效。

3. 核心企业动力不足

各参与方应该从交易中得到什么？怎么得到？这个诉求是复杂的、多元的。其中最主要的矛盾是供应链中核心企业在提供数据和权属确认上的服务后，得到的利益不直观、不具象，导致没有动力。

以广东省梅州市的“再贷款+公司+农户”农业供应链融资模式为例，引入这一模式后，上游中小农户虽然资信状况不变，但能够利用核心企业的资信状况，较容易地获得银行贷款。截至2019年3月末，梅州农户贷款余额为230.04亿元，同比增长14.79%。[①] 但对于该供应链上的核心企业，尚不完善的新模式所带来的收益并不能弥补其增加的成本。

① 李俏萍：《基于金融排斥视角的农业供应链融资研究——以广东省梅州市为例》，《时代金融》2019年第22期，第87～90页。

从收益方面看，核心企业希望通过参与并主导供应链来获得稳定的原料供应量、协定优惠的采购成本。但实际上，农产品未来价格的不稳定性必然会导致农业产业链的不稳定性。当农产品未来价格高于协议价格时，大部分中小农户会选择退出“公司+农户”模式，导致很多农业供应链难逃“一次性买卖”的命运，降低了核心企业参与并主导供应链的期望值。

从成本方面看，梅州市在开展农业供应链融资时尚未将保险机构、担保机构、信托机构引入农业供应链中来，导致农业核心企业承担的风险较大，增加了其风险成本。

因此，要想吸引核心企业参与完善农业供应链的构建，就需要政府等多方力量引导农业核心企业完善奖励、返利、分红等利益分配机制；探索符合梅州实际的信用体系，打造信用梅州数据库，实施信用助推乡村振兴发展工程，把信用大数据真正转化为服务农业核心企业的资源。而这些方案仍需进一步探讨其效益性和风险性，以及具体的实施步骤。

在其他领域的供应链也暴露出同样的问题，政府部门应当予以政策支持，增强供应链各方交易的稳定性，激励核心企业投入供应链建设。

4. 监管难度大

到目前为止，供应链金融的电子化程度依旧较低，文件仍多为纸质形式，操作也多依赖人工，加之监管信息获取滞后、银行间信息不互通等原因，极易被不法企业利用，比如虚构交易背景、假造物权凭证、用同一单据重复融资等。例如 2012 年的“江浙地区钢贸融资虚假仓单”、2015 年珠三角地区黄金珠宝加工企业制造贸易融资、投机套利，都是事前监管不严的后果。

（二）供应链金融的风险集中点

近期诺亚财富、云南信托、湘财证券、中粮信托、国民信托等机构踩雷承兴国际，而所涉的融资活动多是基于应收账款债权的供应链融资。每个爆雷事件都有自己的风险点，但是现象背后存在一些普遍本质。

1. 供应链金融的高风险行为

第一，通过虚构交易行为和物流行为实施套利、套汇和套税的“三套行为”。例如：2018 年 9 月华业资本称其子公司投资的应收账款未按期回款，差额补足共计 8.88 亿元，这笔应收账款是恒韵医药对陆军军医大学第一、第二、第三附属医院的应收账款，但该债务遭到了陆军军医大学的否认，指出公章是伪造的，是虚假债务。经过查实，恒韵医药确为华业资本投资的 102 亿元应收账款的转让方。恒韵医药伪造了公章和合同并虚构了交易，导致华业资本应收账款存量面临部分甚至全部无法收回的风险。诸如此类的虚假交易行为显然加大了供应链的不稳定性，成为各方参与供应链金融的第一大风险点。

第二，重复和虚假仓单。通过开具虚假仓单或者重复质押仓单骗取资金。曾在业内引起强烈震动的上海钢贸事件正是一起典型的“质押骗贷案”。当时神赛物资用同一笔质押物进行重复质押后分别向工行、华夏银行申请贷款。由于华夏银行先行一步将被抵押的钢材查封，从而影响了工行的利益。在当时，此案并非个例，上海大量的中小民营钢贸企业采取重复质押、伪造仓单的方式向银行套资，这种方式成了在它们资金紧张时惯用的伎俩。这种做法暴露出三大短板：一是银行对中小企业审查不严；二是银行完全依托第三方物流机构的监管，忽视了贷后风险管理；三是对仓储物流企业的监管也同样不够严谨。

第三，自融。即通过关联方进行担保或者实施动产监管，骗取资金。上市公司瑞茂通旗下的 P2P 平台中瑞财富就已踩雷自融。占中瑞财富 20% 股份的瑞茂通供应链管理股份有限公司是上市公司，知名度较高，但实际上，中瑞集团才是中瑞财富的实际控制人，中瑞集团的总经理是瑞茂通的实际控制人，而中瑞集团又安排瑞茂通入股中瑞财富，由此形成了一个交叉持股的关系。在此背景之下，一笔煤炭供应链上的债权交易展开：郑州嘉瑞向启达商贸订购了一批煤炭并开具电子商业承兑汇票，担保人是母公司瑞茂通。其后启达商贸用汇票在中瑞财富平台提前兑现进行融资，也就是中瑞财富用普通投资者的钱兑现了关联公司开具的汇票。由此可见，由于信息不对称，供应链上的核心企业如果自己建立一个 P2P 平台，虚构账款，同时做上下家，就可以实现自融，这无疑使投资者承担了莫名的风险。

第四，凭借供应链业务套取资金，放大融资风险。比较常见的是“一女多嫁”，即凭借供应链业务或资产，多渠道套取资金，放大融资风险。诺亚财富爆雷事件恰恰反映了这一问题。2018 年 7 月，诺亚财富旗下上海歌斐资产管理公司的信贷基金，为承兴国际提供了 34 亿元的融资。据报道，承兴国际控股实际控制人以承兴国际为融资主体，借助中国移动和苏宁等电商的应收账款。截至 2017 年底应收账款余额为 74.8 亿元，占总资产的 70.62%，主要为苏宁和京东世贸两家的应收账款构成，此事件致使承兴国际控股 7 月 8 日暴跌 80%，诺亚财富股价跌逾 20%，市值损失约 5 亿美元。利用供应链资产多渠道吸收投资，必然加大了杠杆，扩大了融资风险。

第五，移花接木，假借供应链金融的名义，实际进行民间借贷等业务。近来，金融去杠杆化减弱了市场整体流动性，使得专注中小微企业或供应链金融的 P2P 平台遭受到了直接或间接的冲击，爆雷事件频发。在“牛板金”事件中，平台接受了“融数金服”通过众多空壳公司的借款需求，其中假借款需求近90%，以房地产开发为名，通过“牛钱袋”产品卷走了投资人31.5亿元，至今资金都无法收回。审核不严、虚假运营最终造成了投资者的损失。

2. 供应链金融风险集中点

（1）信用风险

现有的供应链管理体系对链条企业的约束能力较弱，给恶意虚假交易、资金流断裂等可能造成违约的行为留下了较大的操作空间。供应商与买方、融资方与金融机构之间的最终现金结算过于依赖双方的契约精神，尤其在涉及多方交易或多级交易时，违约风险会成倍增长。

供应链金融就是为以核心企业为上下游的中小企业增信，授信的基础是已经发生的交易，只要核心企业不出问题，信用风险就处于可控的范围之内。以应收账款融资模式为例，应收账款不真实是典型的信用风险之一。应收账款不真实主要体现在两个方面：其一是没有以真实的背景为基础，部分企业及其主要股东、实际控制人，为了获得银行融资，不惜勾结银行目标企业或者核心授信企业员工，共同伪造虚假的借贷清单、对账单等相关资料；其二是对银行收取的对账单、应收账款回执单、应收账款质押及回款承诺等法律文件加盖造假印章。

小微企业信贷违约率普遍较高，部分借款人还可能出现客观上有能力还贷，主观上却不愿还贷，从而导致延迟还款或违约，有时集体违约的发生居然是源于一个地方的民风民情，甚至导致羊群效应。

（2）操作风险

近期出现的供应链金融风险主要是操作风险，即道德风险，内外勾结是其直接推手。现实中，很多供应链融资对操作监督的执行力度偏低，产生了风险漏洞。

表现之一：业务步骤流于形式，交易背景审核虚设。即目前很多银行对贸易背景真实性调查形同虚设，仅限于交易合同、增值税专用发票，而没有深入调查贸易背景的真实性，没有对供货来源、商品清单（包括型号、生产日期、生产许可证号等）、储存、运输、验收、销售等进行一系列调查核实，相互验证其交易背景的真实性，从而导致了风险状况频发。

以承兴国际事件为例，这是一笔以应收账款为形式的融资，在这个交易结构中，京东才是核心企业而非承兴国际，而且如此大的金额本身就有问题。供应链上下游的中小企业，业务规模小，应收账款往往是小单，出现单家大额应收款概率不大。如果作为核心企业的京东对于这笔应收账款确权的话，就是低风险业务，能确保融资的低成本；不过借款主体不是京东而是承兴国际，项目从资金成本较高的私募基金寻求融资，这种反常的交易结构本身就说明潜在的风险。

表现之二：对物流、仓储监管不到位。除了交易背景真实性的准确判断，金融机构还需要对整个供应链交易的流程环节严格把控，然而在实际操作中银行对货物的监管难度比较大。银行通常依赖第三方物流企业对货物进行监管，本身缺乏仓储管理的条件，贷后风险管控这个重要环节只能依托第三方，而银行对监管的要求和期望，可能与物流企业的实际监管能力并不匹配。部分物流、仓储企业因为信息化程度低，可能无法及时更新货物数量和状态，甚至出现了与借款企业合谋伪造仓单、监守自盗的情况，同一件商品被重复质押或者被非法挪用的现象也并不罕见，最终导致押品价值受损或被转移。

例如，诺亚财富爆雷。2018 年 7 月，诺亚财富爆雷事件先后牵扯出了京东、苏宁两家电商巨头，但它们声明该事件与自己无关，直指承兴国际造假诈骗。由于这只基金的底层资产是应收账款，引发人们对供应链金融的关注。中原证券爆雷。近期中原证券被传 2.4 亿元资管踩雷福建闽兴医药应收账款。有两只资管计划全部通过华鑫信托设立的“华鑫信托信源 39 号集合资金信托计划”投资于福建闽兴医药对福建医科大学附属协和医院的应收账款。

三 发挥上海金融龙头作用，发展长三角供应链金融

（一）上海金融供给侧改革的抓手：发展供应链金融

1. 上海的供应链金融基础良好，但优势不够明显

据 2019 年 3 月万联网主办的“2019 年中国供应链金融最佳企业”的评选结果，进入“最佳供应链平台企业”（包括供应链管理服务公司、物流公司、B2B 平台、核心企业等四类）榜单的大多分布在上海、北京、深圳、江苏，可见上海有比较好的核心企业基础，在供应链平台企业的发展中与北京、深圳平分秋色；另外，作为流动性的提供者、对产业供应链的参与程度更深的“供应链金融最佳金融机构”，则主要是分布在南京、浙江、郑州、珠海等地的商业银行，上海的商业银行（除四大行外，上海银行、平安银行、光大银行、招商银行、浙商银行等）已开展供应链金融业务，但并未走在全国的前列；“供应链金融中的最佳金融科技运营企业”则主要分布在重庆、北京、深圳、珠海、浙江等地，上海需要加强这方面的优势。

2. 上海发展供应链金融的必要性

（1）上海具有发展供应链金融的良好基础

通过发展供应链金融，可支持并引导产业供给侧改革。上海云集了各类大型国有企业、优质集团公司、上市公司、跨国公司、企业总部，这些“核心大企业”都有成熟的供应链，其中中小企业约占

95%。“核心大企业”常常利用其强势地位，要求下游经销商先款后货、上游供应商先货后款，这样给上下游中小企业带来了巨大的资金压力，也就产生了流动资金融资需求。据了解，中小企业总资产中大约 60% 是应收账款和存货等动产，仅有约 20% 的中小企业能通过不动产抵押等通常途径获得银行贷款。巨大的资金周转压力限制了中小企业成长，甚至威胁其生存，这更凸显了发展供应链金融的紧迫性。

上海通过金融供给侧改革，适应全球化发展和新科技革命浪潮，进而支持域内产业链按照《中国制造 2025》、“一带一路”倡议及上海国际进口博览会提出的技术调整与消费需求发展方向，完全可以通过供应链金融的支持，予以供给侧改革合理化引导。

（2）供应链金融赋能实体经济，利于培养科创板企业

供应链金融基于真实的交易背景，资金来源可查、去向明确，确保为实体经济产业注入流动资金，利于增量资金流向实体经济，供应链金融已成为民企融资的重要方式。同时通过促进中小科技型企业的快速成长，为科创板未来企业提供“苗圃灌溉”。科创板是让具有新技术、新模式、新业态的“独角兽”企业进入资本市场，改善它们的融资环境、提升直接融资比重。但科创板的关键在于科技领域是一个专业化的问题，金融机构难以理解每一个行业和企业。借助于供应链金融，从技术的角度，将背后真实的、可交叉验证的、不可篡改的数据，实时反馈到金融机构，并为其服务，从而打造科创企业投贷联动示范区，形成优良的金融生态。

（3）供应链金融可带动金融科技创新，促进上海国际金融中心建设

2020 年，上海将建设形成“6 + 1”格局的国际金融中心，供应链金融的发展将进一步加强科技与金融的深层次融合，推动在沪金融机构发展金融科技，构建金融科技产业生态链，包括鼓励金融服务运

用人工智能、区块链、云计算等科技手段，这些金融科技的进步反过来会促进金融业务、制度、机构创新，进而促进上海国际金融中心建设。

（4）供应链金融支持上海市中小企业，探索普惠金融优选机制

近年来，国家大力提倡普惠金融，重视支持中小企业发展，但中小企业参差不齐，银行放贷存在风险。以往不论是商业银行还是小贷、担保等机构，它们基本是各自为战，打麻雀、打散弹，或者一哄而上，从而存在系统性坏账风险。如何才能实现普惠金融的优选机制？供应链金融就是一个好的方式，通过供给链金融的系统推进和覆盖，突出产业链、上中下游的金融服务概念，建设全场景融资服务，实现有重点、有选择的支持，这才是有效率的普惠金融。

（二）加快完善上海市供应链金融机制的宏观策略

1. 制定供应链金融标准

产业链完整是上海的优势，具有产业引领力和很好的竞争能力，从而供应链金融有了很大的发展。供应链金融必将也成为这一轮产业重组中新的推动力，如何在供应链金融发展国际秩序制定中取得更大话语权是当下务必高度重视的任务，供应链金融统一规范工作如何加强、标准如何制定，一定要加速明确该工作。

我国在金融科技和供应链金融发展上的优势务必要保持。很多国家正在紧锣密鼓地研究加密数字货币，该货币有无国界划分、低手续费优点，每个参与公司就是一个信用节点，采用分布式区块链网络，如果美国率先将数字信用变成美元信用的延伸，从而掌握数据货币主权，将再一次奠定美元数字霸权。这一举动必然会对支付宝、微信钱包等移动支付形成挑战，还会对国际贸易结算、国际货币清算，特别是国际供应链金融的秩序构成巨大挑战。

国家职能部门、监管机构应该着手规范供应链金融，尤其是上海市作为我国经济发展走向世界的桥头堡更应在供应链金融的发展和规则制定方面走在世界前列。比如以下内容均应尽快制定规则：①各种供应链金融机构的管理；②供应链产品的审批条件；③供应链培训机构的认证；④供应链 ABS 的质量数量评价标准；⑤供应链金融评比标准；⑥建立供应链金融公平和可持续发展的共识等。技术性比较强的可采用外包的方法，由第三方中立机构制定，或由专家组织项目工作组承担。这是对供应链金融健康发展和供应链参与机构、从业者的保护。务必做到有章可循、有法可依，这是建立以平等规则为基础的国内外供应链金融秩序的需要，有关主体和个体必须高度重视。

2. 上海市政府主导区块链赋能供应链金融

（1）区块链嵌入供应链金融场景应用

目前供应链金融风险是一个全球性的问题。最好的应对策略就是数字化。将区块链技术应用于供应链具体包括：通过区块链共享账本，为记账依据；银行虚拟账户对接银行支付通道，利用智能合约质化资金清算路径以避免违约时企业仍能调拨内部资金，降低履约风险；鼓励核心企业信用逐级传递；实行互联网实名认证的做法，同时建立个性化配置，实行流程化管理。

以苏宁金融为例，成功构建了四大板块的区块链平台（分别是客户端、应用服务后台、物联网、区块链底层）。建立数据上传权限的机制以进行隐私保护，如私有数据机制、通道机制以及多方加密机制。为确保数据的真实性、有效性，企业只能上传自己采集到的数据，同时数据只有通道成员能够访问。

区块链目前在供应链中应用更多的还是小场景，导致出现很多大规模的信息孤岛，而今后的发展不应拘泥于单一客户，而是要依托整个场景，上海市政府一定要主导并领导同时具备数据资源和资金能力的供应链企业、第三方技术平台、第三方物流机构等各方力量，共同构建覆盖长三角甚至全国的区块链体系，彻底消除信息孤岛。

（2）嵌入区块链技术推动供应链金融多主体合作

只有协调所有参与方共享数据，形成合作关系，才是一个完整的供应链金融生态。实际操作中并不是所有参与方都必须同时处于供应链上。核心企业和供应链上的传统巨头企业非常有动力搭建区块链供应链金融平台，因为它们具有天然的优势参与供应链金融业务，区块链技术也能够更好地帮助他们扩大业务覆盖范围（见图9）。

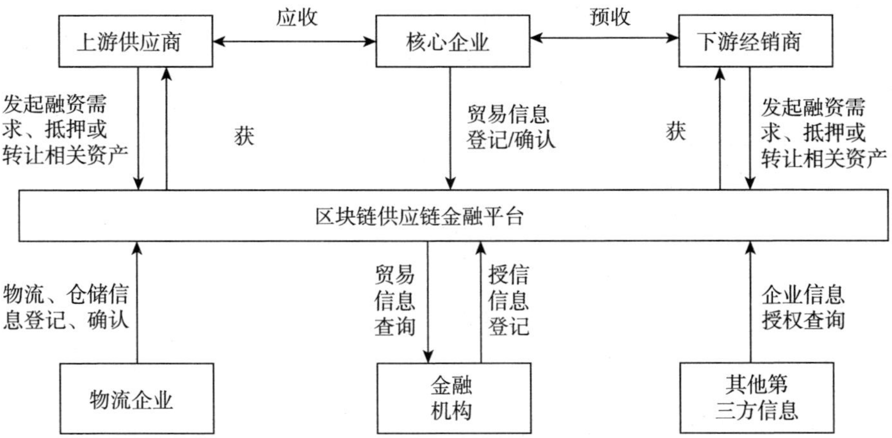

图9　区块链供应链金融业务模式

（3）区块链技术的嵌入实现了多层级信用传递

如前文所说，在供应链金融中，核心企业的信用往往无法传递到资金短缺的上下游两端的中小微企业，只能传递到直接与其有贸易往来的一级供应商和一级经销商。此外，随着分工的深化与国际贸易的发展，在整个供应链中，各个参与企业的 ERP 系统不能联网，能联网的企业 ERP 系统与数据标准也并不统一，有的则数据质量较差，“信息孤岛”态势严重，很难为资金供给者提供准确的授信支撑。

而区块链技术则能够依托通证（Token）技术拆解核心企业的信用，而且可以沿着供应链进行信用的逐级传递，使得信用覆盖到每一层级的供销商，穿透整个链条，这样就解决了供应链金融存在的一个痛点：多主体的信任关系问题。只要拿到 Token，无论是第几层级的供应商，就相当于拥有了核心企业的信用背书，可以此开展融资（见图 10）。

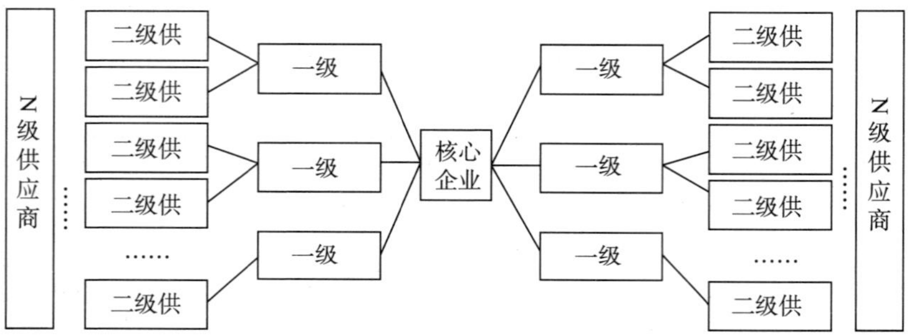

图 10　多层级供应链模式

3. 建立长三角供应链金融的整体观

（1）实现长三角供应链金融的闭环系统，发挥其自偿性

银行做供应链金融需要物流公司做货物监控。物流企业除了做物流之外还可以帮助实现融资，因为其资金成本较低，且库存都在物流企业的控制之下，如果需要变卖很方便。四流（即物流、资金流、商流、信息流）合一，把它们整合起来，其中最重要的是商流和信息流。

（2）发挥银行主导作用实现 N 包围 1，核心企业要有整体观

核心企业对供应链金融动力不足的对策：用中小企业包围核心企业——银行把上游的所有供应商都变为银行的客户后，核心企业发现如果成为该银行的客户，那么生意会更好做，交易会更容易。如深圳发展银行即采用过这种思路和做法，这种模式就是用 N 包围 1。

（三）上海市发展长三角供应链金融的具体对策

1. 建立供应链金融信息共享与公共服务平台和供应链金融产业园

可考虑形成“政府部门+核心企业+上下游企业+金融机构”的信息共享与政策支持联动。政府部门参与并推动上海市信用信息共享平台的建设，鼓励敦促商业银行、供应链核心企业等开放共享信息，建立、完善供应链金融服务平台。通过政府力量，鼓励供应链核心企业、金融机构通过以下平台进行对接，发展线上供应链金融模式：人民银行中心建设的应收账款融资服务平台、国家的应收账款融资服务平台、供应链金融公共服务平台。

建议在上海市规划、建立供应链金融示范园或者产业园，尽快出台政策优惠措施，吸引供应链金融企业、制造业核心企业及其配套服务机构在上海集聚。

2. 建议在上海自贸区设立企业票据贴现、承兑中心及债权流通市场

在上海自贸区设立企业票据贴现、承兑中心，该平台主要对中小企业持有的大企业票据给予贴现，然后由贴现中心负责追讨大企业资金，不归还就联合银行降低大企业信用等级。中小企业本是弱势群体，这样就通过政府贴现中心增强了力量。贴现链条不能过长，应该限制贴现次数，减少中小企业贴现成本，此中心应尽快成为一个数字票据交易平台，并进行线上运行，尽快完成基于区块链技术的数字票据签发、承兑、贴现和转贴现业务。

大力发展商业保理，支持供应链上下游关联企业联合发行集合债券和票据，推动开展供应链金融证券化业务。为此，应支持试点建立供应链债权流通市场，探索建立供应链金融资产二级流转市场机制。

3. 尽快出台对供应链平台企业以及提供资金的供应链金融机构的政策性支持措施

供应链金融可以有也必须有政策性金融的成分，因为供应链金融负担了一部分社会责任。

第一，政府设立专项基金为开展供应链金融的金融机构提供担保，降低其风险系数。

第二，对发起设立供应链金融专营机构、事业部和特色分支机构的银行业金融机构或部分物流企业适度给予税收优惠或财政支持，根据其客户流量、业务规模、税收贡献，以及产业联动效应等实际情况，给予政策扶持。

第三，财政部门应建立专项资金支持现代供应链体系建设，做好基础性、公共性工作，主要立足于弥补市场失灵，支持供应链体系中薄弱环节和关键领域建设，可以采用财政补助、以奖代补、贷款贴息、购买服务等方式。

第四，探索设立供应链金融产业基金，盘活优质供应链金融资产，支持供应链金融企业通过交易所发行 ABS。

4. 做好顶层监管设计，有效防范上海市供应链金融风险

供应链金融中的风险要未雨绸缪，建议如下。

（1）供应链核心企业、金融机构建立主体评级和债项评级的风险控制体系

为了确保借贷资金基于真实交易，要加强供应链大数据分析和应用。防范无真实贸易背景的票据贴现等风险以及核心企业基于虚假交易或关联交易的自融行为。尤其是主办银行需建立预警评价指标体系和信用数据库。建立一整套预警评价指标体系，当其中一项或多项指标偏离正常的水平，或者超过临界值时，必须进行预警；银行建立信用模型和数据库，变过去的静态评估为动态评估。对供应链的各方主

体之间的相互关系，除了进行关联客户的相互监管管理外，还可以通过设置合理的信用值，进行授信、物流资质和评级考评。

金融机构等资金提供方要提高动产权属信息透明度。可以充分利用动产融资统一登记系统查询，掌握登记存货仓单、应收账款、租赁标的物等动产的权属。

规范供应链金融，警醒盘剥型的供应链金融。有些名为供应链金融，实则是通过过度占用上下游资金同时利用金融再盘剥中小微企业的供应链金融。这方面要做好全流程数据打通，做好监管设计。对供应链金融领域骗补、骗贷等失信黑名单实行社会共享。

（2）鼓励资产证券化

供应链资产证券化具备以下四个优势。

第一，证券化拓宽了多元化的融资渠道。

第二，证券化具备出表功能，可以降低资产负债率，因其做到了从企业整体信用基础向资产信用基础的过渡。

第三，证券化把非标资产变成了标准化资产。

第四，资产证券化规范了整个业务流程，具有风险隔离的效果，有助于市场风险防范。

供应链金融 ABS 即供应链金融的一种创新，由于商业银行的授信限制，保理企业获取商业贷款路径艰难，而受益于资产证券化，企业融资的规模和效率大大提高，资金成本也随之降低，并作用到整个供应链中。核心企业的信用保障是供应链金融 ABS 与传统的贸易类应收账款 ABS 的不同，从而产品的信用等级大大提升，融资能力也提高了。

供应链金融 ABS 受到行业欢迎，2018 年保理行业 ABS 新发行规模达到 1454 亿元，是 2017 年的 2.5 倍。17 年以来供应链金融 ABS 发行量迅速增加。根据 CNABS 的数据进行统计：2016 年全年发行了共计8笔供应链金融ABS，总金额为92.4亿元；2017年全年共计发行了52笔，总金额为490.2亿元；2018年1～7月共计发行了81笔，总金额为405.92亿元。可以看到，在政策支持文件发布后，供应链金融ABS呈现井喷式发展。

5. 选择信用基础条件好的企业链群

供应链成员企业要进行重点选择，首先产业链要完备、行业秩序良好，其次与银行要有较高程度的合作关系，比如汽车、钢铁、电力、石化、电信等行业。商务部发布的上海的供应链金融发展试点企业的选择正是遵循了这样的标准，主要有：上港集团物流有限公司、上海市糖业烟酒（集团）有限公司、上海本来生活信息科技有限公司、上海天地汇供应链管理有限公司、上海盒马网络科技有限公司、上海众敏供应链管理有限公司、上海华能电子商务有限公司、上汽通用汽车有限公司、上海家化联合股份有限公司、上海久耶供应链管理有限公司、上药控股有限公司。

6. 对物流、信息流和资金流进行封闭运行

一家有实力的物流公司可以利用自己的网点帮助银行监控物流和企业动产，为供应链提供信息、仓储管理和物流等服务，帮助银行控制货权。付款企业将采购款汇入收款企业在银行开设的应收款账户，这样，银行在给整个供应链服务和融资的过程中便控制了资金流，从而掌握了整个供应链企业的交易信息。

参考文献

付一夫、赵一洋：《“双链”合璧：国家定调的区块链将如何重塑供应链金融?》，钛媒体，2019年11月1日。

周明阳：《用区块链技术赋能供应链金融》，《经济日报》2019年9月

16 日。

康民：《尽快开展数字化业务是中小企业的明智之举》，《中国保险报》2019 年 9 月 3 日。

李俏萍：《基于金融排斥视角的农业供应链融资研究——以广东省梅州市为例》，《时代金融》2019 年第 8 期。

肖立伟：《上海金融动态》，《上海金融》2019 年第 8 期。

陈永辉、涂虹羽、曾燕：《农业供应链金融的贷款定价与生产调节机制》，《系统工程理论与实践》2018 年第 7 期。

宋华、杨璇、喻开：《信息不对称下中小企业如何获得融资绩效——基于供应链金融的实证分析》，《中国流通经济》2017 年第 9 期。

刘文丽、郝万禄、鞠彦辉等：《基于盲数理论的第三方平台下银行供应链金融操作风险评估模型》，《技术经济》2017 年第 4 期。

宋华、卢强、喻开：《供应链金融与银行借贷影响中小企业融资绩效的对比研究》，《管理学报》2017 年第 6 期。

宋华、陈思洁：《供应链金融的演进与互联网供应链金融：一个理论框架》，《中国人民大学学报》2016 年第 5 期。

江伟、姚文韬：《物权法的实施与供应链金融——来自应收账款质押融资的经验证据》，《经济研究》2016 年第 1 期。

邹宗峰、佐思琪、张鹏：《大数据环境下的数据质押供应链融资模式研究》，《科技管理研究》2016 年第 20 期。

何娟、王建、蒋祥林等：《基于 Copula-CVaR-EVT 方法的供应链金融质物组合优化》，《系统工程理论与实践》2015 年第 1 期。

王宗润、田续燃、陈晓红：《考虑隐性股权的应收账款融资模式下供应链金融博弈分析》，《中国管理科学》2015 年第 9 期。

晏妮娜、孙宝文：《有限融资的供应链金融系统协调策略》，《经济管理》2014 年第 5 期。

邵娴：《农业供应链金融模式创新——以马王堆蔬菜批发大市场为例》，

《农业经济问题》2013 年第 8 期。

陈长彬、盛鑫：《供应链金融中信用风险的评价体系构建研究》，《福建师范大学学报》（哲学社会科学版）2013 年第 2 期。

胡海青、张琅、张道宏：《供应链金融视角下的中小企业信用风险评估研究——基于 SVM 与 BP 神经网络的比较研究》，《管理评论》2012 年第 11 期。

夏立明、宗恒恒、孟丽：《中小企业信用风险评价指标体系的构建——基于供应链金融视角的研究》，《金融论坛》2011 年第 10 期。

胡跃飞：《供应链金融：背景、创新与概念界定》，《金融研究》2009 年第 8 期。

闫俊宏、许祥泰：《基于供应链金融的中小企业融资模式分析》，《上海金融》2007 年第 2 期。

GELSOMINO L M, MANGIARACINA R, PEREGO A, etal. Supply chain finance: a literature review [J]. Internationaljournal of physical distribution & logistics management, 2014 (4): 348 -366.

Hofmann E. Inventory Financing in Supply Chains A Logistics Serv-ice Provider-approach [J]. International Journal of Physical Dis-tribution &Logistics Management, 2009, 39 (9): 716 -740.

城市商业银行支持长三角普惠金融创新研究报告

黄　鑫*

2019年5月13日，中央政治局会议审议并通过了《长三角区域一体化发展规划纲要》，并对长三角区域一体化给出了纲领性指导。在“三省一市”各级政府支持和指导下，长三角区域合作业已进入全面提速的新阶段，并明确了“一极三区一高地”的战略定位。近年来，中国逐步加大普惠金融支持力度，陆续颁布了《国民经济和社会发展第十三个五年规划纲要（2016—2020年）》《中共中央国务院关于打赢脱贫攻坚战的决定》《推进普惠金融发展规划（2016—2020年）》等重要文件及决策，以上都向全世界展示了我国对发展普惠金融的坚定承诺。依托政府和金融机构的重要推力，我国已经逐步构建起具有中国特色的普惠金融发展体系。在这一过程中，区域内的城市商业银行依靠自己的差异化战略、市场定位，主动适应长三角区域一体化，与其他主体正共同促进并见证着长三角普惠金融的蓬勃发展。

在日益复杂的经济金融形势下，如何激发城市商业银行的内生动

* 黄鑫，金融学博士，高级经济师；曾就职于中国建设银行上海市分行金融市场部，从事债券、外汇和衍生品交易；目前任江苏银行上海分行营业部副总经理，负责公司投行和国际业务管理。

力，更加精准有效地推进乡村振兴、扶持小微企业，以深化普惠金融发展，助力长三角区域经济社会“高质量”发展，也是我们在新时代、新形势下所必须面对的现实。与此同时，普惠金融的发展程度也关系到城市商业银行是否能乘上长三角一体化的高速列车，在与其他金融机构合作中实现产品服务、金融科技和创新人才的交流；发掘业务拓展机遇，拓展业务外延，提升综合金融服务水平，使普惠金融主体共享长三角区域一体化的发展成果。本研究分别从以上领域入手，对长三角区域内普惠金融的发展现状、主要矛盾、实现路径和具体手段进行分析，就如何构建一个更加务实高效的普惠金融支持系统，从政策法规和体制机制、经营理念与服务意识、组织架构与工作流程、产品研发与技术应用等方面的创新给出了建议。

一　城市商业银行支持长三角普惠金融发展的现状、意义及路径

（一）长三角一体化背景下普惠金融理论的创新滞后和实践性欠缺

1. 普惠金融传统理论

普惠金融在当下虽然被看作一种新的理念，但它其实已经由来已久。现代意义上的普惠金融概念最早来自 Financial Inclusion，其含义主要指小额信贷和微型金融。在 2005 年召开的国际小额信贷年会上，“建设普惠金融体系”的理念开始深入人心：在成本可承受的基本前提下，使所有社会成员都能够获得有效的金融服务。15 世纪，意大利的修道士便通过提供较低利率和便利条件的信贷业务来平抑社会上

的高利贷，以满足弱势群体的信贷需要。18 世纪，爱尔兰出现的“贷款基金”，19 世纪欧洲和日本的“储蓄信贷合作社”“储蓄银行”等金融机构，都陆续开展了特别针对经济困难人群的贷款和结算服务。

到了 20 世纪 70 年代，更具备现代金融组织形式的小额信贷在孟加拉国、巴西等发展中国家取得了广泛的发展。20 世纪 90 年代，金融减贫的理念在国际上取得普遍共识，金融机构开始对低收入群体提供信贷资源，并同步派生出针对特定群体的储蓄、保险、结算及一系列金融产品，即后来闻名的微型金融。微型金融的不断发展也逐步带来一系列弊端和问题，微型金融的可持续性、可获得性及真实减贫效果未能够得到根本性解决，同时较为单一的产品也不再能够适应贫困群体不断增加的金融需求。在这样的环境下，2005 年联合国在小额信贷中号召各国参与构建新的普惠金融体系。从以上发展脉络可以看出，普惠金融体系建设整体上经历了小额信贷、微型金融、普惠金融三个阶段。同时，伴随着 20 世纪末信息技术和 21 世纪互联网金融的发展，普惠金融又与以互联网技术为代表的信息技术进行了深入的融合和交叉。

何德旭和苗文龙认为，普惠金融是在费用可承担的范围内给予弱势群体和低收入群体全面的金融服务，包括信贷、储蓄、支付、汇款、保险等。于勇指出，普惠金融在本质上是能够为每个有需求的人提供合适的、易理解的和实用的金融服务的。大部分学者认为，普惠金融的可负担价格，应该全面覆盖人的生命周期，并能够以均等的、便捷的方式获得。普惠金融在促进金融体系向纵深化发展的同时，能够保障社会公平正义和经济更均衡发展。同时，新的金融科技发展，能够有效降低金融资源供给成本，以更低的价格满足更加广泛弱势群体的实际需求。无物理网点的银行及其代理机构，可以迅速地触达金融服务的范围，覆盖偏远地区并触发更大的金融需求。图 1 为普惠金融的发展历程。

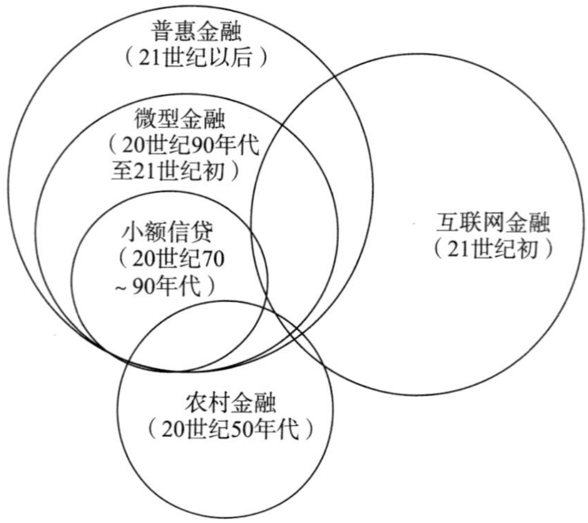

图 1　普惠金融的发展历程

2. 普惠金融的内涵和定义

总体来说，普惠金融可以理解为：在金融机构和全社会个体成本均可承担的前提下，普惠个体能够有尊严地获得全面金融资源并形成动态均衡的产品服务和制度。中国银监会课题组在 2014 年研究中将普惠金融的内涵做了如下阐释：①普惠金融作为一种理念，实质是信贷和金融融资渠道的公平性问题；②普惠金融是一种创新，是在金融体系内的制度、机构及产品等方面的创新，用以实现全体社会成员都能获得金融服务；③普惠金融承担着为处在传统金融机构服务边缘的低端客户，如弱势经济群体、中小企业提供金融服务的责任。从银监会的研究可以看出，普惠金融应更加看重弱势经济群体及贫困群体获得金融资源的平等性，目的在于金融服务能够全面地覆盖全社会群体，亦即全社会主体都应该得到共同的、平等的金融资源、渠道和服务；并且普惠金融应在弱势群体面对经济波动、个体变故等外部冲击时，能够及时地得到有效的金融支持。因此，普惠金融的概念包含三个方面：一是为以弱势经济群体与贫困人群为代表的普惠群体提供全面的金融资源并触发需求，进而促进金融和经济发展；二是普惠金融群体如何以有尊严的、均等的方式取得金融资源；三是构建普惠金融体系，保障信息传导有效和金融支持及时。图 2 展示了普惠金融体系的层次和指向。

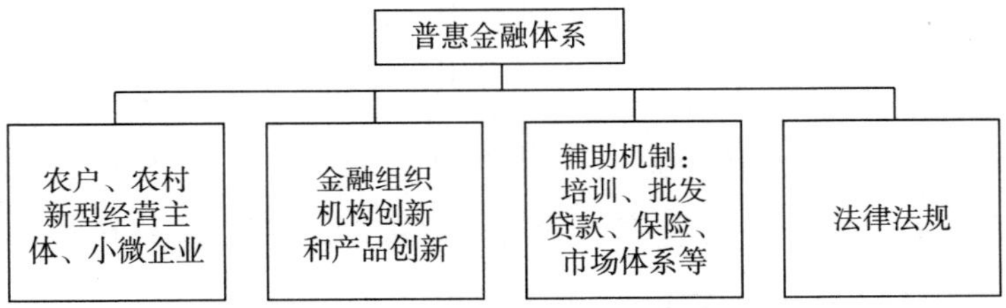

图 2　普惠金融体系的层次和指向

3. 金融排斥对普惠金融发展的制约

金融排斥是与普惠金融相对立的一个概念，这一概念最早出现在 20 世纪 90 年代中期，Leyshorn 和 Thrift 将金融排斥定义为贫困阶层和社会弱势群体由于远离金融服务机构及其分支而被排斥在主流金融服务之外。Sharma 指出，低收入、低储蓄、社会排斥、失业或就业不足、地理位置偏远、烦琐的程序、经济上的歧视、不能接入互联网和复杂的金融产品等因素均会引发金融排斥。无论该国家的金融体系发达程度如何，金融排斥都是一个共同难题，而这个问题在我国显得尤为突出。金融排斥，准确来说是指在金融体系中，人们缺少金融服务分享的状态。王志军、李涛等认为由于许多困难和障碍，金融排斥使部分贫困人口难以进入现代金融体系，从而无法获得充分的金融服务，如在储蓄、基金、保险和贷款领域所体现的供给歧视和价格歧视。这反映了狭隘和不公平的待遇，违背了实现共同富裕的目的。金融排斥不仅是一个金融问题，同时也是一个社会问题，可能还是一个伦理问题。现有金融体系的种种制约不但使得弱势社会群体无法获得基本的金融服务，也很可能进而使其无法获得其他社会服务，导致社会的两极分化。普惠对象所面临的金融排斥虽然解释了不公平待遇的内在原因，但就如何解决这种金融排斥的研究，无论国内还是国外其适应性和可操作性都各不相同。

金融发展能够促进经济增长，但同时也不应该忽略减贫效应，金融发展、经济增长和收入分配之间存在动态关系。在经济金融发展的过程中，金融发展能使得各群体之间收入差距呈现由小到大、再由大到小的变化趋势，并最终缩小各群体收入差距，让弱势群体受益。根据世界银行在2008年的研究，金融体系越丰富发达，其国内的贫富差距越能够获得改善，其根本在于金融资源的均衡供给和金融服务覆盖面的扩大，体现了公平正义和人类社会的不断进步。

4. 传统理论研究的欠缺及研究紧迫性

从区位上看，长三角经济发展目前呈现一体化、多极化、扁平化趋势，区域内各主体间经济联系较以往更加紧密。长三角城市群经济正在步入一个前所未有的“后极化时代”。在经济发展的水平上，各地域差距日益缩小。一方面，南京、杭州、宁波、苏州、无锡、常州、镇江、扬州等一系列经济迅猛发展的城市，其经济增长速度已经超过了上海，而且许多已在产业上扮演了领导角色。区域经济中心具有难以撼动的核心地位，但以“块状经济”、“集群经济”、“产业链经济”和“价值链经济”为代表，各个城市的经济前所未有地集合在一起，形成一张互为支撑的经济网络，高速精密地运转。上海作为长三角城市群的核心，其区域经济中心的功能性和领先程度已部分弱化，揭示了长江三角洲城市群齐头并进的发展趋势，在内部形成多极化的核心城市。在这种“后极化时代”面前，长三角城市群的未来重点应倾向于产业结构调整、产业升级和自主创新，进一步聚合资源、聚焦核心、培育优势、协调一体化发展。在此经济背景下，城市商业银行需要找准定位调整战略，创新方式方法，因地制宜、因时制宜地支持普惠金融。

显然，在新的历史背景下，仅仅利用传统普惠金融的研究成果去面对新问题，肯定是不够的，也是不审慎的。从传统的研究来看，我国普惠金融的公开数据是不完整的、零散的，有时只能从国外的实证研究评价国内问题。另外，从局部的研究来看，专门针对长三角一体化背景下普惠金融发展问题的系统研究也非常罕见。由于监管模糊，没有一个机构能够全面深入地进行研究，研究成果往往可操作性、普适性不强，单一城市或者单一机构的政策和做法不具备全局协调性。

与传统的金融系统相比，如果普惠金融作为一个独立的系统，本质上应该成为一个支持弱势群体或领域的创新系统，并具备自适应性。这是党和国家在指导经济和发展实践的过程中一直贯彻的科学理念，也是在新时代助力实现中华民族伟大复兴的中国梦，最终实现全面小康的必要之举。对普惠金融发展的支持，可以让我国的弱势群体获得更为平等的金融服务，这也是我国金融业的“中国梦”和历史使命。对于长三角区域内的城市商业银行，务实推进普惠金融发展，是其社会责任和区域责任的体现。

（二）还原城市商业银行与普惠金融的共生关系，实现“普惠”与“得利”兼顾

1. 城市商业银行应与普惠共生，在转型升级中提高普惠金融比重

目前单就城市商业银行支持普惠金融的研究较少，仅有的研究还大部分集中在如何使城市商业银行在升级为更大商业银行的过程中，普惠金融业务所起到的作用。甘为民对从 1995 年至 2004 年城市商业银行创立发展的历史做了梳理。陆岷峰提出城市商业银行应抓住“十

三五”的发展机遇，结合城市商业银行的特殊性质发展普惠金融，找准历史定位，并作为重要的利益相关方，着力服务地方经济，在组织结构和业务创新上引进先进管理经验，通过扩大收入范围的方式来逐步降低风险。欧理平采用41家商业银行的面板数据进行实证检验，普惠金融的可持续性发展可以提高商业银行的盈利能力，可以面向小企业和个人客户，以生态、绿色、开放和发展的思路发展普惠金融。陈一洪提出重组的城市商业银行要从改善治理和长期激励约束机制着手，并找到自身特色，打造品牌形象，学会用互联网的思维发展普惠金融。娄飞鹏提出了商业银行普惠金融业务的发展，可以依赖互联网平台建设，并探索依托金融数据拓展产品销售渠道，从而促进普惠金融的发展。

普惠金融对城市商业银行与大型国有银行的错位竞争具有重要战略意义，同时发展普惠金融可以提高城市商业银行的盈利能力。城市商业银行是金融市场的重要组成部分，是我国金融生态系统不可缺少的一员。然而，在大型商业银行和城市商业银行之间以及城市商业银行内部业已形成了“立体分化”的态势，而且这种态势一直在持续。在这种环境下，相当一部分大中型企业依靠强大的定价权与商业银行谈判，导致商业银行贷款净利润率大幅收窄。城市商业银行要想在这种情况下获得发展，就必须促进普惠金融与大型商业银行错位竞争。普惠金融在一定程度上可以使部分城市商业银行从贷款依赖性较强的企业获得贷款净息差，借以应对大企业贷款份额的逐步下降，补充盈利能力增长点。金融科技是商业银行竞争中逐步分化的根本原因，城市商业银行与金融科技的基因天然耦合，因此未来也不乏城市商业银行利用金融科技发展普惠金融，实现弯道超车。

发展普惠金融在城市商业银行扩大客户群体方面能够起到显著作用。伴随着近些年来我国政府对普惠金融的不断扶持，普惠金融业务也在城市商业银行内达成共识并迅速发展壮大。在企业发展过程中，其对存取款、结算、融资等金融服务的需求会呈稳步增长态势而不是一蹴而就的。这就要求城市商业银行借助普惠金融协助小微企业成长，实现高竞争态势下的自身稳定经营。而城市商业银行一旦形成自己的普惠金融竞争优势，便可以继续通过积极创新商业模式、业务流程改造，推动私人银行产品代销、财富管理以及其他中间业务的发展，形成针对性强、客户黏性大的服务，集聚良好的市场效应，形成特有品牌。

2. 城市商业银行应激发内在动力，夯实支持普惠金融发展的微观基础

（1）解决基于服务成本与收益的取舍而导致对普惠对象的金融排斥

在支持普惠金融过程中，城市商业银行往往会首先考虑运营成本和潜在收益之间的平衡。在同大公司和国有股份制银行进行博弈时，相对较高的管理成本和费用会导致城市商业银行在提供金融服务的过程中，逐步提高成本，推高定价，导致城市商业银行对普惠金融价格排斥，而腾挪出的金融资源会最终导向具有更低运营成本的其他细分市场，以帮助城市商业银行摆脱成本约束实现规模经济。但是，在边远贫困地区以及弱势群体面前，尤其是以小微企业和贫困家庭为代表的普惠金融对象，由于经济实力的天然不足和顺周期性，将导致一些贷款无法收回，形成呆账甚至成为坏账。在应对分散的金融需求、小金额和信用差时所面临的管理成本天然过高，从而进一步将城市商业银行推向增加回收金融服务价格以削减成本的老路，导致普惠金融的缺失和缺位。

小型和微型企业、备案贫困户、贫困大学生，一旦不能持续获得贷款，就极有可能直接破产进而导致其贷款成为坏账；但深入来看，

除了一些自身极其懒惰的个体外，大部分普惠对象仍然想持续经营自己的事业和工作，一些贫困家庭甚至是通过艰苦的工作获得有限的生活改善。在很多情况下，个人的失败并不是由于有限的知识和能力、市场变化等因素导致的，而是因为没有及时获得金融支持。从贫困大学生的案例来看，有些学生从入学开始申请助学贷款，在克服了专业限制、个人能力、竞争加剧等困难偿还助学贷款后，已经无力继续改善条件提升自身，如果毕业后不能取得后续的金融服务，也会面临较大的人生困境。因此，城市商业银行仍然需要创新自身的产品模型和客户评价体系，适度拉长企业和个人的适贷周期和风险容忍度。

（2）解决对普惠金融对象服务范围的地理缺位和产品缺失

一个普遍的现象是及时降低或压缩金融服务需求，普惠对象仍然不能获得与之匹配的金融服务，具体体现为金融服务的地理缺位和产品缺失。在普惠对象想要获知如何进行储蓄和消费的合理分配，如何通过有效投资渠道增加财富，如何通过必要的贷款扩张经营时，有效的金融服务往往缺位。即便是在长三角这样经济较为发达的区域，很多乡镇一级仍然没有银行网点，即使有分布也相对较少且服务单一，专业人员配备较少甚至没有；保险、信托、小额信贷、担保等其他金融机构，在县级以下城市基本没有营业机构和人员。

针对大部分非银行类金融机构不能及时有效地面向乡镇和农村地区提供普惠金融服务的情况，城市商业银行需要重新进行市场定位并视其为重要发展机遇，充分发挥中介功能整合金融资源，集中向普惠金融对象提供一揽子服务。丰富金融产品和服务、创新服务机制，不能依然仅仅专注于提供存、贷、汇“老三样”。在有些情况下，银行尽管进行了流程产品创新，服务创新也不断涌现，但归根结底还是产品不够接地气，难以满足普惠金融对象的个性化需求。例如，贷款期限不灵活，主要是为了保证贷款期限标准化，便于银行定价；从时间长度上来看，普惠贷款也主要是短期贷款，但这事实上缩短了银行信用供给周期；在贷款审批方面，贷款量较小（如几万元）的贷款却需要更加烦琐的要求，没有联保和担保的贷款难上加难，这不仅降低了银行的工作效率，同时也提高了经营成本，于风险降低没有实际意义。

（3）解决城市商业银行属地中心化弊端所导致的市场不适应性

相似的金融需求背后是相似的文化。长三角地区客户群的另一特殊性在于不同地区所呈现的较大文化差异，具体体现在价值观、生产生活方式等方面，例如苏南和苏北、上海和江苏、江苏和浙江，这几个区域的价值观相似但又不尽相同，自然禀赋和生活生产方式各具特色，这自然会产生多样的金融需求。根据区域经济特点，在金融发展和金融资源分配时，城市银行的跨区域发展必须把适应金融需求背后的文化作为必修课来学。长三角地区众多产业背后的庞大金融需求，需要能够随时提供远程支付和结算、信贷、咨询、投行等各类金融服务。

城市商业银行往往以原先的行政属地为中心逐步扩张，进而形成一套量体裁衣式的服务项目和更高水准的服务质量，并构建一套独特的金融服务体系，但是这种金融服务会出现自我排斥。由于缺乏本土化团队及相应资源，城市商业银行往往在新进入区域短期内难以寻找到与本行固有策略相匹配的客户。目前，在首轮布局中，区域性城市商业银行扎堆分布在台州、宁波、杭州、嘉兴、苏州等经济发达的地区，这些地区无疑都拥有广大的中小企业群体，这也正是城市商业银行普惠金融发展的主要对象。但是，如果仅仅将人力资源集中在原有的产品和服务设计上，而不结合长三角一体化的背景逐步调整策略去挖掘当地的企业和个人客户，便很容易陷入技术迷信和营销迷信。历史和文化的外在表现形式对金融机构展业的影响，以及“文化系统边界”对企业家的影响，都生动地体现在企业家之间相近的文化上，甚至宗族关系都与金融发展具有深刻的联系，城市商业银行应依托于此进行区域扩张。

3. 城市商业银行应借助金融资源统一规划，完善自身普惠金融发展战略

毋庸置疑，统一的金融资源规划在城市商业银行支持长三角普惠金融发展过程中存在正外部性。目前，长三角地区金融资源配置不尽合理，金融资源分配集中度较高，发达地区过度竞争，欠发达地区金融资源供给不足甚至缺失。普惠金融配套机制的欠缺，使得进行普惠金融的区域难以得到有效保障。特别是伴随着近年来的经济转型，小微企业和涉农企业面临的市场环境较为不利，不良贷款攀升，在此种情况下，仍然按照老路要求其提供较高价值的抵押物尤为不现实。此外，也不可能要求所有商业银行都降低抵押物要求，一味地采取完全倾斜的政策勉力维持，这无疑是将外部风险转移到银行内部。所以我们必须探索统一金融资源规划的新路。

在政策协调支持方面，要充分发挥地方政府和监管机构的引导作用。政府可以通过贴息贷款、税收优惠、降低金融准入门槛等措施引导更多的金融机构和民间机构进入普惠金融领域。由于当前有关机构专门的法律规范还待出台，相对独立割裂的各类法规在一定程度上还可能阻碍当地普惠金融的发展。由于长三角地区各城乡金融发展水平的现实约束，长三角地区缺乏一个统一的金融资源来规划与管理。金融发展在一定程度上必然导致金融资源向中心城市集聚，这是参与金融活动主体追求效率、降低管理成本的必然要求。在金融资源高度集中的城市（如上海、苏州、杭州），金融业高度竞争、行业细分充分。但与此同时，低效率地使用金融资源也屡见不鲜，过剩产能企业占有大量信贷资源、对某一集团过度授信，都大大浪费了宝贵的金融

资源。

金融资源规划的多元性、多层次性是普惠金融发展的必由之路。长三角一体化的政策应该能够引导商业性金融机构和政策性机构的多元体系，使这个体系既保证有序竞争又能合理分工。在机构方面，不仅应该包括传统的银行机构，还应该涵盖证券、保险、租赁、基金、担保等。大型机构应该针对普惠群体配齐产品线或建立普惠金融专门服务体系，也可以对小型和中型金融机构提供批发贷款；而小型和中小型金融机构则可以利用成本优势贴近目标群体，鼓励他们根据地区、行业、职业特点等提供创新经营模式。

（三）长三角一体化背景下城市商业银行支持普惠金融创新发展的路径

1. 聚焦区域特色、行业专长、市场定位，确保普惠金融发展的有序性

城市商业银行可以在展业时选择大型商业银行的非重点领域进入，筹划金融资源填补大型商业银行的缺位。对于经营特色明显的城市商业银行来说，每个金融机构都要主动结合自身特点错位经营，以实现整个金融体系的相互补位。

城市商业银行应该利用相对有限的资本，坚持自身的特色领域，努力形成自己的业务优势。积极与所在区域的紧急发展对接，深入调研区域性特点，力争与当地有潜力的企业对接这种策略，城市商业银行一旦在新的领域中找到业务或产品的市场定位，下一步的目标就是在当地深入分析市场的情况下，根据当地行业发展情况，提供专项的行业金融服务，力争找到与本行经营理念相符合的服务模式，并在专长领域加大产品供给和客户扩容，进而实现金融服务覆盖面的扩大。可以承接近年来互联网金融的发展趋势，利用网上银行、微信银行、

手机银行等手段，嵌入新的业务模块，开展便捷的非现场业务办理服务。

2. 严谨适度风险防控，保障普惠金融发展的可持续性

城市商业银行在支持普惠金融的过程中，由于面对的普惠金融群体的实际风险相对较高，必然面临更分散的风险隐患及较高的风险发生率。城市商业银行的平均资本充足率远低于全国性商业银行，导致其风险承受能力的天然不足。因此，城市商业银行必须充分借助金融市场进行化解。一方面，城市商业银行应该通过债转股、债务重组或者金融资产交易平台对不良资产进行批量交易，采取市场化手段进行风险化解。另一方面，应该利用多元手段补充资本。在方式选择上，可以直接增资扩股引进新的投资者，也可以在境内外上市融资，还可以利用国内资本市场发行股票。风险的另一个维度是信息不对称类风险。此类风险的克服需要多方的支持，可以由监管机构牵头增加信息统计与发布，并加强公众教育，保障风险信息及时披露。

3. 创新机构和流程设计，保障普惠金融发展的适应性和针对性

首先，加快城市商业银行支持普惠金融的机构设置和业务流程设计建设。具体而言，城市商业银行可以通过控股或参股小额贷款公司、村镇银行等创新手段，扩大在贫困地区的分支机构，以乡镇和社区为基本覆盖单位，逐步增加低收入群体所占的比例，设立符合普惠群体需求的小额贷款产品。其次，城市商业银行可以在授信额度、贷款期限方面，设置区别于一般客户的普惠条件，适当降低信贷标准，在风险控制、管理成本适度均衡的前提下，适度向普惠对象倾斜金融资源。

4. 加大金融科技运用，保障普惠金融发展的及时性和创新性

技术创新能够促进金融发展，这已成为业界和学术界的广泛共识。随着信息技术的飞速发展，研发和获客成本已经大大降低，同时

管理的成本尤其是风险管理的成本也在迅速摊薄。目前来看，金融科技创新是推动普惠金融的最显著手段，海量数据的收集和积累也能够保障信用风险评估日趋合理，在更多元的维度上为普惠对象进行客户画像。面对客户需求的不断变化，金融科技也能够以最快的速度满足金融产品开发的智能化，创造出更加具有吸引力的金融产品。当前，移动互联网以其更高的可用性、更高的参与度、更低的成本正在日益成为普惠金融的发展利器，这也是与传统信息技术进行协作互补的重要途径。

二　城市商业银行支持长三角普惠金融一体化发展的对策建议

（一）可协调、一体化的金融资源协调机制及相应的金融服务法规与政策创新

长三角普惠金融一体化发展应首先着眼于跨区域金融合作体系的发展。这必然要求市场准入的统一管理和金融基础设施的协同。特别是在长三角地区可以通过建立更高级别的利益协调机制、信息共享机制和监管同步机制，逐步弱化金融资源统一筹划的行政边界。

1. 构建由地方政府、人民银行、监管部门和金融机构共同参与的协调机制

在《长江三角洲地区城市合作协议》、《长江三角洲人才开发一体化共同宣言》、《江苏省、浙江省、上海市信用体系建设合作备忘录》及《国务院关于进一步推进长江三角洲地区改革开放和经济社会发展的指导意见（2008）》等文件的基础上，统一并细化支持普惠金

融发展的政策，进而使得地方政府、人民银行、监管机构、政策性银行和商业性银行、保险公司、担保租赁等一系列组织在更高的层面达成共识，探索长三角一体化的普惠金融协调机制。

2. 加快“信用长三角”和统一资金结算系统建设，构建信息共享机制

在构建金融信息共享机制方面，长三角地区目前正在加快“信用长三角”系统建设，在区域结算系统开发和建设方面还有改善空间，在有关的权利和责任方面还有待细化。这就要求我们要进一步完善法律法规、厘清主体责任，同时监管机构在保障现有系统运行的基础上，可以允许更多的独立第三方参与建立信息平台，协助监管机构进行金融信息的必要补充，以促进金融资源更加有效合理的配置。

3. 创新金融服务法规与政策，降低交易费用，保障基础服务节点

在提供服务的基础节点方面，完善相关政策法规以最大限度地避免城市商业银行削减在欠发达区域的物理网点。在基层物理网点充分覆盖的基础上，有关金融服务的监管和政策，降低了城市商业银行为普惠对象提供基本金融服务的成本约束，以最大限度地缓解价格和地理排斥。对于不能覆盖实际经营成本的普惠群体，监管机构应该进一步明确制止针对低端客户的歧视性定价政策和其他不公平的做法，监管部分应在城市商业银行违规时，澄清其立场。城市商业银行应该适度开展优惠政策，适度调低针对普惠对象金融服务的内部转移价格，以确保在财务上针对普惠金融服务对象的成本整体可控，激发城市商业银行自身支持普惠金融的积极性。此外，要防止“抽水机效应”，特别是要明确县域金融机构的存款主要用于当地的信贷支持，明确支持普惠金融的最低比例。央行和银监会定期对城市商业银行支持普惠金融的效果进行评估和后评价，并将其作为一个重要的监管指标，如

普惠金融指标不达标，则不能继续享受其他相关政策扶持。

（二）围绕客户需求场景创新产品组合、风险补偿方式

1. 立足长三角区域新兴产业和市场研究，创新产品组合

应该依托长三角地区丰富的金融产品体系，专注于针对普遍客户需求打造创新的金融服务方案，打破地域界限发挥统一金融市场的优势，逐步推动城市商业银行内部服务标准的一体化。为具有区域特点的新兴产业提供个性化的金融产品和服务，为产业集群和上下游客户提供全方位的金融服务。在协会、商会和业务对接会及各类活动中，努力为以小微企业和普通个人客户为代表的普惠金融群体提供批量化的金融服务。

同时，加强营销一体化横向发展，尤其是已经进入综合化经营阶段的大中型城市商业银行，要综合利用投、贷、债、股、保、租等产品，为长三角区域普惠客户提供一揽子金融服务，避免套用仅适合发达地区或者仅适合大企业和高端客户的业务模式与产品线。在贷款额度、期限及利率等方面加强顶层设计，做到与普惠人群的资金需求和风险特点的精准对接，提高创新产品的自适应性和可持续性。特别是在银行内部明确为普惠对象提供的业务，应针对客户画像为其定制金融产品，搭建批量营销平台，在统一业务模式的基础上扩大服务群体，形成普惠金融支持的规模效应。

2. 深度对接长三角丰富的金融要素市场，创新风险补偿

在创新风险补偿方式方面，城市商业银行可以采取与保险公司、担保机构多方合作的方式。从城市商业银行自身来讲，有必要对原有的营销筹划、审批流程、展业模式等做出调整和优化，构建长三角一体化格局的风险补偿机制。另外，从城市商业银行面对的外部环境来讲，应加大与证券、保险、基金、风投等机构的合作。随着金融行业

细分的逐步加强，除了上述机构，城市商业银行还可尝试与小额贷款公司、典当、保理公司、私募股权投资和不良资产管理公司等机构对接。良好的综合金融服务必然依托良好的风险补偿机制才能持续发展。因此，未来在长三角区域，跨区域、跨机构、跨业态的合作必将成为常态。此外，为了有效改善普惠金融业务数据统计口径不一的情况，城市商业银行应该逐步进行系统集成和流程整合。这样既可为客户推送更多的金融产品及服务以促进营销，也可以在满足客户需求的基础上降低营销成本、提高客户黏性。最终通过摊薄成本，抵消中小客户、低收入群体贡献度低的问题，实现轻量化经营。

具体而言，城市商业银行有关普惠主体的业务审查应主要集中于普惠对象的发展潜力，如通过知识产权或股权质押方式为创新型企业提供融资；同时也可以采用直接融资和间接融资相结合的方式，先行贷款后做投行。对于优质客户，则可以在没有抵押的情况下，根据客户的日均金融资产，创新采用“预授信”方式提供结算贷业务。对于有一定抵押资产的小微企业，则可以嵌入其产业链，由核心企业担保或履行回购义务；此外出口退税保证和其他灵活方式也可以被一并采用。

（三）适应长三角一体化的普惠金融机构设置、组织形式和业务流程创新

1. 进行总行牵头的普惠金融的流程和系统再造

应建立总行层面的长三角地区普惠金融领导小组，打破现有的总行和各级分支机构及分/子公司的管理架构，协调相对独立的地域分支和职能部门，形成对普惠金融需求的高速响应网络。

一是再造普惠金融业务的工作流程。明晰普惠金融业务的标准化流程，再造前台销售、中台支持和后台监控的权限和分工，实施普惠

金融业务分级管理。尤其是应着力简化普惠金融业务审批的程序和环节，切实缩短审批流程，提高小微贷款申请获批效率。对相对小额低险的普惠金融业务在客户评级、信贷审批、贷款发放和收回方面，尽量实现线上审批、一站式办理、一条龙服务。

二是优化普惠金融业务模块组合。在业务模块设计上，力求统一的、明确的要求。各银行应在风险可控的前提下，建立由经验丰富的客户经理参加的普惠金融业务审批团队，使各行的普惠金融业务更加贴近市场一线，更加贴近客户实际。同时，应该在业务相对集中的分行设立专门的普惠金融业务中心为客户提供服务。

三是建立普惠金融业务专门系统。各银行可以自行开发或者依托外部机构，开发、优化现有业务系统参数，设立专门的普惠金融业务系统以匹配新的业务流程和业务模块，使得各个流程和模块随时可追溯、可跟踪，各个流程主线清晰且又模块灵活。

2. 发展社区银行和金融便利店，解决普惠金融的“最后一公里”问题

要积极利用服务方式创新，全面消除金融“空白区”，努力提升普惠金融的覆盖面。在支付结算环境方面，在不适合布置物理网点的地区选择配备智能终端设备，充分利用指纹识别、面容识别等手段，在超市、菜场、彩票站、就业中心等客流集聚的地点开展基本金融服务，为开立账户、缴费、转账等服务提供便利。在工具选择上，可以借助可视化设备呈现的非物理虚拟渠道，扩大提供金融服务的媒介。

发展社区银行也可以有效地改善中小微企业金融服务水平。通过客户和业务重新定位进行差异化竞争，将部分全功能网点改造成社区银行网点以专门服务普惠对象。城市商业银行的基层网点设置必须扎根于当地市场，尽可能地保障普惠对象对金融资源获取的均等化。社区银行应专注于服务街区内或乡镇内的小微企业和一般居民，有针对

性地释放金融资源、填补空白，同时实现城市商业银行与大银行在目标客户方面的差异化竞争。

政府应协调社会资源对社区银行发展进行支持。各级政府的财政政策起到重要作用，财政部门应对管辖区域内普惠金融业务达到一定规模的社区银行给予税收减免，以弥补社区银行实际增加的经营成本；市一级政府也可以建立风险补偿基金或担保基金，在规则明确的基础上，有条件地补偿普惠贷款信用风险。各级人民银行可执行差别化存准率，并以再贷款、再贴现等其他方式实质降低社区银行的经营成本。

3. 发展专营机构和特色支行，培育普惠金融排头兵

鼓励城市商业银行结合自身优势业务设立专营机构和特色支行开展普惠金融。地方政府应该尤其引导在支持战略新兴产业、现代农业、公共服务方面有显著特色的机构，进入工业园区、科创中心等小微企业集聚的区域新设网点，帮助小微企业利用普惠贷款、供应链金融等金融产品。专营机构和特色支行可以与当地小微企业共享行业信息，了解行业特色、发掘目标群体和加强风险控制。鼓励有产业背景的社会资本参与城市商业银行经营，适当放宽产业资本和私人资本入股城市商业银行的条件，充分利用专业人才和专业经营机构参与城市商业银行普惠金融业务的经营。

（四）科技赋能城市商业银行普惠金融智慧转型

1. 构建基于大数据的普惠“云银行”，实现普惠金融自动直驱新模式

城市商业银行可以自主开发普惠金融云系统以支撑业务数据聚合。新的金融技术正在深刻改变银行经营的思维，云技术正在领导银行数据分析的变革，并为业务管理模式带来新手段。通过综合运用互

联网、物联网、大数据等金融技术打造专门服务于低端个人客户和小微企业的业务系统，有效解决信息不对称问题。充分利用大数据分析，进行同类企业财务数据职能比对；充分利用云技术在数据挖掘及时性和灵敏度方面的优势，批量抓取订单数据、交易数据，并在数据调度、数据交互、客户活动检测的基础上，批量筛选和处理客户需求，分析预判客户行为，以快速响应普惠客户小额频发的金融需求。通过互联网尤其是移动互联网渠道，帮助企业和个人实现贷款合同签订、提款和还款的非现场操作，实现普惠金融的自动直驱新模式。

城市商业银行可以借助外部合作平台打开流量入口。金融资源向云端的空间转移，也将金融资源合理引向众多普惠客户。传统的金融服务模式还严重依赖线下渠道拓展，某些银行甚至排斥外部数据接口，以防止客户风险的传染。但银行单打独斗的传统方式，在时间、成本尤其是获客效果上，都导致其难以适应客户需求的高速发展，自建平台获客缓慢、线下渠道同质化的困境难以有效改善。而借助第三方平台作为流量接口，则能够直接降低金融机构自建平台的成本，加快抢占市场的步伐。掌握场景化交易中客户资金流动的全面信息，减少中间环节和数据丢失导致的信息失真，可以为精准营销提供靶向。同时，通过实时数据的筛查和监测，动态设置黑白名单，动态调整数据模型，按照客户习惯比对当前实际需求，有效引导客户办理业务。当接入的业务达到一定规模后，银行便可以利用客户网络，向其提供增值服务，打造新的利润增长点。大数据分析技术的应用覆盖了传统金融服务的空白，能够显著扩大普惠金融的覆盖范围。未来，随着普惠金融业务平台和先进的信用管理工具逐步向云端转移，会挖掘或引来大批优质的高成长型客户。

2. 大力发展供应链和产业链金融，延伸数字化普惠金融生态链

一是利用供应链业务系统支持普惠金融。供应链融资业务能够显

著化解小微企业融资难问题。一般来说，供应链上的关联企业在一定周期内相对稳定，因此由供应关系所引致的融资需求也具备内在稳定性，由于供应流程的环环相扣，从根本上避免了贷款实际用途不符的风险，从流程上保障了贷款的专款专用。二是利用产业链业务系统支持普惠金融。产业链是以核心企业为原点，针对产业链上的每一个企业提供金融服务的活动。事实上，城市商业银行应该结合自己的机构布局，深入了解所在区域的产业重点，吃透产业链，并探索成立针对某一产业链的专门团队或专门机构，例如针对南通和绍兴的纺织产业链设立专门机构。

不论是供应链还是产业链，根本上都是把握信息流以保障普惠群体获得有效及时的金融资源。在客户信息、行业信息与市场信息融合的基础上，改善供给和需求信息的透明度，并基于多维的综合评估，最大限度地匹配客户需求。此外，基于供应链和产业链的信息能够帮助城市商业银行准确把握行业规律，根据规律制定业务流程、开发特色产品、完善服务标准、进行风险比对。未来我们可以期待，借助长三角一体化的供应链和产业链数据的丰富与累积，一定会发展出多条数字化的普惠金融生态链。

3. 充分利用替代数据源，建设基于大数据的普惠金融信用评级体系

信用评级体系是保障普惠金融稳健发展至关重要的金融基础设施。移动互联网创造了社会生活的一种新形式，多元消费场景和大量多维的金融数据，也为金融业尤其是银行带来了异乎寻常的头脑风暴。用户智能设备的上传数据作为另一基础信息资源，成为这个时代金融机构开展业务的重要触角。与此同时，对于客户的信用分析，可以借由交易场景背后所蕴藏的经济关系发掘出更多有价值的替代数据，极大地增加普惠金融的受众。现今，普惠金融所涉及的对象，已

经不能简单被定义为贫困人口和困难企业，而更应该被认为是接受普惠金融的一般客户，因此，电信、电视、煤气、水电等公共事业缴费信息由于广泛的覆盖性，未来其也应该成为普惠金融信用评级信息的一部分。此外，还应利用综合信息描绘客户信用轨迹。最普遍的是利用企业电商平台的海量信息，综合考量客户信用与经济行为，完整地描绘客户在期间内的信用轨迹。

在数据分析基础上，根据客户的信用轨迹预判客户行为，进行金融服务的差别定价。因此，城市商业银行要想更为精准地匹配普惠金融客户，还应改进金融服务定价模式。从过去的经验来看，一般定价方法对普惠群体的适应性不强或时效性不够，因此应该改变传统上以财务数据为主的客户评价体系，对传统评级模型做根本性改变，通过客户行为分析提高客户履约预测的准确性，进而提高定价的有效性和匹配度。

4. 创新风控手段和系统迭代，更新符合长三角普惠金融特点的违约率标准

在信用风险管理技术上，普惠金融主体风险管理往往套用传统的信用风险模型，通过几个特定的信用风险指标进行判断和监测，该种方式的弊端是过度重视财务指标，而没有兼顾到普惠主体的特殊性。尤其是允许在普惠金融业务发展中持续检验试错，提高对普惠对象的风险容忍性。我们认为，应该增加针对普惠金融主体风控的非财务指标权重，这并不意味着降低了风险控制的审慎性。引导城市商业银行逐步建立普惠金融业务决策的自动系统。对于某些小快灵的业务品种，在落实前端调查的基础上，通过准入条件的细化自动进行业务审批；同时结合宏观经济数据、所在行业数据和当前市场数据，进行实时的监控和预警。这种做法更能够防止传染性的行业风险，比单一依靠财务数据的分析更加契合普惠金融发展实际。

城市商业银行应该更新违约率评估标准以符合长三角普惠金融主体特点。对于普惠金融主体违约率的关注既是商业银行稳健经营的需求，也是政府和监管部门保障普惠金融可持续发展的需求。毋庸讳言，长三角区域经济目前已进入高质量发展阶段，在普惠金融业务支持上，各类机构基本以银行为中心展业，它们在规模大小、成本控制和风控手段、展业模式和业务范围上都存在差异，正因为这些差异的存在，各类金融机构对普惠金融的参与意愿不一，主要的外在表现是对普惠主体违约率评估标准和风险容忍度不同。因此，区域内的城市商业银行应该建立一个符合长三角区域普惠金融整体特点的违约率评估标准，以支撑后续业务发展。

综上，在长三角一体化和区域经济社会高质量发展的大趋势下，区域内的城市商业银行应该顺势应时地支持普惠金融发展。这对于长三角区域经济转型升级、一体化协同发展具有重要意义，同时对城市商业银行自身布局未来、持续壮大也具有重要价值。正所谓“得普惠者、得未来”。区域性城市商业银行应该立足自身专长特点，扎实练好行业内功，充分调动内生动力，与其他机构共同促进长三角区域普惠金融一体化协调发展。

参考文献

焦瑾璞、陈瑾：《建设中国普惠金融体系》，中国金融出版社，2009。

何德旭、苗文龙：《金融排斥、金融包容与中国普惠金融制度的构建》，《财贸经济》2015 年第 3 期。

于勇：《农村普惠金融发展研究——以吉林省辽源市东丰县为例》，《吉林金融研究》2015 年第 3 期。

欧理平：《普惠金融对商业银行盈利可持续性的影响研究》，《学术论坛》2016 年第 4 期。

陆岷峰：《中国城商行转型升级的路径选择研究——基于“十三五”五大发展理念的分析》，《金融发展评论》2016 年第 5 期。

娄飞鹏：《商业银行发展普惠金融的路径分析》，《西部金融》2014 年第 4 期。

甘为民：《城商行转型升级之路》，《中国金融》2014 年第 18 期。

李朵：《商业银行参与普惠金融的现状及路径研究》，《改革与战略》2015 年第 7 期。

陈一洪：《深化城商行改革发展路径探究》，《北方金融》2017 年第 1 期。

白钦先、谭庆华：《论金融功能演进与金融发展》，《金融研究》2006 年第 7 期。

王志军：《金融排斥：英国的经验 》，《世界经济研究》2007 年第 2 期。

李涛、王志芳、王海港：《中国城市居民的金融受排斥状况研究》，《经济研究》2010 年第 7 期。

王修华、马柯、王翔：《关于我国金融排斥状况的评价》，《理论探索》2009 年第 5 期。

高沛星、王修华：《我国农村金融排斥的区域差异与影响因素——基于省际面板数据的实证分析》，《农业技术经济》2011 年第 4 期。

李春霄、贾金荣：《我国金融排斥程度研究——基于金融排斥指数的构建与测算》，《当代经济科学》2012 年第 3 期。

董晓林、徐虹：《我国农村金融排斥影响因素的实证分析——基于县域金融机构网点分布的视角》，《金融研究》2012 年第 9 期。

郭琳玮：《我国金融排斥问题研究》，湖南大学硕士学位论文，2012。

胡国晖、王婧：《金融排斥与普惠金融体系建构：理论与中国实践》，中国金融出版社，2015。

张强、陆奇斌：《中国公益金融创新案例集（2014 - 2015）》，中国社会科学出版社，2016。

李涛、徐翔、孙硕：《普惠金融与经济增长》，《金融研究》2016 年第 4 期。

欧理平：《普惠金融对商业银行盈利可持续性的影响研究》，《学术论坛》2016 年第 4 期。

邵智宝：《中国微型金融实践的难点与突破》，《中国金融家》2013 年第 12 期。

李国华：《普惠金融的国际经验与中国实践》，中国金融出版社，2014。

李鑫：《金融创新发展中的异化问题》，经济管理出版社，2016。

焦瑾璞、王爱俭：《普惠金融——基本原理与中国实践》，中国金融出版社，2015。

上海联动长三角城市尝试全流程监管，防范非法集资研究报告

卢　颖*

摘　要： 2015～2018年上海及长三角城市非法集资案件数量增多，而且新发案件数量增长、涉案金额增长、集资参与人数增长。2019年以来大案要案频发，跨省案件多发，涉案人数多、资金量大、社会影响恶劣等，非法集资总体形势严峻。近年来，国家和地区持续加强非法集资的监管，但传统的监管手段不能胜任非法集资风险前控的目标。长三角区域作为中国经济发展的龙头，必须拥有一种整合区域内资源优势的意识，把所辖41个城市纳入统一调度，主动出击，打造全流程跨区域的监管体系。本文从非法集资全流程监管的现实难点入手，提出创新属地管理，避免区域内重复建设；深度融合信息科技，打通基层数据孤岛，高效抓取底层数据；大力度建设AI智能化的长三角地区非法集资风险监管系统；创新线上数据与下沉式现场监管的全流程体系。

关键词： 长三角　全流程监管　非法集资

* 卢颖，金融学博士，沈阳航空航天大学经济管理学院副教授，主要研究方向为金融资源理论、金融监管，主要代表作有《中国金融资源分布差异性研究》（专著）、《中国金融资源地区分布中政府权力影响》（论文）等。

长三角区域被视为我国经济发展最活跃、开放程度最高、创新能力最强的区域之一，是世界第六大城市群，区域常住人口为2.24亿人，约占全国的1/6。2018年长三角区域GDP总量为21.15万亿元，占全国GDP总量的23%。2019年上半年，国内生产总值约45.09万亿元，长三角城市群贡献17.85万亿元，占比为39.6%。在全国16座万亿元GDP城市中，长三角区域占据了6席，有上海、苏州、杭州、南京、无锡、宁波，其中上海以3.26万亿元居全国之首。

长三角区域金融市场额度、金融创新，均居于全国领先水平。截至2018年末，长三角金融市场规模约为87万亿元，约占全国金融市场的18%，证券交易总额约为176万亿元，是京津冀的1.16倍、珠三角的1.04倍。同时，从另外一个角度来说，长三角区域非法集资的风险居高不下。最近几年互联网金融发展突破了现有的监管边界，带来了很多问题和风险，长三角地区的非法集资正向互联网金融领域蔓延，众筹股权、直销盘、网络借贷、私募股权、投资理财等领域已成为非法集资“重灾区”。“金融+互联网”这个翅膀会带来很多优势，比如低成本、高效率、强服务、强创新，这个趋势是不可逆的，但同时互联网金融以及非法集资风险专项整治工作的任务会越来越繁重。

一　上海及长三角城市非法集资风险的现状分析

（一）上海及长三角城市非法集资风险的现状

从非法集资含义分析，它是指未经过相关部门依法批准，承诺在一定期限内给出资人还本付息的操作，向社会不特定对象筹集资金，以合法形式掩盖其非法集资的实质。其中，还本付息可以是货币形式，也可以是实物形式和其他形式。另外，“不特定的对象”不是指特定少数人，而是指社会公众。

1. 全国非法集资案件突增，网络化趋势明显，上海非法集资案件增速更快

最近几年，非法集资案件突增高发，网络化趋势明显。2017 年全国互联网非法集资的新发案件 1038 起，占到当年新发案件总数的 20%；涉案金额超过百亿元，涉及人数 140 万人次，分别占到全年总数的 40% 和 60%[①]。最高检发布的 2018 年数据显示，全国公安机关的非法集资案件共计 1 万余起，同比上升 22%；涉案金额约 3000 亿元，同比上升 115%，其中新发非法集资案件 5693 起、涉案金额 3542 亿元，同比分别增长 12.7%、97.2%，非法集资金额几近翻倍，波及全国各个省区市。重大案件多发，2018 年非法集资平均案值达 2800 余万元、同比上升 76%[②]。2016 年至 2018 年，全国检察机关受理的非法集资起诉人数，一直在高位且不断增长。2019 年一季度，全国新发非法集资案件 1350 起，涉案金额 827 亿元，仍旧呈增长态势。

与国内总体水平相比，上海非法集资案件增速更快。2016 年，上海金融犯罪审查逮捕案件 1238 件，非法吸收公众存款案 309 件，P2P 网贷平台非法集资案 105 件[③]；2017 年，上海金融犯罪审查起诉案件 1662 件，非法吸收公众存款和集资、诈骗审查起诉案件 672 件[④]；2018 年，上海金融犯罪审查起诉案件 1688 件[⑤]。2014 ~ 2018 年，仅上海检察机关受理的非法集资案件呈现爆发性增长。

---

① 中国银行保险监督管理委员会处置非法集资办公室有关负责人在论坛发言时介绍。

② http://www.xinhuanet.com/fortune/2019-02/15/c_1210059908.htm.

③ 新华社，https://m.nbd.com.cn/articles/2017-06-29/1122330.htm。

④ 中国新闻网，http://baijiahao.baidu.com/s? id=1604419103102877989&wfr=spider&for=pc。

⑤ https://www.wdzj.com/news/hydongtai/4955559.html.

2019 年 8 月上海市浦东分局对上海证大文化创意发展有限公司旗下“捞财宝”平台及“证大财富”公司涉嫌非法集资立案侦查。2019 年 9 月，上海发布金融检察情况通报，非法集资类案件数量再创新高。

2. 长三角其他地区非法集资总体增速很快，分布不均匀，个别城市风险高

长三角三省地区，非法集资案件总体增速都很快。2015 年浙江省公安机关共破获经济犯罪案件 5000 余起，抓获犯罪嫌疑人 6500 名，挽回经济损失 70 余亿元[①]；2017 年非法集资案件破获 3900 多起；2018 年 1～5 月，浙江省公安机关共破获经济犯罪案件 1090 起，抓获犯罪嫌疑人 2080 人，涉案总价值 310 多亿元，挽回经济损失 90 多亿元。其中，非法集资、传销等涉众型经济犯罪案件 180 多起[②]。2015～2017 年，江苏省全省检察机关共受理非法集资案件（包括集资诈骗罪和非法吸收公众存款罪案件）1782 件、涉及 3676 人，批准逮捕 1321 件、抓获犯罪嫌疑人 1692 人，起诉 1610 件、涉案人数 3045 人。2017 年非法吸收公众存款案受理人数同比上升 44.86%；集资诈骗案受理人数同比上升 8%[③]。2015 年，安徽省全省公安机关破获经济案件 5190 起，挽回经济损失 55.05 亿元，抓获犯罪嫌疑人 4252 人。安徽省非法集资案件逐年攀升，2015 年 439 起，涉案金额 240.7 亿元。2016 年 1～4 月，全省共立非法集资案件 151 起，破案 117 起，抓获犯罪嫌疑人 234 人，挽回经济损失 1.6 亿元。2017 年，全年破案 1859

---

① 《2015 年浙江破经济犯罪案件 5000 余起，非法集资风险突出》，杭州网，2016 年 5 月 16 日。

② 浙江在线，https://www.baidu.com/link? url = 70CXEuwaWb - 9DtGWziy9ELjUWKTDpRwZuD8U4AEc7QOSG57TokT-uDSgd7TAP8IqzIMY7LwB6ZNMtZ1E87WW1DxdqpuDEpTyNvOXKdLYA53&wd = &eqid = a2e3448c000df6e1000000035dcd5504。

③ 《江苏三年起诉非法集资案 1610 起，中老年人为主要受害群体》，《检察日报》2018 年 1 月 22 日。

起、抓获犯罪嫌疑人 3548 名、挽回经济损失 6.38 余亿元[①]。全省非法集资类案件自 2013 年逐年增多以来，在 2017 年首次出现大幅减少，发案量下降 36.67%。其中芜湖、合肥、安庆、宣城、滁州的案发量在全省占比达到 64%。网络借贷、股权投资、农民专业合作社、投资理财中介等重点领域案件高发[②]（见表 1、表 2）。

表 1　长三角“三省一市”非法集资相关案件、涉诉人数、涉案金额

年份	2015	2016	2017	2018
全国	立案近 6000 起	非法集资案件 5197 起[①]	非法集资案件 5052 起[②]	非法集资案件 1 万起[③]
浙江省	立案 5000 余起	—	非法集资案件破获 3900 多起	共立各种涉众型经济犯罪案件 969 起[④]
江苏省	非法集资案件 1782 件	非法集资案件 757 起[⑤]	—	—
安徽省	经济案件 5190 起，立案案件 439 起，挽回经济损失逾 55 亿元[⑥]	非法集资立案案件 151 起，抓获犯罪嫌疑人 234 人，挽回经济损失 1.6 亿元[⑦]	非法集资案件 1859 起	—
上海市	P2P 网贷平台非法集资案 11 起	金融犯罪审查逮捕案件 1238 件，非法吸收公众存款案 309 件，P2P 网贷平台非法集资案 105 起[⑧]	金融犯罪审查起诉案件 1662 件，非法吸收公众存款和集资、诈骗审查起诉案件 672 件[⑨]	金融犯罪审查起诉案件 1688 件[⑩]

注：①http://www.cankaoxiaoxi.com/finance/20170425/1928298.shtml.

②新华社，https://baijiahao.baidu.com/s?id=1598547478063581485&wfr=spider&for=pc。

③http://www.dsblog.net/article/view/id/71684.

④http://www.mps.gov.cn/n2255079/n4242954/n4841045/n4841055/c6407234/content.html.

⑤中国江苏网，http://news.jschina.com.cn/focus/201705/t20170531_582573.shtml。

⑥人民网，https://www.baidu.com/link?url=7vqYoAylZEs7yEnIU7ebVLd2LYqTgV05HDUEQJNjf-g4izkLEC9tH39YwPaZUZmhYzqDMPlDccSSFrAu-3N6LQIuDjoHZhW2kyUcp2WblCS&wd=&eqid=ddbf7c45001fb415000000035dcd64d2。

---

① 《2015 年安徽省公安机关破获经济案件 5190 起》，老泗州网。

② 安徽网，https://www.baidu.com/link?url=2Sel5_XPfIugRa6Am1XVbnxV2H0a_wAD8Y9sNyQpDcYYe3NL4kbS9MZP1IXKeNndb0qbatK0kC8yclTbCGVhhq&wd=&eqid=d8306b2c00116126000000035dcd642e。

续表

⑦人民网，https://www.baidu.com/link? url = 7vqYoAylZEs7yEnIU7ebVLd2LYqTgV05HDUEQJNjf - g4izkLEC9tH39YwPaZUZmhYzqDMPlDccSSFrAu - 3N6LQIuDjoHZhW2kyUcp2WblCS&wd = &eqid = ddbf7c45001fb415000000035dcd64d2。

⑧新华社，https://m.nbd.com.cn/articles/2017 - 06 - 29/1122330.htm。

⑨中国新闻网，http://baijiahao.baidu.com/s? id = 1604419103102877989&wfr = spider&for = pc。

⑩https://www.wdzj.com/news/hydongtai/4955559.html.

表 2　长三角非法集资风险高发城市相关案件、涉诉人数、涉案金额

年份	2015	2016	2017	2018
温州	恶意逃废债案件 460 余起，经济犯罪案件 5000 余起[①]	非法集资案件 78 起、逃废债案件 689 起[②]	—	—
杭州	—	—	全市公安经侦部门共破案 801 起，抓获犯罪嫌疑人 1248 人，挽回经济损失 23.33 亿余元[③]	—
苏州	非法集资案件 3 件	非法集资案件 7 件；集资诈骗案件 1 件	非法集资案件 17 件[④]	—
南京	非法集资案件 46 件[⑤]	非法集资刑事案件 88 件[⑥]	非法集资刑事案件 33 件	批捕涉众型非法集资犯罪 280 件 445 人，起诉 249 件 511 人[⑦]
合肥	非法集资案件 17 件[⑧]	非法集资案件 1131 起[⑨]	非法集资案件 619 起[⑩]	—

注：①http://biz.zjol.com.cn/system/2016/05/16/021151610.shtml.

②http://www.wzrb.com.cn/mobile_show.aspx? id = 757129.

③浙江在线，https://www.baidu.com/link? url = 70CXEuwaWb - 9DtGWziy9ELjUWKTDpRwZuD8U4AEc7QOSG57TokT - uDSgd7TAP8IqzIMY7LwB6ZNMtZ1E87WW1DxdqpuDEpTyNvOXKdLYA53&wd = &eqid = a2e3448c000df6e1000000035dcd5504。

④http://szgyy.jsjc.gov.cn/zt/jcjy/201901/t20190105_719396.shtml.

⑤http://www.vojs.cn/2014new/c/k/d/tw_content_1816.shtml.

⑥http://news.eastday.com/eastday/13news/auto/news/world/20170105/u7ai6359717.html.

⑦http://www.legaldaily.com.cn/index/content/2019 - 01/11/content_7743268.htm.

⑧http://ww.wqxlw.com/zhichenglunwen/168458.html.

⑨https://m.hexun.com/hz/qtt/2017 - 02 - 24/188271591.html.

⑩https://www.sohu.com/a/231293727_114731.

从 2015 年到 2018 年非法集资长三角地区的数据统计来看，涉案人数和涉案金额呈现逐年递增趋势，风险一直处于高位。从长三角区域内的风险分布来看，安徽的合肥，浙江的杭州、温州，江苏的南京、苏州，是风险较为集聚的区域。例如江苏的苏州工业园区的非法集资类案件高位攀升，大案频发。非法吸收公众存款犯罪呈几何倍数增长，显示出了非法集资案件数量剧增的严峻形势。园区检察院于2015 年受理非法吸收公众存款案件 3 件；2016 年受理非法吸收公众存款案件 7 件，集资诈骗案件 1 件；2017 年至 2018 年上半年受理非法吸收公众存款案件 11 件，集资诈骗案件 3 件。相比 2012～2014 年，2015～2018 年非法集资犯罪案件增长率平均为 76%，其增长率值得关注。在数量急升的同时，数以千计的社会集资者卷入非法集资的大风暴中。

从 2015 年到 2018 年非法集资数据统计可以看出，上海及长三角城市非法集资案件数量增多，而且新发案件激增、涉案金额不断提高、集资参与人数上升。2019 年以来大案要案频发，新增案件不断堆积，化解问题难度较大，非法集资形势依然严峻。因此，长三角区域目前的重点任务在于如何降低存量风险，压缩违规业务规模，把合法合规业务纳入日常监管。同时建立互联网金融长效监管机制，根据准入制度，以及日常监督管理机制，研究切实可行的措施，使互联网金融风险监管和防控能够可持续、有效过渡到发展的新阶段。

（二）监管持续加强，非法集资的金融风险居高不下

近几年国家层面对于非法集资监管持续加强，监管水平不断提升，规范性法律文件、自律公约有条不紊地出台。与此同时，随着非法集资进入互联网金融领域并迅速蔓延，网贷等行业的监管政策也在升级（见表 3）。

国家和地方一直打击非法集资，但“非法吸收公众存款”、冒充信用中介等行为在非持牌类金融机构仍然非常频繁。非法集资事件往

表 3　近年非法集资国家监管法律法规与政策汇总

时间	政策/会议	核心内容	意义/变化
2007 年 1 月 8 日	《国务院关于同意建立处置非法集资部际联席会议制度的批复》	建立由银监会牵头的处置非法集资部际联席会议制度	建立了“疏堵并举、防治结合”的综合治理长效机制，切实有效地贯彻落实党中央、国务院处置非法集资的方针和政策
2015 年 10 月 19 日	《国务院关于进一步做好防范和处置非法集资工作的意见》	有效遏制非法集资高发蔓延势头，加大防范和处置工作力度，切实保护人民群众合法权益，防范系统性、区域性金融风险	夯实了基础，深化了对非法集资的改革，疏堵并举完善了法规，健全了完整的制度
2016 年 10 月 8 日	《中国人民银行办公厅关于进一步加强对涉嫌非法集资资金交易监测预警工作的指导意见》	对非法集资的监测预警	有利于及时发现存在参与非法集资苗头的活动
2017 年 12 月 19 日	《最高检、公安部联合发布新规，规范公安机关办理经济犯罪案件》	对案件管辖中的地域管辖、管辖争议、指定管辖，立案撤案中的立案审查、刑民交叉、撤案条件，侦查办案中的强制措施、侦查取证、两法衔接进行了进一步的明确和规范	随着经济社会迅猛发展，经济犯罪形势更为复杂严峻，公安经侦执法环境已经发生深刻变化，原有规定与公安经侦执法实践需求之间的不适应甚至相冲突的现象已经显现，急需从顶层设计层面加以改变
2018 年 8 月 24 日	《关于防范以“虚拟货币”“区块链”名义进行非法集资的风险提示》	对于一些不法分子打着“金融创新”“区块链”的旗号，通过发行所谓“虚拟货币”“虚拟资产”“数字资产”等方式吸收资金，侵害公众合法权益行非法集资、传销、诈骗之实进行风险提示	提醒广大民众要多加注意，提升民众的风险意识
2018 年 8 月 29 日	《教育部办公厅关于进一步加强防范非法集资有关工作的通知》	加强宣传教育，提高风险防范意识；加强日常监控，完善风险防范机制；加强沟通协调，确保校园安全稳定	有利于发现存在参与非法集资苗头的活动，做到早发现、早预防、早处置，防止酿成事端

续表

时间	政策/会议	核心内容	意义/变化
2019年1月3日	《最高人民法院、最高人民检察院、公安部印发〈关于办理非法集资刑事案件若干问题的意见〉的通知》	认定非法集资的“非法性”依法惩治非法吸收公众存款、集资诈骗等非法集资犯罪活动，维护国家金融管理秩序，保护公民、法人和其他组织合法权益	明确了非法集资的各方面问题，使得处理非法集资问题可以有据可查
2019年1月31日	《针对非法集资犯罪新态势“两高一部”出台专门意见》	对办理非法集资刑事案件中的重点难点问题做出全面回应和规定，明确“非法性”认定、单位犯罪认定，以及国家工作人员追究刑事责任的五种情形等	明确办理跨区域非法集资刑事案件管辖原则，并重申国家工作人员在防范处置非法集资工作中构成犯罪依法追究刑事责任
2019年1月30日	最高人民检察院新闻发布会	区分P2P平台业务是互联网金融创新还是实施非法集资犯罪行为的主要界限，在于其是否具有非法集资的“非法性”特征	明确P2P和非法集资的关系以及P2P是不是非法集资
2019年1月30日	《最高人民法院、最高人民检察院、公安部关于办理非法集资刑事案件若干问题的意见》	关于非法集资的“非法性”认定依据问题，关于单位犯罪的认定问题，关于涉案下属单位的处理问题	加大了依法惩治非法吸收公众存款、集资诈骗等非法集资犯罪活动的力度
2019年3月28日	《2019年处置非法集资部际联席会议（扩大会议）召开》	总结2018年防范和处置非法集资工作，分析研判形势，研究部署下一阶段工作	处置非法集资工作取得明显成效，为防范化解金融风险、维护社会大局稳定做出了积极贡献
2019年8月29日	《处置非法集资部际联席会议办公室：防范和处置非法集资取得新成效》	2019上半年全国新立非法集资案件2978件，同比上升18.5%；涉案金额2204.5亿元，同比增长128.8%。一些积累多年的风险得到化解，一批久拖未决的案件得以处置 并且在严厉打击、着力治标的同时，各地各部门进一步加强宣传教育、风险排查、举报奖励等工作	各地各有关部门坚决打击非法集资等非法金融活动，积极推动全链条治理，有效地控制了风险，大力维护了社会大局稳定

往涉案群体多、领域广、社会影响恶劣等，对区域发展、行业经营和群体利益产生巨大破坏力，可能引发重大群体性事件。

非法集资多发风险，总结起来大概有四个方面因素。第一，类金融机构参差不齐，早期各地政府的审批标准不一致，导致类金融机构鱼龙混杂。第二，以金融创新、信息科技为名，行非法集资之实。很多类金融机构以创新为名，打着大数据、云计算、创新的名义，实际是搞非法集资，短期内难以被监管和鉴别出来。第三，从宏观经济角度来看，供给侧改革压力大，同时抵押品衰竭，资本品价格不再上涨，系统性风险也越来越大，爆雷的会越来越多。第四，互联网金融特性的风险是涉及人数众多，风险传导性更强。比如 e 租宝涉及金额 700 多亿元，涉及人数 100 多万人；比如钱宝网等很多爆雷企业，金额一次次创出新高，目前来看很多隐藏还没有爆雷的企业投资人数很有可能也是这样的规模。

（三）长三角城市非法集资的供求旺盛不衰的根源

1. 经营性融资困难，合法途径难以获得融资

长三角城市群处于中国经济龙头坐标，首当其冲地置身于剧烈变化的全球发展之中，受国内外各种因素影响，长三角各城市不同程度经受着经济下行的压力。经济下行中，企业经营困难日益增多，无论是维持、转型还是研发，都需要巨额成本。企业市场萎缩，前景不明，正规途径难以获得融资，为渡过难关而不得不转向非法集资需求。

2. 宏观经济调控行业和产业的融资需求，难以从金融机构获得融资

目前国家在调整经济结构，在货币政策和财政政策方面倾向于产业升级；然而，国内消费缺乏，社会消费品零售额始终低位踯躅，金

融机构贷款和企业存款的增长率接连下降，体现出来的这些问题都会在之后的很长一段时间内对总需求产生有害的影响。为谋求利益，大量资金还在躲避监管，投向国家控制发展的行业，如房地产投资。这部分资金往往以国家支持的“项目”作为掩饰融资，通过层层嵌套的资管项目，流入其他项目。

3. 校园贷、医美贷、培训贷、车贷、套路贷等融资需求，伸向中国独生子女一代“撸羊毛”

近年来在众多新兴的金融模式中，贷款消费成为当下年轻群体消费模式中很重要的一环。虽然贷款可以满足金融消费的需求，但当一些非法贷款机构为了达到利益最大化，将黑手伸向消费需求高但自我保护能力较弱的大学生，例如“校园贷”摇身一变成了“套路贷”。当下“80 后”“90 后”“00 后”，是中国独特的独生子女一代，有巨大的消费需求，却缺乏足够赚钱能力、自控和判断能力；他们一旦陷入高息“套路贷”，最后只能由背后的家长来买单。

（四）财富保值增值的需求以及贪婪、侥幸的人性，催生的“贪婪韭菜”与“黑暗收割”

为追求更好的生活、更体面的生存，大量的理财需求不满于银行的储蓄利息，选择了包括 P2P 平台在内的多种理财方式。这一投机的心理就经常被不法分子利用，成为温养非法集资生长的阴暗土壤。追求高收益的理财大军，前赴后继地踏进“聪明人”设计的各种金融骗局中，从 2017 年接连不断的 P2P 爆雷到 2018 年跑路大潮、2019 年的“正规军”纷纷爆雷，团贷网、网信、诺亚财富……在这各种各样的骗局中，花样百出、层出不穷。一个既没有实体支撑也不清楚资金流向和来源、三五个“大佬”凑起来编造一个梦想的项目，就能套利千万元甚至上亿元，值得深思。在非法集资的旺盛供需生态中，“黑暗收割”的陷阱巧妙收割“贪婪韭菜”。

（五）上海和长三角的非法集资打早、打小的现实困难

类似非法集资和非法集资诈骗往往披着新兴金融业态的外衣，由于目前监管数据无体系、风险底数不清的现状，金融主管部门掌握不了全面的信息，往往在风险爆发后才被动介入，甚至是爆发大规模群体性事件之后，监管部门才能彻底认清问题的实质与风险并积极行动起来，但是当事情发展到这个阶段，很多人已经被骗得倾家荡产。那么，非法集资的打早、打小、初期监控难在哪里？

1. 监管主体涉及部门多，统筹协调时面临任务繁重而艰难

根据我国规定，非法集资由涉案的属地管辖。以上海为例，2008年9月上海处置非法集资工作由省级人民政府负责，由行业主管及监管部门把关，处置非法集资部际联席会议或组织领导机构负责组织协调。明确要求：由党委、政府统一领导；由属地管理，及时发现；最后依法查处，各成员单位应按照职责分工和工作权限，做好非法集资活动的受理、调查、认定及善后处置工作。

2017年4月，最高人民法院、最高人民检察院、工信部、教育部、住建部、公安部、农业部、人民银行、银保监会、证监会等14个部门，召开处置非法集资部际联席会议，拟出台《处置非法集资条例》，其中明确提出：赋予地方人民政府对非法集资活动的行政查处权力，再一次明确打击非法集资的主要责任人是地方政府。但是，在对非法集资的监管方面，究竟能否推动关口前移、遏制增量风险、化解存量风险的关键，还是在于地方政府部门如公安、工商、金融办、银监局等能不能有效配合、有效地发挥牵头作用。图1为处置非法集资部际联席会议或组织领导机构示意。

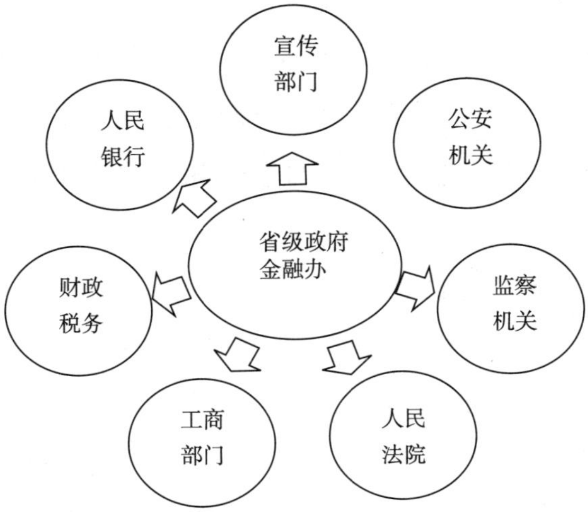

图 1　处置非法集资部际联席会议或组织领导机构示意

2. 地方监管资源匮乏，监管效率低

根据上述条例，地方金融监督管理局承担监控非法集资的重任，然而在国家行政授权和法律体系中没有特别清晰的授权定位，缺乏必要的法规及执法权，国家和地方的金融监管归属一行两会，因此地方监管部门能调动的监管资源非常有限。只能采用一些边缘方法，比如金融监督管理局牵头，带着公安部门、工商部门，一起去现场。

3. 地方监管人员数量和专业性不足

从 2017 年地方金融确认“7 + 4”监管职责开始，全国各地的地方金融监督管理局编制人员都在进行调整。根据中央部署，7 个行业由中央制定规则，4 个行业要提高准入门槛，由地方金融监督管理局严格限定经营范围。具体为：负责对融资担保公司、小额贷款公司、典当行、区域性股权市场、商业保理公司、融资租赁公司、地方资产管理公司等金融机构实施监管，强化对社会众筹机构、投资公司、农民专业合作社、地方各类交易所等的监管。

比如投资公司由地方管，这样人手就得增加；比如典当行业以前是由商务部统筹，从上到下垂直管理，现在由地方金融监督管理局行使属地管理职责。11 个行业都要监管，行业的基础知识、监管要点、监管方法、政策法规等地方金融监督管理局及相关的监管机构都要去学习，这样从监管人员的数量和专业性来看都面临着严峻的挑战。

4. 地方监管部门的监管手段有限

在地方，一般处置和监管非法集资都是由专门的工作组负责相关的工作。一般是副省长、副市长牵头，成员单位包括政法、金融、公安、工商。牵头人副省长或副市长难以有足够的时间和精力，通常委托地方金融监督管理局或金融办召集组织会议，对企业进行重点研判，哪家公司的非法集资风险较高，哪个事件风险隐患较大，需要提前摸排、调研，形成会议提案由各个部门研究，并提出一些针对这家公司、这个事件的下一步措施、判断意见，在这个过程中，地方金融办最常见的是起到一个召集作用。

（六）上海和长三角地区全流程监管难点倒逼监管手段升级

2018 年统计表明，全国共有 200 多万家金融机构及金融相关机构。根据属地管理原则，这些金融机构由各地方的金融监督管理局及相关部门负责监管。长三角 GDP 多年以来占全国 GDP 的比重为 23% 左右，估计类金融机构应该在 50 万家以上。举例而言，上海地区金融监督管理局正式在编人员为 100 人左右，全上海有 20 多万家类金融机构，在整个监测分析过程中，需要收集信息和数据、跟踪、分析、核查核实、研究定性、布置防控直至精准打击控制。这是多大的工作量呢？第三方监管机构做过一个统计，2018 年获取全国互联网上非法集资风险相关数据百亿条，如果靠人工的方式一条条收集审核这些数据，全国金融监管人员每天 8 小时不停地看这些信息需要上百年才能分析完，所以按照传统方式进行监管，人力资源和客观条件明显不允许，非法集资风险监管必须尽快应用信息科技、人工智能等技术去创新监管。

同时，创新监管技术要解决非法集资的全流程监管和处置如下五个环节的难题。

一是发现难。为逃避监管，非法集资企业的注册地通常与实际经营地分离，关系繁杂的企业股权、账户众多，开设子公司上百家，资金腾挪复杂。不少案件是跨市、跨省的案件。在实际工作中，传统的监管模式无法及时甄别，跨区域风险处置面临着省际、部门间协调的问题。

二是研判难。非法集资的流程隐蔽，难以监管。营销宣传、资金往来全部通过网络进行，给调查取证、性质认定和后期的追赃挽损工作带来了很多的困难。一些案件仅通过线上交易，没有任何实体场所，服务器设在境外，资金也流向境外。很多情况下，立案调查、取证、分析、定性等环节界限不明，行政与司法沟通凝滞，尤其是在没有监管条例的情况下很难通畅。

三是决策难。打击非法集资的时机难以把握。打早的时候不太容易定性这家企业是不是非法的。打晚了，容易人去楼空，抽逃资金，打击的时候钱追不回来，造成巨额损失，投资人或者受害人可能情绪化，出现一些影响很不好的激烈行为。

四是控制难。非法集资企业通常没有日常登记制度，也缺乏数据管理，所以一旦案件爆发，不太容易控制资金、控制资产、控制人员、控制事态。而往往投资人太多，又分散在全国各地。比如 e 租宝、泛亚，公安机关已经立案，投资人却不知道，信息严重不对称。巨额的涉案资产即使控制住，怎么返还给投资人也是个难题。

五是处置难。非法集资案件往往跨省市、跨区域，涉案地区多，案件的管辖权难以确定，监管中，难免会产生有利情形下争抢争功的监管重叠或者无利情形下逃避推诿的监管真空。

二　上海联动长三角城市全流程监管的对策分析

长三角区域作为中国经济发展的龙头，必须拥有区域资源优势力量，把其所有城市纳入一盘棋，进行统一调度，必须在不改变竞争的状态下强化合作，以实现利益格局的二次分配。这种整体布局可以将我国第一大城市群的力量进行聚合，使长三角区域的发展可一体化、全面化地统筹规划及优势互补。

在 2019 年新的区域竞争下，珠三角的粤港澳大湾区成为国家千年大计，深圳获批社会主义先行示范区，澳门申请证券交易所或将打破国内的金融格局。长三角势必要打破当前的利益格局，进行组织上、体制上、机制上的全局再造，形成长三角一盘棋，同心同力，乘势快上。

（一）创新属地管理，风险监测平台应基于长三角区域性整体设计，避免区域内重复建设，减少监管套利空间

创新属地管理，搭建共同监管平台以促进长三角区域内“打非”流程更加规范化和制度化，实现更迅速更佳地打击非法集资。因此，应重塑长三角区域性地打击非法集资监测预警平台的功能定位并进行顶层设计，采用招标的方式委托相关机构进行平台构建。

全国人大财经委员会副主任委员吴晓灵明确指出，金融监管体制的改革，主要是改革监管理念。2015 ~ 2019 年，在国务院处置非法集资部际联席会议办公室的带领下，长三角各省市非法集资专项整治活

动有了显著进展。区域内的多个地区相关部门通过联合开发、委托开发或招标购买等多种方式进行数据监测信息系统建设，进行风险排查和预警，如浙江、上海、苏州、杭州、南京等城市，充分体现了打击非法集资工作的积极性、主动性。长三角各省市已经取得阶段性成果，然而从区域内层面看，还存在以下问题。

一是存在大量的重复投资和建设。长三角各省市试图自建、联建或委托开发信息预警系统，而系统建设必然需要大量人、财、物的投入，这些重复性的投入累计起来，造成大量资源浪费。区域内无法支撑这种投入的地区改为购买信息监测服务，但是受属地管理的职责所限，信息监测的购买下沉到区属一级①，难以在区域内共享大数据资源，造成难以全面提高系统的利用效率，进而难以降低整体“打非”成本。

二是各省市区分别决策和执行，需要较长的时间周期，延误“打非”最佳时机。截至 2019 年，长三角区域内各省市区的“打非”工作仍处于被动应急的状态。信息预警系统的联合开发或外部招标采购，需要监管机构的鼎力配合，从预警系统筹备人员、系统组建，到研发磨合、试用，必须经历一个逐渐成熟、不断完善的过程，而非法集资通过前几年的隐蔽性发展至今，已成为一个金融风险隐患。必须尽快建立预警机制，尽可能地提早发现，打早打小，否则“打非”工作将一直处于被动的局面。

三是缺乏大数据采集技术抓取的成熟应用经验。大数据预警平台的核心在于借助海量数据捕捉监测对象的风险暴露，新闻、论坛、微博等网络数据都为该平台的采样对象。对此，巨量的数据储存、爬虫计算以及随时更新是大数据监测的精要所在，这对长三角区域内各地

① 李崇纲关于“大数据监测预警非法集资的应用与实践”主题演讲。

方政府数据搜集与监测的技术实力以及应用经验都提出了挑战。

四是信息壁垒与监管套利。根据目前披露的案件情节，很多非法集资的作案人，尤其是互联网金融犯罪人，隐蔽性很强，他们在某地进行犯罪活动，但是在另一地注册，并可以变换注册地点，利用省市之间的信息不对称以及伪装成不同的项目，迎合省市经济发展的需要。打个比方，某项目符合上海管理规定进行了扎营落户，但是随着上海的监管细化以及其他因素的变化，项目方发现可能更适合转移到杭州。但由于现在产业链的上下游关联度较高，伪装成符合城市产业发展的项目外迁，政府担心可能会带走相关的下游企业，而且如果不能马上招商引资成功，就意味着 GDP 和税收的流失。面对这种情况，地方保护主义若隐若现，政府对企业迁入迁出的倾向性也为涉嫌非法集资的企业逃避监管无意中提供了套利空间。另外，监管部门出现监管缺失和监管层叠，很大原因在于监管部门的协调工作不到位，监管各部门之间信息不顺畅、不平衡。各部门对监管也持着“唯利是图”的态度，造成各部门趋利避害，由此引发监管冗余、监管不平衡，继而造成监管漏洞和监管套利。

因此，上海及整个长三角城市都必须找到一个突破口，打破信息壁垒和监管套利。2019 年 11 月，长三角区域战略规划将安徽省所属城市全部纳入其中，同时，在浙江嘉善、苏州吴江和上海青浦的交界处拟建设长三角生态一体化示范区。这些举措有利于在更大的范围内开建飞地经济，并可以通过利益共享的财税分配机制消除行政壁垒，也就是说可以使得迁出地出企业，迁入地出土地、税收优惠政策等共同发挥作用，共同承载产能转移。迁入地、迁出地在 GDP 和税收上互惠共赢。这种区域内资源优化共享的战略部署极大促进了疏解非核心产业、集中力量转型升级的步伐。借鉴这个做法，为打造具有国际竞争力的长三角经济区，必须要统一建设长三角的信息监管平台系统，让涉嫌非法集资的企业无信息壁垒、无监管套利空间。通过长三角区域内顶层金融风险信息平台设计，盘活地方数据资源并建立信息共享的金融风险信息平台，再灵活结合下沉到区县一级的金融监管机构的人员，辅助以公安经侦的配合力度，顶层信息抓取与监管共享结合下沉精准打击，最终提升整体效率。

（二）深度融合信息科技，全面高效抓取金融风险的底层数据

为防范非法集资风险，全国各省市都在积极依托大数据、云计算技术，运用金融信息科技实施监管，建立金融综合统计数据库，为全流程监管提供抓手。比较有代表性的是，北京市 2016 年 5 月开发建设了打击非法集资监测预警云平台“冒烟指数预警平台”、网络舆情监测以及“金融小卫士”等监测预警系统。其中“金融小卫士”是方便人民群众提供各类非法集资线索的 App。目前每天有 2000 多张举报图片，为监管层打击线下非法平台提供参考。信息平台会根据举报的信息进行初步分析，对于有价值的线索予以奖励。2018 年 7 月深圳市金融办联合腾讯建设的“灵鲲金融安全大数据”平台正式上线运行，扫描了深圳 25 万多家从事金融业务的企业，识别了一批风险企业，其中部分高风险企业已移交公安等相关部门核查处置。[①] 上海市 2018 年 6 月宣布在类金融监测平台上已经可以监测近 20 万家类金融企业。[②]

对非法集资资金流向、非法集资操盘者以及最终受益者进行穿透识别，对业务属性和实质进行穿透认定，以及对其跨行业、跨市场风险进行识别、评估和预警，都需要充分掌握和整合不同行业、不同市

① 中国新闻网，https://baijiahao.baidu.com/s?id=1604938781356728340&wfr=spider&for=pc。

② 上观新闻，https://www.jfdaily.com/news/detail?id=92307。

场的基础数据。然而，当下我国各个行业的监管机构在数据收集、信息统计、风险监测等方面并没有统一的标准，因此在对资金的最终流向方面和对操盘者与收益者的穿透监管方面存在较大困难。跨地区间的数据共享更是难上加难①。

因此，深度融合信息科技，全面高效抓取金融风险相关的底层数据，是搭建长三角区域内风险监测平台的关键。金融综合数据资源最底层的数据包括三个方面。

第一类是公开数据。通过使用服务器以及爬虫工具等相关的信息收集工具，可以在互联网上抓取信息，比如新闻、微博，还有微信公众号里面的信息，还有大量政府机构的数据是半公开的，比如国家工商管理总局的企业登记注册信息，法院公开的文书、裁决书，这些数据量非常大，积累的是数以亿计的数据。

第二类是政务数据。目前省市各行政辖区内的相关数据，是各系统内部封闭的，如何将这部分数据对接，对接到哪一个层级的平台系统，从而实现数据共享是关键。

第三类是银行内部的资金数据。如果能通过掌握银行资金数据来分析其转账的数据，很容易判断出是不是存在非法集资、传销等现象，但是目前从法律角度来讲并不能直接获取。因为银行法是效力位阶较高的法律，即使能够获取到信息，也只能是拿到了片段的、有缺少的数据，并不能拿到全部的资金数据信息，这其中涉及隐私问题、安全问题等许多复杂的问题，虽然仅仅能对接一部分资金数据，但也有助于形成针对非法集资、涉众型案件或者互联网金融领域监测预警的全链条治理解决方案。

---

① 王忠义：《大数据环境下财务共享服务中心构建》，《合作经济与科技》2019 年第 11 期，第 116～117 页。

从上述分析可知，第一类数据，完全取决于信息技术的先进水平，目前市场上众多数据公司完全能够实现；第二类数据，取决于区域内行政部门的配合力度；第三类数据很关键，但涉及的法律保护最复杂，目前只能探索前行。

2015 年 4 月，上海、江苏、浙江三省市的高级人民法院与上海、江苏、浙江的银监局相关负责人出席了会议，研讨并签署了《关于建立长三角区域金融监管与司法联动长效机制的合作备忘录》①。在三省四地的监管系统签署的备忘录中，明确指出了在加强司法信息交流、金融监管与网络查控，推进信用惩戒、维护金融债权和支持司法执行等方面加强城市间相互合作与交流，充分利用好各自的资源优势，实现长三角地区对金融监管的互助共赢。一是要搭建长三角区域的金融监管与司法联动合作平台，实现跨省市、跨系统两大方面的突破，加大长三角区域内的资源、信息共享以及相关成果转化力度，共同推进长三角区域金融法治环境建设。二是构建两项机制，即联合信用惩戒机制和网络查控区域共享机制。在信用惩戒方面，推动区域内的人民法院与银行业金融机构联合建立的信用惩戒机制，共享失信被执行人名单以及金融信用方面的被执行案件信息，并依法采取信用惩戒措施。网络监察方面，根据中国银监会和最高人民法院的统一部署，在区域内同步推动实施网络监察，探索实现区域内部的信息共享。

基于这个长三角区域内跨省市、跨系统的金融监管与司法联动双突破合作监管的备忘录，长三角区域应进一步推进将司法数据与银行失信数据的常规性对接整合在同一数据平台上，加强执行效率，把握

---

① 《“长三角”将建区域金融监管与司法联动合作平台》，人民网，http://politics.people.com.cn/n/2015/0413/c70731-26832757.html。

成本和结果之间的平衡点，增强风险快速反应和有序处置能力。

（三）建设具有强大分析能力的长三角地区非法集资风险监管系统，以人工智能的自我学习迭代提高监管的效率成本比

互联网时代必须促进监管流程再造和效率改进，提高金融风险的精准识别和动态预警能力，必须依靠监管科技创新。风险监管系统必须升级为人工智能系统，通过运用 AI 技术，建设具备自我学习、自我迭代以及强大计算与推演能力的监管预警系统。

2019 年 8 月中国人民银行印发《金融科技（FinTech）发展规划(2019—2021 年)》明确指出："随着金融科技的强盛发展，在人工智能、大数据、云计算、物联网等信息技术与金融业务等方面要深度融合，金融科技或已成为在防范化解金融风险方面的新利器。通过运用大数据、人工智能等技术建立起来的金融风控模型可以有效甄别出高风险交易、异常交易，实现对风险的早识别、早预警、早处置，提升了金融风险技防能力，并通过运用数字化的监管协议、智能风控平台等现代化的监管科技手段，推动金融监管模式由事后监管向事前、事中监管进行转变，进而有效地处理信息不平衡的问题，并且可以有效地扼杀信息壁垒，延缓了监管方面的时滞，进一步提升了金融监管效率"。

互联网时代必须通过监管科技创新填补监管真空。地方政府各部门的监管业绩，不能来自监管"大事"、做"大业绩"。金融风险爆雷时酿成的"大事故"，引发强力监管并平息事件的"大业绩"，业绩卓著却给社会整体和相关主体带来巨大损失。这些事后监管，既是亡羊补牢的业绩，也是监管前控的失职。

因此，非法集资风险较高的长三角地区要系统谋划、统筹推进，完善监测预警机制，强化风险源头预防，要把防范非法集资纳入统一

的系统监管平台，依靠人工智能的大数据和云计算能力，推演预警遏制增量风险和输入性风险，实现风险监管关口前移。

监测预警系统更多地运用大数据、云计算、人工智能这些现代化信息手段开展智慧监管，建立健全信息化、立体化、社会化的监测预警体系，并可以提供以下几种配套监管服务。一是重点企业风险排查服务，深度挖掘企业内在风险；二是搭建线下举报平台，广泛发动群众积极性，检举揭发犯罪活动；三是健全互联网金融平台信用评级体系，实现“白名单”和“黑名单”的分类评级和监管治理。监测预警系统通过应用最前沿的科学技术，采用机器学习算法，定制化建模，分类别量化金融风险。

目前，能够实现上述智能监管平台的有三类大数据公司。第一类是传统的金融信息化公司，很多国字号的、中字号的公司都在这个领域。第二类是专业大数据的创业型公司。这类公司专注于产品口碑，服务客户的满意度，积累了很多不同层级的政府用户。第三类是腾讯公司和蚂蚁金服公司也在做这个业务，其自身的数据优势以及市场占有率，有其他两类公司不可比拟的优势。

（四）创新穿透式 AI 数据平台监管和下沉式现场监管的全流程协同体系

创新穿透式 AI 数据平台监管和下沉式现场监管的全流程体系建设是推进风控监管关口前移的重要落地点。2016 年 10 月国务院办公厅印发的《互联网金融风险专项整治工作实施方案》中首次提出了“穿透式”监管的概念，明确对互联网金融按照“实质重于形式”的原则予以精准监管，即“穿透”互联网金融的“形式”业态，直接打击“实质”乱点。在“穿透式”监管下，对金融机构所卖出的产品和服务进行实质性的评定，厘清资金的最初源头和所流向的目的地，并根据评定出来的业务实质执行相对应的行为规则和监管要求，因此“穿透式”监管有助于正确识别出业务风险并可以进行有效的控制，有利于金融体系稳定，有利于实体经济发展，有利于减少金融机构的监管套利。

穿透式 AI 数据平台监管可以高效率提供准确信息，可以根据系统设定的条件，提前推演预判风险发生的概率和可能性，为精准防范和打击非法集资，提供“雷达式”的指引。达成上述目标，或者说多大程度上、多少精准度上达成上述目标，取决于数据获取的全面性与及时准确性，同时需要基层的行政与执法机构的迅速有效行动，完成对非法集资风险行为的遏制，最终形成一整套线上数据和线下行动高效结合的全流程监管体系。

1. 线下行动的政府各职能部门，需要从数据补充输入、数据输出到位的两个角度将日常精细化的工作及时准确地对应到基层工作中，明确各环节的负责部门及标准化的工作流程

数据补充输入方面，全面加强对企业注册登记、审批准入、业务运营、广告发布等全流程各环节的管理。无论是在监管职责还是主管职责、条线职责，还是属地职责的履行中，发现的问题和疑点，应有统一的标准化口径录入后台数据库。

同时，在数据补充录入方面，要强化宣传教育，特别要针对重点地区、行业、群体，切实提升群众的风险防范意识和识别能力。发动群众力量，拓宽举报渠道，设立线下基层举报和线上举报接待中心，信息及时录入系统。

对于数据输出到位方面，在派出所、街道办建立专门的工作岗位部署，并依托平台将有风险的企业信息实时传输给街道民警、网络管理员。建立标准化流程，迅速对接经侦介入、对接金融监管局予以定性判断，从而迅速掌控事态形势。坚持打早打小、从重从快，打造线

上线下全流程的监管体系，让非法集资无处藏身，促进监管科技的深度应用。

2. 全流程监管的线下行动部分的重点，在于如何成本更低、更便捷准确，尤其是避免后续损失扩大的事先防范和事后打击行动

非法集资的监管和惩处的法律途径是举报、立案、经侦、批捕、判决，之后才形成控制和惩戒，只有非法集资的数额较大，才能进入这种正规流程和环节。对于前期危害较小、数额不大、定性不清的苗头，即“蚊子”“苍蝇”一样的小恶，应借助信息科技，建立更为低成本的快捷控制体系，避免酿成大祸，造成社会巨大损失。

这方面有很多其他行业经验可以借鉴，例如经侦行动。现行的做法为降低经侦成本，需要经过前期定性定量的违法行为认定，立案后经侦才能介入。通过建立 AI 智慧大数据平台，可以通过系统自动积累和筛查的举报数字，智能推断，提前采取适当措施，真正做到主动出击，防止群体性事件爆发。这方面可以借鉴支付宝的信用分，通过大数据对接银行征信或者民间如支付宝的征信记录，每家企业、居民都有个体识别号码绑定的信用体系。同时对这种介入立案之间的小恶、苗头的惩戒和控制，可以借鉴车险理赔的快捷通道、标准化流程、标准化的线上接待与线下勘查，实现低成本高效率办理。

3. 全流程监管的重点，要借力信息科技和大数据平台建立事先预防体系，事前预防大于事后惩戒

事前流程和规矩，会极大地减少事后的纠纷。因为事后取证很难，而且成本太高。事前承担一些便捷的规范流程成本，可以极大降低事发后的纠纷研判和取证成本。例如：民间借贷协议，建议基于智能数据平台推出便捷的协议签署时录像证据。无须人工服务，可以借鉴电子眼拍摄违法驾驶的做法，签协议，只要双方自愿，录像就有法

律效力，同时提交给数据后台，个人信用体系关口提前。建立快速协议签署中心，建议在银行 ATM 机上设置这个服务功能。

（五）推动区块链技术的金融监管应用，分布式记账，信息可追溯，达到长治久安

区块链本质上是去中心化、透明、不可篡改的数据库，使用密码技术生成的数据块，可以使得分布式的记账承载信息具有不可复制、可以追溯到源头等特性。区块链根据信息写入权限的开放度可以分为三类：公有链、混合链（联盟链）、私有链。公有链是指世界上任何存在的个人或者集体都可以通过其发送交易，任何人都可以参与其共识的过程。混合区块链（联盟链）是由某个群体内部指定的多个预选的节点为记账人，每块的生成由所有的预选节点共同决定，任何人均可以通过该区块链开放的 API 进行限定查询。私有链是指仅使用区块链的总账技术进行记账，该区块链的写入权限是公司或个人独享的，这其中的典型代表有：阿里的蚂蚁区块链、百度自行研发的区块链等。

随着传统经济和货币逐渐向数字化转型，金融创新及其附带的风险隐患，金融监管必须持续创新，确保金融安全。2019 年 10 月中共中央政治局进行第十八次集体学习，重点研究了区块链技术发展的现状和趋势。会议中，习近平主席指出，区块链技术应用已渗透到数字金融、物联网、智能制造、供应链管理、数字资产交易等多个领域，应加强区块链技术与经济社会的融合。

在区块链的三种类别中，联盟链技术为防范非法集资风险的首选。联盟链的数据只有联盟里的机构及其用户才有权限进行访问。联盟链拥有准入门槛低、节点少等特性，不会产生“交易速度慢”的问题。正是这种特性，使它成为金融业务管理的首选。这种特性不仅解

决了各部门监管掌握信息闭塞的问题，还提高了效率。由于只允许特定用户进行访问，且不能篡改，若将各有投融资意图的公司数据基于联盟链保存，则可将资金流“板上钉钉”，联盟链的各个会员便是各监管部门，其可根据管理需要进行数据访问，每个部门还可自行决定与其他部门联系。非法集资既是法律问题，也是金融问题。对于类金融业务，基于联盟链技术可关注资金募集公司主体、资金流向与投资标的是否相符以及资金具体流向；对于“庞氏骗局”式非法集资诈骗，每家公司的信用记录都将记录在联盟链下的超级账本里，轻松地将信用好坏公司区分开来，做到未雨绸缪。

截至目前，区块链技术已经在国内多领域运用。蚂蚁金服区块链于 2018 年 10 月携手华信永道打造“联合失信惩戒及缴存证明云平台”，海南省率先实现公积金黑名单及缴存证明的跨中心跨地域共享。2019 年 10 月 11 日，陈纯教授在区块链技术大会上公布了公积金区块链的进一步应用，即住建部和中国建设银行做了公积金的管理，全国 491 个城市的公积金连在一起，等于 491 个节点的共享数据采用区块链技术，各城市住房公积金管理中心只需接入平台，点内的城市公积金所管辖的每个人，都可以异地信息共享，记录查询且不可篡改。2018 年，深圳税务开启区块链电子发票，杭州互联网法院携手上线司法链，上海华山医院推出区块链电子处方，浙江上线区块链医疗电子票据，2019 年 11 月，雄安新区发布招标项目，将预计竣工于 2020 年 4 月 30 日的约 1.4 万亩生态林建设全过程产生的建筑信息模型数据统一纳入管理平台，并运用区块链技术进行全过程资金管理。这些区块链在不同领域的应用，节省了时间成本和人力成本，数据和资金管理更便利，极大提升了政务服务效率。

对于非法集资方面的金融监管，要坚定不移地坚持深度融合金融科技与信息科技，将金融的监管与创新紧密结合。在信息科技与数字化的浪潮下，用前沿科技监管创新的金融服务，才可做到对症下药，才能达到长治久安。

参考文献

张颖馨：《“拆弹”P2P：退出主旋律定调　助贷转型前景未明》，《财经》杂志 2019 年 11 月 6 日。

罗莎莎：《南京检察 2018 年起诉涉众型非法集资犯罪 249 件 511 人》，[EB/OL]. http://sn.people.com.cn/n2/2019/0112/c378297-32522542.html?from=groupmessage，2019-01-12。

《习近平：把区块链作为核心技术自主创新重要突破口，加快推动区块链技术和产业创新发展》，中国青年网，2019 年 11 月 1 日。

许恋天：《互联网金融“穿透式”监管：逻辑机理与规范运用》，《税务与经济》2019 年第 3 期。

常健：《论“穿透式”监管与我国金融监管的制度变革》，《华中科技大学学报》2019 年第 1 期。

施坚轩：《2016 年度上海金融检察白皮书发布　涉众类非法集资案多发　互联网金融刑事风险上升》，《府院传真》2017 年第 8 期。

马昂、潘晓、吴雷等：《区块链技术基础及应用研究综述》，《信息安全研究》2017 年第 11 期。

叶必丰：《长三角经济一体化背景下的法制协调》，《上海交通大学学报》2004 年第 6 期。

龚建明：《设立全国统一的非法集资大数据风险监测系统》，《前进论坛》2016 年第 4 期。

李颖雪：《区块链技术解决电子商务中信用问题的经济学分析》，北京交通大学硕士学位论文，2018。

李伟：《监管科技应用路径研究》，《清华金融评论》2018 年第 3 期。

王银梅：《论西部地区涉众型经济犯罪的特点与治理》，《学术交流》2013 年第 3 期。

最高人民法院、最高人民检察院、公安部印发《关于办理非法集资刑事案件若干问题的意见》的通知。

农业政策性金融机构助力长三角地区农业一体化研究报告

张 坤*

摘　要： 长三角地区农业一体化是长三角一体化发展的前提与基础，这不仅仅是因为农业作为第一产业是国民经济的物质基础，更重要的是因为长三角地区农业一体化是引领长三角地区，乃至整个中国要素市场一体化改革的重要探索，也是未来我国农业实现一体化、科技化、机械化、现代化生产的全新尝试。在实现国家战略意图和相关产业政策方面，以中国农业发展银行为代表的政策性金融机构大有可为。本报告通过理论分析、借鉴国外经验、结合中国农业发展银行二十余年已有的实践，对未来农发行的发展与规划给出政策建议：确立长三角农业一体化总体战略，明确“三省一市”各自分工；推进政策性金融立法，从法律根本上确保政策性金融的地位和性质；在业务层面，要扩大经营规模、创新业务类型，以实现政策性金融的引导作用和补充作用，即一方面引导社会资金向农业现代化生产方式配置，另一方面及时补位农业一体化进程中出现的短板，实现经济效益和社会

* 张坤，金融学博士，注册会计师，现供职于中国光大银行北京分行；主要研究方向为金融基础理论、政策性金融，曾在《新华文摘》《金融评论》《国际金融研究》《中央财经大学学报》等核心期刊发表学术论文二十余篇。

效益的双赢。

关键词： 农业政策性金融机构　长三角一体化　“强位弱势”群体

一　长三角地区农业一体化战略意义及国外一体化经验

（一）长三角地区农业一体化战略意义

1. 长三角地区农业一体化是长三角一体化的基础

2019 年 5 月 13 日，中共中央政治局会议审议通过了《长江三角洲区域一体化发展规划纲要》（以下简称《规划纲要》），标志着长三角一体化发展上升为国家战略，这是党中央做出的重要决策部署。长期以来，长三角地区是我国改革的前沿阵地，是经济活力最高、开放程度最广、创新能力最强、吸引外来人口最多的沿海地区之一，也是“一带一路”建设与长江经济带的重要交汇地带，在中国现代化建设大局和全方位开放格局中处于举足轻重的战略地位。

对长三角区域一体化的建设探索并非刚刚起步，早在 1992 年，在北京召开的长江三角洲及长江沿江地区经济规划座谈会上首次建立了长江三角洲协作办（委）主任联席会议制度，标志着长三角一体化建设进入有政府参与的发展阶段；2003 年，长江三角洲城市市长峰会在南京举办，区域内 16 个主要城市市长联合签署《以承办“世博会”为契机，加快长江三角洲城市联动发展的意见》；2008 年，国务院发布《关于进一步推进长江三角洲地区改革开放和经济社会发展的指导意见》，提出建设有较强的国际竞争力的世界级城市群；2016

年，国家发改委、住建部发布《长江三角洲城市群发展规划》，安徽8市被纳入，要求未来建设成为具有全球影响力的世界级城市群；2018年，“三省一市”印发《长三角地区一体化发展三年行动计划（2018—2020年）》，明确2020年一体化的任务，特别是在交通互联、能源互济互保、协同创新、信息合作、生态保护、公共服务、市场环境等7个领域明确了一体化路线图，一体化建设步入快车道；同年，“三省一市”人大常委会通过《关于支持和保障长三角地区更高质量一体化发展的决定》，明确以法治力量支持和保障各方面协同对接，为长三角一体化建设提供了最有力的法治保障。2019年7月2日，上海市市长应勇在国新办发布会上表示《规划纲要》被中央政治局会议和国务院常务会议审议通过并已印发，标志着长三角一体化建设正式成为国家战略并步入落实阶段。长三角地区一体化建设历程大事记年表见表1。

表1　长三角地区一体化建设历程大事记

时间	事件
1982年12月22日	《国务院关于成立上海经济区和山西能源基地规划办公室的通知》
1983年1月	姚依林副总理作《关于建立长江三角洲经济区的初步设想》的报告
1985年2月	《中共中央国务院关于批转〈长江、珠江三角洲和闽南厦漳泉三角地区座谈会纪要〉的通知》。在此期间，相关各省轮流召开过一次高层会议，先后制定出《上海经济区发展战略纲要》
1988年6月1日	国家计委撤销了上海经济区规划办公室，上海经济区以“流产”而告终
1992年6月	在京召开的“长江三角洲及长江沿江地区经济规划座谈会提出建立了长江三角洲协作办（委）主任联席会议制度，这对长三角城市群的发展具有决定性的意义”
1990年4月18日	中共中央、国务院作出开发开放上海浦东重大决策，长三角区域一体化发展重新提上议事日程
1996年	该联席会议由长江三角洲城市经济协调会取代
1996年	泰州升格为地级市，长三角城市群的城市数量扩展到15个
2003年8月	台州市进入，以苏浙沪16城市为主体形态的长三角城市群形成

续表

时间	事件
2003 年 8 月 15 日至 16 日	长江三角洲城市市长峰会在南京举办，区域内 16 个城市市长联合签署《以承办“世博会”为契机，加快长江三角洲城市联动发展的意见》
2008 年 9 月 16 日	国务院发布《关于进一步推进长江三角洲地区改革开放和经济社会发展的指导意见》，提出要把长三角地区建设成为全球重要的先进制造业基地和亚太地区重要的国际门户，打造为具有较强国际竞争力的世界级城市群
2010 年 6 月 7 日	国家发展改革委发布《长江三角洲地区区域规划》，首次在国家战略顶层设计层面上将长三角区域范围界定为苏浙沪全境内的 25 个地级市
2016 年 6 月 3 日	发布《长江三角洲城市群发展规划》

回顾过去长三角一体化的发展进程我们不难发现这样两个特点，一是以城市一体化为主导，二是以特定领域为主导。譬如《以承办“世博会”为契机，加快长江三角洲城市联动发展的意见》《长江三角洲城市群发展规划》等文件都直接以“城市一体化”为冠名或相关文件是以建设“城市群”为主要内容，政策的侧重点在城市一体化，较少提及农村、农业、农民。即便是在近年来发布的一体化发展“三年行动计划”中，所涉及的交通互联、信息合作、协调创新等大部分领域侧重点也在城市一端，只有生态保护能源互助互补与“三农”有所关联，而且事实上“三农”的涵盖面绝非只有生态保护和能源合作。不难看出，长期以来长三角地区一体化建设对农村、农业、农民的关注是不足的，亟待补充与完善。

那为什么说农业一体化对于长三角一体化建设是至关重要的呢？

首先，农业是国民经济的基础，是经济发展的基础，是衣食之源、生存之本。农业为工业部门提供最基础的物质资料，就长三角地区而言，它已成为我国水稻、大豆、商品棉、油料作物等重要经济作物的主产区，也是生猪养殖、水产养殖和远洋捕捞的重要产区。据估计，2018 年“三省一市”第一产业总产值超过 7600 亿元，为区域经济发展乃至全国经济发展提供源源不断的原材料。同时，农业部门还能为其他生产部门提供劳动力，特别是在一体化建设过程中随着生产集中程度的提高，将有更多的劳动力从农业部门解放出来，为第二产业、第三产业提供源源不断的人力资源；2017 年数据显示，“三省一市”农村人口达 7524 万人，这是一个巨大的劳动力蓄水池，将为未来地区发展提供充足的人力资源。

其次，从社会角度看，我国是一个农业大国，农业产值占总的 GDP 比重较高，特别是长三角地区作为我国粮食及农副产品的重要产区，其生产经营更是关乎国计民生，2018 年“三省一市”农业产值达 7600 亿元，占全国农业生产总值的 12%，更加印证了“苏湖熟天下足”的谚语，也充分体现了其极端重要的战略意义。另外，我国农村居民占总人口的比重达 50% 以上，农民安居乐业是社会重要的稳定器，对于吸收和释放城乡间流动人口具有重要意义。

最后，农业在我国产业结构中是一个弱势产业，也是长三角一体化进程中的短板；与世界发达国家相比而言，我国农业生产技术装备与劳动生产率水平较低，基础设施薄弱、抗灾能力较差，加之当前面临可耕地面积不断减少、局部生态环境不断恶化等外部压力，可以说我国是一个农业弱国。因此，能否在长三角这片地区探索出一条低污染、高效率、环境友好的现代化农业生产新道路对于提升我国农业竞争力、从而在更大范围内推广至全国都具有重要指导意义。但事实上，长久以来长三角一体化在这些方面的探索还远远不够。

2. 长三角地区农业一体化是推进要素市场一体化的试验田

中国改革开放四十多年所取得的成就举世瞩目，经济总量由 1978 年的 3.6 万亿元飙升至 2018 年的 90 万亿元，成为世界第二大经济体和第一大贸易国。改革开放之所以取得巨大成功一个重要原因是我国始终坚持走社会主义市场化的道路，十八届三中全会更是提出“让市场在资源配置中起决定性作用”。这一提法颇具深意，一方面充分肯定了过去产品市场化改革所取得的成就，另一方面也是对未来将要进行的要素市场化改革提出期许。

有不少学者和实务工作者认为，过去中国市场改革实际上是采取了一个不对称的市场化策略，即产品市场几乎都已经对外开放，完全由市场来决定它的价格，随行就市；但要素市场，从土地、资金、劳动力来看，政府对其的干预较多，存在故意压低或抬高某些要素价格的现象。造成这一现象的原因很复杂，我想其中一个主要的原因是通过故意压低土地、资源、劳动力的成本变向补贴企业，特别是国有企业，以保障其逐步适应开放化、市场化的趋势。这种对要素价格的干预在转轨时期是必要的，毕竟改革的绝大部分成本和改革过程中所需要承担的社会责任也是国有企业所要承担的。然而与此同时，这种要素价格的扭曲也成为对居民的变向征税，久而久之便造成了居民消费不足、收入分配不均、经济结构不平衡不对称等问题，即当前中国经济面临的主要问题。而破解这一难题的根本途径就是逐步实行要素市场的市场化改革——事实上这也是供给侧改革的重点，即要盘活要素市场，对活力不足、流动不畅、质量不高的要素进行资源整合，挖掘人口潜力，提升人力资本，完善与人口流动相关的户籍制度、社会保障制度，形成全国性统一劳动力市场。深化土地制度改革，特别是农村集体经营性用地、农民承包地和宅基地权属的确认和流转，赋予农村集体经验性建设用地出让、租赁、入股的权能，明确农村集体经营性建设用地入市范围和途径等，这些都是要素市场改革绕不过的弯儿和坎儿，也是实现真正意义上的长三角一体化（包括产品市场一体化和要素市场一体化）所面临的重大挑战。

长三角地区作为沿海发达地区，拥有较为发达的民营经济，不论是经济规模、经济质量，还是思想的解放程度都走在全国前列，其有条件作为试点地区先行探索生产要素市场化，积累一定的经验为全国更大范围的推广做准备。

3. 长三角地区农业一体化是对现代农业生产方式的全新探索

现代农业不仅仅是农作物和原材料的生产，而是涉及加工、物流、仓储、零售、营销、出口、技术引进、资本运作等多个环节、多个价值增值的产业链条，而实现农业一体化本质上是对产业价值链上游、中游和下游企业的有效整合，减少流转环节的同时实现规模经济。然而，就目前长三角地区农业一体化现状来看，存在的问题主要表现在以下两个方面。

第一，在实体经济层面对土地、设备、人力、技术等关键生产要素缺乏有效整合。“三省一市”各自农业生产禀赋和优势各具不同，因而在一体化建设过程中要取长补短、优势互补、统筹管理、有舍有得、和谐共建。江苏、安徽坐拥江淮平原，是全国平原面积占比最高的两个省，加之充足的降水和适宜的温度，非常适合大面积机械化的大生产模式；浙江发达的乡镇企业、民营企业为农产品的初加工和深加工提供了生产基地；而上海具有丰富的资金优势、人才优势和技术优势，加之中国最大的上海港直面世界市场，为优质农产品的出口提供了潜在市场。可以说，“三省一市”各自的优势覆盖了农业供产销价值链的所有环节，但在实践过程中对这些优势资源的整合力度并不充分，各自为政的现象比较普遍。造成这一现象的原因主要包括：农业生产标准不统一，特别是产前、产中和产后的技术标准不统一，导致了后续流通、加工、销售环节的障碍；销售渠道和市场渠道对接不充分，缺乏有力的跨省级别的合作平台及相关推介活动，导致产品生产和市场销售在一定程度上脱钩；对现代化农业生产所需的人才、技术的引进推广力度不够，缺乏有相当资本实力的集团或企业去引领这场变革等。如图 1 所示，“三省一市”各自农业产值差异较大，也折射出各自农业发展的差异性较大。

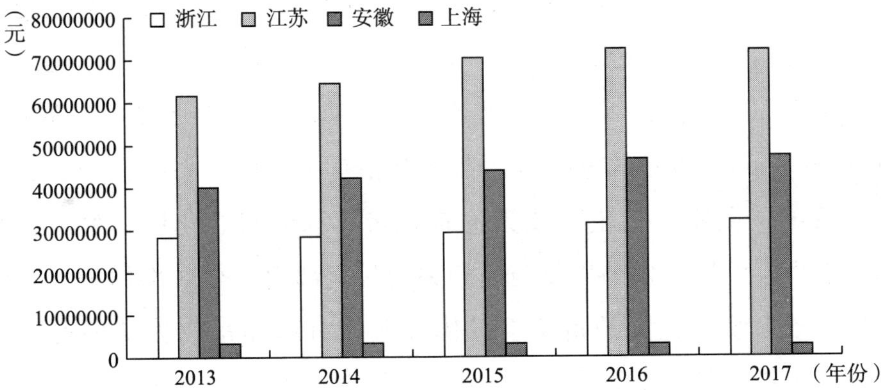

图 1　2013～2017 年“三省一市”农业产值

第二，在融资层面对传统“三农”弱势群体融资不足与对高科技现代化农业生产融资不足并存。任何改革都离不开人力、物力、财力的支持和保障，特别是就财力而言，要充分利用金融资源的配置引导、诱导，协调人力、物力等资源的配置。长三角一体化作为国家级战略，在落实过程中需要的资金量是极其庞大的，甚至是难以估量的，因此如何做好资本要素和社会资金的引导配置也是一项重大课题。

有效解决上述两方面的问题不仅是长三角农业一体化面临的实际问题，也是未来在更大范围内实行农业一体化、将相关成功经验进一步推广至全国所必须要解决的理论问题和实践问题。本课题所研究的主题是长三角农业一体化过程中融资层面所涉及的一个具体问题，即政策性金融机构能够发挥什么样的作用以助力一体化进程的推进。

（二）国外农业一体化的经验

1. 多元化的组织机构体系

综观世界农业与农村发展历史，农业一体化是绝大多数发达国家现代农业的经营和组织形式，是市场经济条件下实现农业现代化的必经之路。从产业链的角度来看，农业一体化是农业生产部门同其他经济生产部门的联合或融合，即产前、产中、产后的融合。以美国为例，早在20世纪50年代美国就建立了“食品与纤维系统”（Food & Fibre System），该系统进一步包括三个相互关联的子系统：①农业投入子系统，主要包括生产要素的提供者，如农机、化肥、种子、饲料、电力、农膜、农药以及与之相关的科研部门、金融部门等；②农业生产子系统，主要是指从事具体农业原材料和畜牧养殖的各大农场，还包括提供卫生防疫、技术推广、种苗、繁殖的服务部门；③农产品加工和销售部门，包括农产品的收购、保鲜、加工、包装、运输、仓储和零售等。可以说，所谓的“食品与纤维系统”比农业生产的本体要大数倍。除美国之外，德国、荷兰、法国、澳大利亚等西方发达国家都有类似的产业链结构。

在对上述产业链环节进行组织整合方面，发达国家各自的历史、经济、技术和资源等方面存在差异，因此在组织形态方面则有较大差异，大体而言可以分为以下三个类型。

第一类是完全一体化，由综合实力很强的大型集团或公司从事农业生产价值链全流程的整合，涵盖上述产前、产中和产后所有环节。具有代表性的公司例如芬兰瓦利奥集团，该集团成立于1905年，它不仅是芬兰最大的乳制品加工联合企业，还是由芬兰全国27家牛奶合作社共同持股的股份公司，这些牛奶合作社分布在芬兰全国各地，数量达13100余家，因此可以说瓦利奥集团实际上是归芬兰全国近80%的奶牛场主所有。这27家牛奶合作社生产经营规模差异很大，最大的拥有3000多名股东，最小的只有几十名股东。该集团经营奶牛饲养、鲜奶收购运输、乳制品精加工和零售，成品由公司统一调配，销往世界各地。完全一体化经营生产效率高、周期短、内部成本低，从而使瓦利奥集团在国际乳制品行业占有一席之地。以集团公司的形式进行一体化整合有两个特点：一是反映国家意志，国家通过垄断资本集团控制农资供应和农产品的加工销售；二是主从关系鲜明，母公司或总公司对下属子公司、分公司或业务部门具有绝对控制力，本质上是垄断资本对农业的一种参与和控制。

第二类是合同制的一体化，农场或农户与工商企业签订合作协议，农场或农户向工商企业提供农牧产品，企业向农户提供市场信息、生产资料、技术和贷款以强化产销联系，但本质上产与销还是属于不同的、相对独立的经济主体。与前述完全一体化的组织形式相比，合同制的一体化存在的范围更为广泛，特别是在欧美国家的养鸡业、果蔬业该种经营模式市场占有率达97%以上。例如美国的养鸡业实行联合公司与小型生产农场的合同养殖制，公司负责提供种禽、疫苗、饲料、信贷、技术、销售等产品，并承担销售环节的所有风险；农场只负责养殖，提供场地与劳务。在这个系统中，农场的养殖只是其中的一个相对独立的环节或者说是一个相对独立的生产车间。合同制一体化组织形式与集团化完全一体化组织形式相比具有以下特点。一是控制形式不一样，集团结构对农业的控制是依靠资本优势和组织形式上的合并手段，合同制则是通过契约的形式以市场供求为润滑剂，公司与农村是一种相对独立、彼此平等的关系。二是风险承担不一样，集团制一体化形态下，整个产业价值链所有环节的风险均由集团承担，而合同制一体化形态因为公司与农村相对独立，是一种市场化行为，因此契约双方均要承担各自相应的风险，而且这种契约的组合也是依照市场的逻辑不断处在变化中。三是合同制一体化的链接程度更为广泛，形式更加灵活，不仅可以实现不同企业的一体化，还可以跨市场、跨国界展开。

第三类是以合作组织牵头，组织农业生产资料生产、供应和农产品收购、加工、仓储、运输、销售以及相关的信贷、技术、信息服务等。这种一体化组织形式往往没有工商资本介入，而是农业生产者的集体组织，实现民主管理。农业合作性组织普遍存在于世界各国，也是各国政府扶植农业的着力点之一。例如美国法律规定农业合作社不受反托拉斯法案的限制，而且在税收方面还有优惠政策；大农场受益于规模经营，而小农场往往通过合作组织得到完备的产前、产中、产后服务，在有限的土地上实行现代化管理。在法国，几乎所有的农户都参加了不同形式的合作组织，在莫尔比昂地区，有160个农业物资利用合作社，社员们在生产经营上是独立的单元，但在农机农具的购置使用上则是共同投资、共同使用、共同受益，在某种程度上也实现了规模经济。比如在日本，全国农户都参加了由政府主导的农协，政府通过农协一方面给农民发放补贴、贷款，统筹区域农业生产计划；另一方面农协与大的收购商和服务商对接，为农产品的销售和再生产提供帮助。从整体上讲，农业合作组织不以本机构利润最大化为导向，在实践中往往只是收取较少的会员费，特别是在一些发达国家，合作组织形成的利润还会以分红的形式再返还给组织成员。与集团完全一体化相比，合作组织是一种平等互惠的联合，而非强制性的合并从属关系；与合同制一体化相比，它不仅仅是某些生产环节、生产要素的联合，还是在整个农业价值链领域的联合——正因为它有这样一些灵活的优点而广泛受到中小农场主的欢迎。

2. 有力的政策扶持

发达国家农业一体化不仅具有多元化的组织形式，同时还具有多种多样因地制宜的政策制度予以配合。根据政府在相关政策制度设计中参与程度和控制程度的不同，可以分为以下四种政策。

第一，控制性政策，即政府或政府主导的垄断性国企直接参与农业生产或农业生产资料的生产，以确保涉农企业收入稳定和农业一体化的质量。具有代表性的是法国，法国政府或其国有垄断企业直接参与农业生产设备及化肥的生产，其中一个重要的原因是农机和化肥生产属于资本密集和技术密集型产业，通过国有企业垄断经营一方面可以实现规模经济，从整体上降低上游产业链生产成本；另一方面，政府或垄断企业的参与可以有效削弱欧盟其他国家对法国农业的影响力，不仅保障的是法国农业产业的安全，更是保障了法国粮食安全乃至社会稳定。因此，在法国从事农机或化肥销售都需要取得农林部门颁发的许可证，否则属于非法经营。

第二，协调性政策，即设计一套行之有效的原则制度和组织机构，专门处理农业一体化进程中各组织、各部门之间的矛盾和分歧，以保障一体化的推进。处于这套制度最上层的是国家立法机构，具有最终解释权；不论是在美国还是西欧发达国家，很多与农业相关的政策制度通过立法予以根本保障，如各类风险防范基金的建立、农产品保护价格的设定、农业土地的规划流转征用，以及农产品补贴、反倾销等。处于基层、与农户具有广泛接触的则是非政府组织，这些组织虽然没有政府背书，但往往是行业自发形成的自律组织，享有很高的声望和影响力，并且在某些方面还具有仲裁功能。在一体化进程中产生的某些摩擦和矛盾，双方当事人可以诉诸行业自律组织从而避免了烦琐的行政手续和诉讼成本。例如发达国家普遍存在的行业协会和工会组织就是最典型的代表。

第三，引导性政策，即引导非农生产要素与农业生产要素交互融合。比如引导非农资本进入农业、农村。20 世纪 50 年代，美国政府便提倡城市工商业资本进入农村，推进农村工业化和现代化，促成了美国农业综合发展的大趋势。又比如创建农工联合体引导农业合作社和中小农场向一体化转型。20 世纪 70 年代，法国以国家的名义创办工农联合体，在运营层面，它由工商资本家与农场主共同出资，对农产品的生产、加工和运销施行统一经营，这种经营模式不仅有效引导了非农资本向农业领域的流动，还给农业生产带来了新的科学技术和管理方法，保障了农产品销路，大大节约了流转成本和生产成本。比如引导农业与国际市场对接，既要“引进来”，更要“走出去”。1969 年和 1970 年，德国政府相继制定市场结构法和促进销售法，前者旨在引导农业生产者加强横向和纵向联系，形成产业链及生产集团，即国内的农业一体化；后者旨在促进国内生产者走出去与国际市场对接，与之相配套的是一系列的补贴、税收优惠等产业政策。

第四，扶植性政策，即通过补贴和税收优惠的方式推进农业一体化发展。法国南部的阿基坦地区是法国相对落后的地区，也是法国农业一体化发展的短板。为了弥补这一短板，法国政府首先因地制宜确立了该地区农业生产的比较优势，将其确立为法国重要的玉米生产基地，同时给予高额财政补贴，用于整治土地、促进耕作机械化、稳定劳动力市场等，该地区的此项支出约占全国该项支出的 8%。同时，还设立农业合作组织和“土地整治和乡村安置公司”，以促进农村地区发展，这些合作组织和安置公司不仅享受利息补贴和税收优惠，其发放的贷款还享受政府担保，大大促进了其在一体化进程中的参与热情。

（三）长三角农业一体化进程中的政策性金融机构体系

长三角农业一体化进程中，应当形成以中国农业发展银行为主，以保险、基金、担保、租赁等非银行金融机构兼营政策性金融业务为辅的政策性金融体系。

中国农业发展银行是中国农业政策性金融体系的核心和主导，是承担农业政策性金融业务的专营机构。该机构成立于 1994 年，注册资本为 570 亿元，直接隶属于国务院，是我国唯一一家农业政策性银行。其主要任务是以国家信用为基础，通过市场化运作，筹集支农资金，为“三农”事业服务，促进国家战略落实。其经营宗旨是紧紧围绕国家“三农”战略，建设成为定位明确、功能突出、资本充足、治理规范、业务清晰、内控严密、服务良好、运营安全、具备可持续发展能力的农业政策性银行。截至2019年，全行系统拥有31家省级分行、339个二级分行和1816个县域营业机构，员工达5万余人，服务网络遍布中国大陆地区。

农发行2018年度报告显示，截至2018年末，该行资产总额达到68527.77亿元，比年初增加6464.88亿元，增长10.42%，其中贷款增加4284.61亿元，增长9.08%；负债总额66991.10亿元，比年初增加6284.13亿元，其中各项存款减少491.38亿元，下降3.42%；债券余额增加3883.54亿元，增长10.19%。所有者权益1536.67亿元，比年初增加180.76亿元，实现了国有资本保值增值。全年实现营业收入907.22亿元，营业支出709.00亿元，加减营业外收支后，实现账面利润195.29亿元，净利润181.17亿元。拨备余额1731.97亿元，拨备覆盖率为426.26%，不良贷款余额406.32亿元，不良贷款率为0.80%。从以上的各项财务数据可以看出，中国农业发展银行的规模及发展速度均处在全国各类金融机构的前列。

农发行经营的主要业务板块也是体现国家支农扶农的重要手段之一。例如：为落实粮食收储市场化改革和去库存的政策要求，农发行2018年全年累计发放粮棉油收购贷款2457亿元，支持收购粮油2623亿斤，棉花323万吨，继续保持收购资金供应主渠道地位。为打好精准扶贫攻坚战，2018年全年累计发放精准扶贫贷款3893亿元，贷款余额为1.35万亿元，发放额和余额均居金融同业首位，政策性金融扶贫再上新台阶；特别是将“三区三洲”作为重中之重，制定28条差异化优惠措施，贷款增速是全行的1.7倍；突出支持产业扶贫，累计发放产业贷款1467.5亿元，带动381.6万贫困人口增收。为加大基础设施补短板力度，全年发放基础设施贷款 7874 亿元，基础贷款余额 2.6 万亿元。为扶植农业现代化建设，大力支持高标准农田、三产融合、农村物流、林业生态等重点领域，拓展支持农村集体经营建设用地入市、田园综合体、乡村旅游等新领域，累计发放贷款 1275 亿元，贷款余额为 2161 亿元，积极提升农业综合生产能力，投放农地累计贷款 328 亿元，可新建高标准农田或新增耕地面积 560 万亩。为吸引社会资本特别是境外资本对国内农业的投资力度，农发行率先发行“乡村振兴”债券，成功发行境外双币种债券，累计筹资 1.1 万亿元……这些都反映出中国农业发展银行政策影响力在不断增强、信贷支农力度持续加大、信贷投放持续增加、低成本存款组织有效、债券发行持续发挥主渠道作用、信贷风险总体可控、风险抵补能力呈较好的整体发展态势。从图 2 可以看出，中国农业发展银行贷款余额不断上升，体现了其支农扶农力度的不断提升。

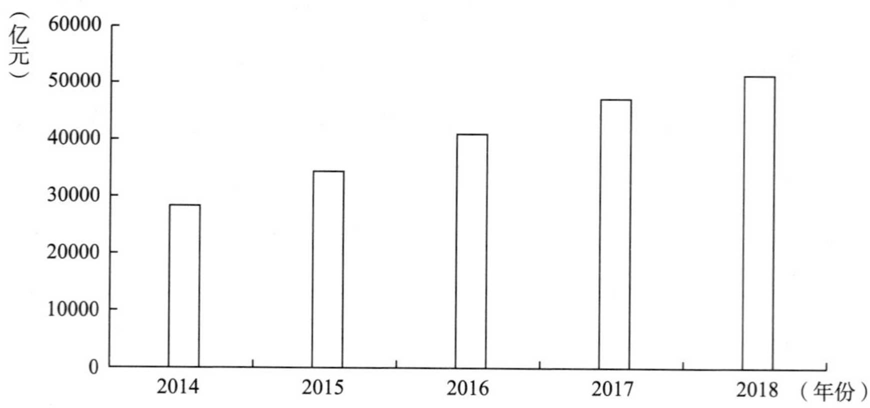

图 2　2014 ~ 2018 年中国农业发展银行贷款余额

除了上述农业政策性银行外，我国农业政策性保险也经历了从无到有、从有到强的发展历程，农业政策性金融体系不断得到补充和完善。在改革开放的早期，随着中国人民保险公司（以下简称人保公司）的恢复，1982 年人保公司恢复了农业保险业务，1996 年人保公司改制成为中国人民保险集团公司后，农业保险由其全资子公司中保财险公司经营；中保财险作为国有独资保险公司，在兼顾商业利益前提下，采取了“积极稳妥地开展农业保险”的办法，一方面加强管理、调节结构，另一方面停办了长期亏损的险种，在兼顾业务质量和效益的双重管理下，农业保险逐步收支平衡。但值得注意的是农业保险的规模也开始逐年下降，人保公司发挥农业政策性补偿功能的作用逐步减小。在这种情形下，建立和完善政策性农业保险制度呼之欲出。2002 年 12 月修订后的农业法首次规定：“国家逐步建立和完善政策性农业保险制度”。2004 年，《中共中央　国务院关于促进农民增加收入若干政策的意见》提出：“加快建立政策性农业保险制度，选择部分产品和部分地区率先试点，有条件的地方可对参加种养业保险的农户给予一定的保费补贴。”以此为契机，保监会在上海、黑龙江、吉林等地开展农业政策性保险试点。经过 10 多年的发展，目前我国开办的农业保险公司有 11 大类，涵盖 50 多个险种，形成了由股份制商业保险公司、相互制农业保险公司、股份制农业保险公司、政策性农业保险共同体、中国渔业互保协会、外资农业保险共同构成的农业保险体系。因地制宜地开创了三种业务模式，分别为政府与保险公司共担风险的联办模式、政府承担风险保险公司代为经营的委托模式以及政府政策支持下的保险公司自营模式。可以说，政策性农业保险正在成为中国农业政策性金融体系中越来越重要的力量。

此外，在投资、担保、租赁等领域，相关政府部门也出台了产业政策和指引性文件，鼓励非银行金融机构开展与农业相关的政策性业务，从而使这项机构在享受政策优惠的同时承担了某些政策性金融职能，直接或间接地促进了农业发展。但总体而言，这部分政策性金融业务的规模和产业化程度还有待进一步提升。

二　政策建议

（一）明确长三角农业一体化总体战略，“三省一市”分工协作

如前所述，“三省一市”各自自然资源和社会资源禀赋差异巨大，其各自拥有的优势和劣势各不相同，因此，在将“三省一市”作为一个整体共同筹划的过程中，应当确立一个总的战略方向和各省市在实践过程中不同的侧重方向。

江苏和安徽拥有较好的自然生成条件，特别是坐拥江淮平原，是全国平原面积占比较高的两个省，加之充足的降水和适宜的温度，非常适合大面积机械化的生产模式，那么这两省就可以作为长三角一体化价值链的上游，主要负责农产品的种植和生产；因而与之相配套的政策性金融服务应侧重农业现代化建设、农村土地流转、农村居民生活条件改善、农民异地搬迁等。

浙江拥有发达的乡镇企业、民营企业，处在长三角农业一体化价值链的中间部分，能够为农产品的初加工和深加工提供生产基地，同时也能吸收因土地集中化耕作释放出的劳动力；那么，与之相配的政策性金融服务应侧重于服务中小企业、服务民营企业以及与城镇化相关的基础设施建设等。

上海具有丰富的资金优势、人才优势和技术优势，加之中国最大的上海港直面世界市场，为优质农产品的出口提供了潜在市场，因此上海处在长三角农业一体化价值链的末端部分，主要负责产成品的储藏、运输、销售以及引进资金、设备、人才，反补上游、中游产业

链。那么，与之相匹配的政策性金融服务应侧重于农业产业基金的建立、进出口贸易结算、进出口资金担保、有限人才引进等。

尽管“三省一市”在农业一体化进程中的分工有所不同，但其服务的总体战略是一致的，就是打造一条技术含量高、统筹管理优、绿色和谐的现代农业生产价值链。各省市农业政策性金融机构在因地制宜发挥各自职能的同时，也要加强彼此联系，或通过总行领导部门统一部署，或建立“三省一市”农业政策性金融机构工作联席会议制度，避免实践过程中权力重叠和权力真空现象，在制度顶层设计上确保该项工作的推进。

（二）推进农业政策性金融立法，明确其在一体化建设中的定性定位

中国政策性金融机构从1993年党的十四届三中全会决定成立到1994年初建立至今已有26年之久，然而政策性金融立法仍未开始，有的只是机构章程和相关的一些行政文件。长期以来，政策性金融没有法律遵循、保护与强制，才会导致在实务层面人治大行其道，才会造成过去十余年不断折腾、异化和回归。

造成这种现状的原因很复杂，一方面是旧时对法律的轻视与淡漠，以人治国、以言代法的惯性；另一方面是决策当局对政策性金融缺乏正确客观的认识、缺乏高瞻远瞩的理性战略决策，只是出于要迅速解决眼前问题从而做出的短视决策。例如：有不少实务工作者认为政策性金融机构的产生与国有商业银行改制过程中尽快处置不良资产、美化财务报表之急需紧密相关，进而顺势而为；或据说在农业政策性银行成立之际，决策当局认为农发行的成立可以从根本上解决农民卖粮“白条”问题；以及国开行推进市场化改革将原庞大的基础设施建设拨款改贷款，从而缓解财政压力的需要……可以说这些认识都

是肤浅和缺乏战略眼光的，对政策性金融的本质认识也是严重不足的。

但更为深层次的原因是对“实践出真知，干起来再说”这一口号的错误认识与理解。在市场经济体制下就不能简单地照搬照抄过去的那种简单粗放的治理方式，更不能自诩这样做是“实践论”“辩证法”的胜利。人类发展商品经济、市场经济已有几百年的历史，近现代政策性金融的实践也有一百多年的历史，经验丰富，可资可鉴，根据自身国情之需加以消化理解可以少走许多弯路，更何况就政策性金融“立法先行而后实务”这一事实而言全球各国普遍推行，没有不效仿借鉴的理由；同时，政策性金融立法也应当是我国全面推进依法治国的重要举措之一。

因此，在党的十八届三中全会决定全面深化改革的新形势下，在推进中国政策性金融改革的进程中，我们必须首先从全局、整体与战略和认识上实现由人治到依法治国的历史性转变；在此基础上，在推进政策性金融改革中，坚定地尽快制定与实施各种政策性银行法，弥补历史旧账；对拟新建的政策性金融机构，则一定不能再走老路，一定要新事新办，先立法再依法建机构，在实践中修改补充使之更为完善优化。借助长三角地区农业一体化推进政策性金融立法，即有利于规范政策性金融机构的定性定位，也有助于其更好地服务于长三角农业一体化建设，是一箭双雕的共赢。

（三）增强农业政策性金融机构实力，积极寻求广泛合作

传统上，农业政策性金融机构业务种类比较单一、自身规模也比较有限，随着长三角地区一体化程度的提高以及对外开放程度的提高，对其提供的业务种类和业务规模必然有更高的要求。具体而言要做好以下三点举措。

一是提升负债端业务水平。首先，要进一步提升公开发债能力。境内市场化发债筹集资金是农发行最主要的资金来源，同时，农发行也是中国债券市场第三大发行主体，其所发行债券涵盖了10年以下所有标准期限品种，是政策性金融债收益率曲线重要构建者之一，为推动利率市场化改革提供了重要参考基准。在未来，可以根据业务需要进一步创新产品，推出包含贴现、浮动、含权等多样性债券产品；进一步扩大债券发行对象，包括但不限于全国性股份制银行、城商行、农商行、农信社、证券公司、基金公司、保险公司等国内主要金融机构；适时拓展跨境发债业务，开辟了境外融资回流境内支农的新模式，同时为推进人民币国际化进程做出新贡献。近年来，农发行已在上海多次举行主力债券承销商座谈会暨绿色金融债券发行准备会，取得了不错的效果，值得进一步借鉴推广。其次，进一步扩大存款业务规模。存款业务应当作为农发行资金来源的重要补充，随着农发行业务的进一步拓展，要逐步吸收经营范围内的客户存款、财政存款、同业存款以及设有分支机构的县域地区公众存款。最后，进一步提升在公开市场上的操作水平和参与程度，提升农发行流动负债的管理水平，具体方式包括但不限于同业拆借、债券交易、同业存单投资、票据转贴现、同业存放等。

二是创新资产端业务，提供更加多元化金融服务。首先，信贷业务是农发行最主要的资产业务，要进一步丰富信贷业务。长期以来，农发行立足“三农”、因地制宜，逐步创立了多元化信贷业务品种，包括但不限于中央储备棉、粮、油、糖、肉、毛贷款业务，农村路网建设贷款项目，重大水利工程建设专项过桥贷款业务，异地扶贫搬迁项目贷款业务，农民集中住房建设贷款业务，农村土地治理贷款业务，农业综合开发贷款业务等。在新形势下，进一步配合国家城镇化和长三角地区一体化战略的实施，可进一步发展农业生产资料贷款、县域公共基础设施建设贷款业务、棚户区改造贷款业务、旅游扶贫贷款项目、现代农业园区贷款业务和农业科技创新贷款业务等，助力长三角地区实行农业一体化。其次，根据国家政策需要以控股或参股的形式设立专项基金，针对性地扶植农业现代化进程中的重要产业或领域。目前，已设立的基金有中国农业产业发展基金、现代种业发展基金和中国农发重点建设基金，这些基金投资的对象在农业实体经济层面都发挥了至关重要的作用，例如湖南隆平高科、北京顺鑫农科种业、河南秋乐种业等在业界都具有较高影响力。最后，要进一步提升农发行外汇业务经营水平，以满足国际化、一体化带来的需求。目前，农发行已设立的外汇业务包括进口押汇、出口押汇、出口贴现、出口发票融资、出口信用担保、海外代付、提货担保等，在未来，可以根据业务需要适时推出外汇贷款、融资性对外保函、非融资性对外保函等业务。

三是要大力发展中间业务，加强同业合作水平，弥补自身业务短板，特别是国际业务表现得最为突出。长期以来，农发行业务侧重国内而轻国际，当然这是由农发行立足国内、立足“三农”而造成的必然结果。但新形势下，随着国家对外开放程度的不断扩大以及长三角地区身处开放前沿，客观上就农发行对国际业务规模和质量提出更高的要求。在未来，农发行应逐步提升外汇业务、托收业务、信用证业务以及跨境人民币结算业务的比重，与国际业务大行加强合作，尽快弥补短板实现弯道超车。例如，近来农发行上海分行营业部与中国银行就开展了相关外汇业务的合作，利用中国银行在外汇业务领域的优势为客户提供更加优质的服务。

（四）发挥政策性金融的引导作用，引领长三角农业现代化

长三角农业一体化建设是一个庞大的系统化工程，仅仅依靠市场

或个人的力量是远远不够的，特别是在一体化建设的初期，基础设施投入巨大，需要政策性金融有所作为，体现国家的战略意图。近年来，中国农业发展银行在支持农村基础设施建设和农业现代化建设方面也做了不少探索和努力，其中发放水利建设贷款 783.5 亿元、农村交通贷款 1049.8 亿元、农业现代化贷款 1236.9 亿元，支持新建高标准农田 2251 万亩。国家储备林基地绿化 472 万亩。农发行还参与上海临港新城东港区公用码头一期工程扩建及路域配套工程项目，一方面满足上海自贸区发展的实际需求，另一方面有利于健全长三角区域内农村路网体系，使农副产品的进出口渠道更加通畅，推动区域农业升级。这些成功的经验都值得在长三角农业一体化建设中推广应用。

在未来，农发行可以根据长三角农业一体化向资本密集、技术密集、自动化、机械化生产方式转变，创设一系列贷款新品种和产业基金。

一是创立农业科技创新贷款业务。主要用于解决借款人实施农业科技成果转化、推广应用，以及满足农业科技创新中心（园区）、农村创业创新园区、创业培训平台等建设和运营的资金需要，按贷款用途分为流动资金贷款和中长期贷款。流动资金贷款主要用于满足借款人在实施农业科技成果转化、推广应用等活动中的流动资金需求；中长期贷款主要用于满足借款人在实施农业科技成果转化，推广应用等活动时新建、扩建、改造、开发、购置固定资产投资项目，以及生产基地、科技园区和示范基地等建设项目的中长期资金需求。

二是农村土地流转和规模经营贷款业务。主要用于促进农村土地有序流转，发展多种形式适度规模经营，加快推进农村土地制度改革及农村产权交易中心、农业生产性服务等现代农业生产经营体系建设，高标准农田建设、中低产田改造等现代农业高产高效生产基地建设；加快推出耕地综合治理、轮作休耕等耕地保护与质量提升工程，土地复垦、农业资源永续高效利用、农村土地资源开发与保护等提高农业可持续发展能力等方面的贷款业务。

三是现代农业园区贷款业务。主要用于满足借款人建设运营各类现代农业园区及配套基础设施，满足一、二、三产业融合发展，以及满足发展田园综合体、绿色生态农业、都市农业、休闲旅游观光和其他农业农村新产业新业态等方面的贷款。

四是以控股或参股的形式创立产业基金。前述列举的创新性贷款业务都属通过债权的形式引导社会资本向现代农业生产领域流动，除此之外，在金融混业经营成为大发展趋势背景下，农发行可以逐步尝试设立产业基金间接涉足直接融资领域。对于一些高新科技企业，特别是处于初创期的高新科技企业，可能并不太适合通过间接融资的方式进行融资，而更适合通过风投、私募等直接融资方式进行融资。农发行通过控股或参股的形式介入这一领域，将会以“国家队”的形式在直接融资市场出现，不仅能够解决部分科创企业的融资问题，更重要的是释放一种信号从而吸引民间资本进入农业现代化生产领域，真正实现“以小博大”，促进长三角农业现代化、一体化发展。当然，涉足直接融资领域会面临更严格的监管，同时也需要更专业化的经营和更审慎的风险把控，这也是农发行未来将要面对的困难和挑战。

（五）发挥政策性金融补充的作用，补位长三角一体化短板

支农扶农是农业政策性金融机构的初心和使命，“三省一市”虽整体位于东部沿海发达地区，但其内部贫富差距仍客观存在。未来，随着农业机械化程度的提升，对因此解放出来的劳动力的安置也是区域一体化进程中面临的重要社会问题。当前，不少农发行基层单位结合当地具体情况推出了精准扶贫的业务模式，例如农发行浙江分行专门成立了脱贫攻坚领导小组，6 家市级分行客户部门同时挂牌扶贫业

务部，责任具体落实到每个部门；又例如安徽分行通过搬迁扶贫项目、旅游扶贫项目、爱心助学项目、电商扶贫项目等的设立，将精准扶贫的政策切实落实到基层，使弱势群体也能共享农业一体化的成果。

在未来，针对长三角农业一体化推进而产生的“强位弱势”群体，农发行有必要适时推出一些新的信贷业务类型，以满足这部分客户群体的需求。

一是整体城镇化建设贷款业务。该类贷款主要用于服务项目区域内农业转移人口市民化以及城镇基础设施建设、公共服务向农村覆盖过程中的开发建设资金需要，包括基本人居环境建设、基本公共服务体系建设、产业项目支撑建设等方面，具体包括安置房屋及其配套商业设施建设；供水、供热、供气、电网、路网、信息网等公共基础设施建设；医院、学校、文化馆、体育场等科教文卫设施建设；污水处理、垃圾处理、水生态系统与水环境治理等环境设施建设；小型农贸市场、农产品交易市场、生活超市等便民商业贸易设施建设；安置房和产业园区配套设施建设；征地拆迁、土地复垦等土地治理。

二是改善农村人居环境贷款业务。该类贷款主要用于农民基本生活条件保障、村村环境整治、宜居乡村建设等，具体贷款用途包括水、电、煤、气、路、信息基础设施建设，污水处理、垃圾处理、水环境治理等生态环境设施建设，农村破旧房屋改造、危房改造，文化站、卫生站、中小学校等文卫设施建设，小型农贸市场、生鲜便利超市等配套便民商业设施建设，古村镇保护、乡村旅游开发。

三是棚户区改造贷款业务。棚户区改造贷款业务是指为纳入国家年度棚户区改造目标任务的改造项目提供的中长期贷款，这些项目具体包括城中村改造、国有垦区危房改造、国有林区棚户区改造、重点镇棚户区改造以及列入棚户区改造配套基础设施建设计划的其他建设项目。棚户区改造贷款主要用于棚户区改造涉及的货币补偿、安置住房筹集、配套基础设施建设等方面。

四是支农转贷款业务。支农转贷款是农发行与满足条件的银行业金融机构合作，由农发行向合作银行提供信贷资金，再由合作银行将该资金转贷给符合双方约定条件的借款人，并由合作银行承担全部还本付息责任和客户筛选及贷款管理等工作，从而实现共同支持新型农业经营主体、小微企业发展。该业务贷款的对象主要是各类银行业金融机构。合作银行取得农发行提供的信贷资金后，转贷资金必须全部投向符合条件的实际用款人，主要用于满足实际用款人从事农业种植、养殖、加工、流通、服务，以及开发农业多种功能，促进一、二、三产业融合发展，满足购置农资及机械装备，农民脱贫，创业致富和农村消费等方面的资金需求。

参考文献

白钦先：《白钦先集》（1－10卷），中国金融出版社，2009～2018。

白钦先、张坤：《中国政策性金融廿年纪之十辨文》，《东岳论丛》2014年第11期。

阮锋儿：《加速我国现代农业一体化创新及其路径分析》，《中国农业科技导报》2006年第6期。

林莉：《我国政策性农业保险发展制度研究》，西南大学硕士学位论文，2010年6月。

洪银兴、王振、曾刚等：《长三角一体化新趋势》，《上海经济》2018年第3期。

熊宁：《发达国家农业一体化及其对江苏的启示》，《世界地理研究》1997年第2期。

余之祥、张亚芬：《经济快速发展地区的农业与农村特点及发展问题》，《经济地理》2008 年第 3 期。

王伟：《中国政策性金融的结构性失衡问题及对策》，《上海金融》2011 年第 4 期。

万勇、李典军：《发达国家的农业一体化结构及其政策》，《农业经济问题》1998 年第 4 期。

解艳波、陆健康：《长三角地区一体化发展思路研究》，《江苏社会科学》2010 年第 2 期。

许刚、佘之祥：《长江三角洲土地资源利用与农业持续发展研究》，《农业系统科学与综合研究》2001 年第 1 期。

俞菊生、罗强：《长三角区域农业合作项目与前景研究》，《上海农业学报》2012 年第 28 期。

杨大蓉：《长江三角洲创意农业发展的国际借鉴及发展对策研究》，《世界农业》2014 年第 3 期。

中国农业发展银行：《中国农业发展银行 2018 年年度报告》，http://www.adbc.com.cn/。

上海促进科创板优良金融生态研究报告

蔡晓月*

摘　要： 上海在建设国际金融中心的进程中，将金融业作为优势产业之一，紧紧围绕国家经济发展与改革开放战略，稳健推进金融开放与创新；充分发挥金融服务实体经济发展的作用，大幅提升全球金融资源配置功能。金融业的发展需要以优良金融生态环境为支撑，上海迫切需要营造国际一流的金融发展环境，防范并化解金融风险，增强在国际金融市场上的影响力与竞争力。优良金融生态环境作为营商环境的重要组成部分，课题组对此展开了长期调查研究，分析研究促进上海良好金融生态发展的机制与条件；从上海金融生态在产业融资、创新驱动、投资避险与风险监管等基本功能与机制出发，发现现存的问题与条件缺失，提出上海优化金融生态的对策建议：上海亟待形成优良金融生态，促进科创板等创新业务建设；构建多层次资本体

* 蔡晓月，复旦大学经济学院世界经济系经济学博士，副教授。主要研究方向为世界经济、产业金融、创新经济学，承担国家社科、上海市社科、教委创新科研等项目，曾发表出版数十项学术论文、专著、译著等，代表作有《我国的自主创新及其战略分析：开放条件下的熊彼特式创新》《熊彼特式创新的经济学分析》，曾获得上海市哲学社会科学研究成果论文奖，上海市阳光学者，阿里研究院活水学者，上海市创业指导专家志愿团专家。

系，优化市场配置机制；同时，加强金融市场监管与基础信用环境建设，服务实体企业创新等。

关键词： 金融生态　科创板　上海

一　金融生态概述

（一）金融生态的概念及其构成

“金融生态”概念是依照仿生学原理而提出来的，是被应用到经济学之中，来研究金融体系良性运作的机制模式。一般而言，生态环境这一概念主要应用于生物学领域，指的是由生物群落与非生物自然因素一起构成的生态系统整体，可直接或间接地、长期地、潜在地影响人类的生存和发展。

金融生态环境可以分为微观与宏观两个层面。宏观层面金融环境侧重于强调金融运行的外部环境，是金融运行的一些基础条件，包括与金融业的生存发展具有关联互动关系的经济、社会、自然因素，包括政治、经济、文化、地理、人口等所有与金融活动互相影响、互相作用的因素。微观层面金融环境侧重于强调金融运行的内部环境，包括行政管理体制、法律制度、会计与审计准则、企业的发展状况、银企关系、中介服务体系、社会诚信状况等综合领域。

综上所述，金融生态直接关系到金融业可持续发展，是融资者、金融市场、投资者的三位一体“闭环”体系。金融市场由各类提供金融产品的金融机构组成，两头连接着投资者与融资者，一端为金融投资者出于投资或避险的需求将闲置资本投入金融市场之中，为另一端融资者、融资企业提供产业融资与创新驱动的金融产品。

正如自然生态圈中任何生物自身条件和其所处的外部环境，二者共同决定其生存和发展，金融生态圈也是如此。金融生态圈是由金融微观系统和相关联的其他系统的金融宏观系统所组成的生态圈，可以分为金融微观环境和金融宏观环境两个层次。微观环境市场体系构成，包括金融市场、金融机构、金融产品、融资企业、金融投资者等主体，包括货币市场、资本市场等子市场。而金融市场体系宏观环境是指支撑金融服务业的相关行业，包括法律法务、咨询资讯、数据信息、技术安全、会计审计等领域。

在金融生态的微观环境中，金融机构是一个经济金融活动的主体。一方面，金融机构要以提升金融制度建设和运行水平为基础实现其生存和可持续发展；另一方面，金融机构也离不开所处的间接外部环境，不仅包括宏观金融生态环境，也包括金融机构所处的微观金融生态环境，与金融机构的现实利益和风险规避紧密关联，涉及客户企业改革、会计与审计准则、法律法规、社会信用体系、中介服务体系等多领域的内容。

微观层次的金融结构和宏观层次的金融制度演进密切联系、相互作用，构成了一个有机的金融结构体系。金融结构的演进奠定了金融生态出现制度准备，构成金融生态的良性循环。

（二）金融生态环境的国际比较

金融生态中，融资企业从企业外部融资的不同方式，反映该金融体系的金融结构。不同融资方式所承担的风险程度也不尽相同。金融结构大致可以分为以银行融资为主的固定风险间接融资，以及以资本市场融资为主的分担风险融资——直接融资。以国家金融结构为例，以德日为代表的金融结构是以银行贷款为主的间接融资；而以英美为代表的金融结构，是以发行有价证券（债券和股票）的方式进行资金融通。[①]

1. 美国

作为全球主要的科技创新中心之一，美国硅谷（Silicon Valley）的成功离不开其先进成熟的科技金融生态圈。硅谷科技金融生态圈有与众不同的“硅谷特色”，主要可以分解为创新主体、间接融资、直接融资、宏观环境等方面。

首先，从融资企业来看，硅谷初创企业拥有较强的创新能力，与行业领先企业保持长期而稳定的共生关系：大企业为初创企业拓宽融资并购、人力资源、专业技术知识，乃至市场销售的渠道；初创企业成长后，资本、人力资源和知识回到金融生态系统中，催生未来的初创公司和投资者，由此形成一个良性循环的投资闭环。

其次，从间接融资来看，硅谷银行模式与传统商业银行不一样，硅谷银行专业地服务高科技中小企业，根据其特点开发中长期创业贷款、股权投资与信用贷款结合的投贷联动、全球财务管理、供应链融资、认股期权贷款模式等金融产品和服务；同时，硅谷银行与风险投资紧密合作，为科技型企业提供生命周期各阶段创新的金融产品和服务。

再次，从直接融资渠道来看，硅谷风险投资，是硅谷金融体系的核心。硅谷成熟的风险投资市场为科创企业，尤其是早期初创企业，投入大量的金融资金以孵化培育创新项目，同时提供人际网络、引荐潜在客户、构建生产链、参与公司治理等增值服务。硅谷地区风险投资的效率较高，具备良好的退出回流机制。当企业发展到成熟期后，风险投资就会通过企业上市或并购成功退出，重新投资新的项目，持续为企业提供融资支持与增值服务，帮助其他初创企业成长。硅谷的

① Council of Economy Advisers，http://www.gpoaccess.gov/eop.

产业激励机制极具竞争力，以股票期权通过并购和 IPO 等形式，高额回报激励企业家和初创公司员工，对于大公司中稳定岗位的高级技术员工具有较大吸引力。

最后，从宏观金融生态环境来看，集聚于硅谷的全球顶尖的研究型大学与研究机构，同硅谷高科技创新企业一起在科学和应用研究领域持续开展产学研合作，包括科研合作、专利授权、合同咨询、人员交流等领域，有效地推进技术创新。与此同时，硅谷的技术转移协调模式引导资金从政府、行业流向研究型大学与研究机构，之后再通过技术许可方式将可商业化的技术和发明专利引导至商业部门，为大学与研究机构带来商业收益与学术声望。

2. 英国

英国金融业在金融新技术的推广与应用方面具有代表性特点，科技创新正在改变英国金融行业生态。人工智能 AI、大数据、云计算等新技术，改变了英国零售银行、投资券商等业务，推动了金融数据分析工具与方法的升级。金融机构精准定位、细分投资需求。良好的金融科技创新生态依赖于创业企业、投资者与政府等多方合作。在资本支持下，优质科技金融企业蓬勃发展。在金融科技的推动下，从支付到融资，金融科技已渗透到金融行业，乃至其他实体经济行业等诸多领域。在科技创新的驱动下，英国企业格局和企业融资方式发生变化，从而激发企业创新行为。英国的创业热潮仍在继续，2016 年有近 66 万家公司成立，而 2015 年成立的公司为 60.8 万家。

同时，英国金融监管机构也在不断加强应对金融科技发展的监管能力。针对金融机构的监管，加大监管政策的研究和测试，确保金融技术监管办法得以实施；针对金融技术人才的培养，加强与顶尖金融研究学术机构合作培养金融科技监管人才。

3. 欧盟

全球公司都开始打造新的数字经济，每个地方都有金融科技创新失败的情况。

（1）德国

在德国金融生态环境中，金融结构以间接融资为主，有利于实体经济产业尤其是工业制造业。德国牢牢抓住产业优势，以财政为支撑，以国债为工具，持续强化其“欧元体系”国际货币安排的金融优势，逐渐形成产业优势与金融优势的良性互补关系，不断提升金融利益与实体产业的相关度。

同时，德国作为主权货币国际化基准性金融资产国，也需获得金融优势地位，不仅可以维持本国制造业国际竞争力，还可带来额外的信用红利。德国将实体经济与国际金融政策相结合，而不是单纯固守产业优势，有利于发挥德国资源条件。德国人口规模较小，资源不足，国内产业体系较为集中于机械制造业，相对不完整，因此德国致力于打造欧元货币。德国积极探索，在更有效地依托自身实体产业优势之外，德国国债战略发挥了国家信用与金融市场相结合的作用，形成以国债为重要工具、以欧元体系为基础的金融优势。

（2）比利时

自英国退欧后，英国在保持自己金融科技领先地位方面面临重大压力，许多英国金融机构正将目光转向西方，希望借此来保持自己在欧洲大陆的地位。比利时首都布鲁塞尔通常是他们的首选，有几家企业已经在此开设了办事处，预计还会有更多企业加入。比利时逐渐兴起，成为金融科技中心之一，并成为许多人眼中的欧盟金融科技中心，对科技的发展做出了许多贡献。

首先，吸引金融创新关键因素。比利时吸引着越来越多致力于开发开创性创新技术的金融科技公司，以此作为创业基地。该国囊括了国际决策机构、全球支付基础架构提供商以及一个非常具有吸引力的商业生态系统。

欧洲金融科技平台 B-Hive 根据 2017 年的金融科技交易量制定了一份欧洲金融科技排名，比利时目前排名第五。B-Hive 是一个活跃的生态系统，包括金融服务主流提供商、创新初创企业，以及负责金融和科技机构的政府人员。

布鲁塞尔地处欧洲中心，从大部分欧洲金融中心均可轻松抵达布鲁塞尔中心地区，因此这里汇聚了全球众多金融科技创新企业和金融机构。比利时周边 500 英里范围内聚集了欧洲 80% 的购买力，毫无疑问，这里是建立和发展企业的最佳地点之一。

此外，传统金融形象最近也有所改变——支持本土创新。随着全球经济持续向数字化方向转变，在互联网熏陶下长大的年轻一代越来越青睐无国界和无限制交易解决方案。金融科技领域对年轻人的吸引力更大，进而为行业带来新活力和愿景。

布鲁塞尔和其他比利时城市以为金融科技公司提供高额研发资金而出名，并凭借进入欧洲市场的潜力吸引跨国企业前来开设办事处。当地创新生态系统包括数十家研发中心、孵化器、加速器和科学公园，还有 100 多家技术公司，并且还在不断发展。

特别是弗拉芒区的鲁汶，受当地科技巨头 IMEC 的影响，该城市已成为重要的技术中心。IMEC 是一家独立的全球电子和数字社区研究中心，专门研究纳米电子和数字技术，中心有 4000 名员工，从事最新尖端技术和硬件研发。

IMEC 的净室能力、生活实验室和培训设施对于产品微调来说至关重要，而他们的资金和企业支持，特别是与弗拉芒区数字研究中心 iMinds 合并后，能够帮助新的数字和技术公司成功起步和发展。

另外，为帮助公司打入市场并实施监管标准，比利时有几家同时负责欧洲和国际金融活动的组织，包括欧洲支付服务提供者协会、比利时金融科技联盟和欧洲安全交易协会。

至于资金方面，比利时政府为金融科技初创企业和处于发展阶段的公司提供了大量资金支持。在保险公司和银行的支持下，政府联合数家大型投资商，为科技项目打造超级基金。

企业家、科学家和公司共同通过强大的扩展网络实现发展，与此同时，扩大税费减免范围和进行财政激励，为公司的发展提供支持。这对希望参与竞争激烈的金融科技市场的年轻初创企业和中小企业来说极为重要。

此外，欧洲与比利时的关系对许多金融科技公司来说，与大型金融机构保持密切关系，这点至关重要。在指导单一欧元支付区（SEPA）的电子支付方式方面，位于布鲁塞尔的欧洲支付理事会（EPC）不可或缺。它为 SEPA 的居民和企业提供了统一的同步支付体验，并且这种体验并不仅限于一个国家。

该理事会直接或间接地影响了 34 个欧洲国家/地区居民的日常支付方式，相当于每年 400 亿笔交易。EPC 设置的标准是面向支付卡的规范，同时也影响了欧洲的移动支付互操作性，提高了移动支付的便捷性、安全性、可靠性和性价比。

这些都是金融科技公司发展时必须考虑的因素。无论基层技术如何尖端，支付服务提供商必须要考虑和采纳 EPC 设置的标准，尽可能以广泛的社区基础提供服务。因此，卡生产商可以更轻松地向本地机构提供这些系统化准则。

位于比利时的金融科技公司不仅受益于该国的高速发展，还能够不受阻碍地进入广阔的欧洲市场。为帮助金融科技实现全球发展，我们需要更多像比利时一样强大的基地来激励创新，提供政治和本土支持，帮助有想法的团队实现愿景。只有这样，这些团队才会推动金融科技发展超出本地范围，并真正转型为全球经济。

（三）上海金融生态现状

上海建设国际金融中心，长三角实体经济一体化对金融服务提出新要求。上海与苏浙皖三省深化分工合作，优势互补、扬长避短；产业链重构中产业融资需求、科技企业创新驱动需求、投资避险与风险监管需求，这三大需求促使上海要积极把金融优势变为区域优势，提升金融生态的整体能效与核心竞争力。良好的金融生态是市场经济运行的制度基础设施之一，创新投资尤其是科创板可持续发展的必要条件，也是社会和谐稳定的前提条件。

世界国际金融中心的历史变迁轨迹表明，无论是13世纪、14世纪的佛罗伦萨和威尼斯，还是20世纪的伦敦、纽约、新加坡、香港等地，金融中心城市有经济增长趋势向上、地理位置佳、有金融创新精神以及风险管理意识强的特点。这些也是上海建设国际金融中心必须要对标的金融生态环境指标。

自“十三五”以来，上海金融市场类型更加齐全，金融产品和工具持续丰富，使得金融市场规模得到显著提升，同时也不断发展创新性金融机构，而随着自贸区的持续完善，“走出去”的步伐也不断加速。上海国际金融中心建设已经进入快速道。上海金融业已经实现增加值呈现逐年增加的趋势。“十三五”期间，2016年金融增加值达到4762.5亿元，同比增长12.8%；2017年达到5330.54亿元，同比增长11.8%，呈现良好态势。

上海宏观金融生态初具雏形。过去几年上海先后集聚了众多金融交易市场与交易平台，中国信托登记有限责任公司、上海保险交易所、上海票据交易所三大全国性金融要素市场落户上海，加上已有的外币、外汇、股票、债券、黄金、保险、商品期货、金融期货与场外衍生品等金融市场，上海已经形成较为完备的全国性多层次金融市场体系，不断优化金融基础设施布局和要素市场结构，奠定国际金融中心的基石。

但是，自 2018 年以来，上海金融业受到全球宏观经济增长乏力、中美贸易摩擦不确定因素、金融创新监管与信用危机等突发事件的影响，呈现出增长大幅下降的趋势。同时，上海中外金融机构云集，拥有各类持牌金融机构近 2000 家，其中外资金融机构约占三成。国际化的产品市场竞争亟待优质金融服务以提升企业创新的效率。因此，营造良好的金融生态，成为上海金融业突破瓶颈，更大规模集聚、配置与创新金融资源的必要基础。

长三角区域一体化背景下，实体经济出现了新趋势。上海必须拓展思路，将工业生产与长三角紧密相连，把握区域一体化新趋势。实体经济一体化表现为产业分工细化，日用品、食品等轻工业在区域内产业链分工加强，联结上下游产业，中间品交易增加，中小微企业与核心企业在供应链上进行捆绑；实体经济一体化强化了企业创新升级的需求，中小微企业在垄断竞争格局中寻求突破；实体经济一体化贯通了要素市场，加快了要素市场的流动，要素市场的流动性尤其是资本的流动性与安全性问题凸现；同时，我国数字经济的快速发展催化了这一趋势。金融生态与创新型经济在协同发展的过程中，呈现了投资供需不匹配，信息不对称，实体产业与金融联系紧密度不够等问题。

1. 金融生态受制于产业链重构，无法满足产业融资需求

产业视角，长三角地区产业链重构亟待更优的金融生态。产业链分工提高了对于营商环境的要求，产业链生产的业务可持续性不再只关系到企业自身的成长性与便利性，更关注企业与企业之间上下游合作的产业融资需求。同时，产业链布局使得金融生态，不仅在上海一

个城市，还要在牵涉产业链上所有城市之间联动。

各地的融资渠道相对独立，亟待共享企业信用信息。以核心企业信用为基础，整合产业链上下游企业的供应链金融方兴未艾，而没有核心企业的供应链上下游企业依然需要分别独立融资。贸易融资、订单融资等基于产业融资更适合中小微企业，对于整个供应链的掌握能力要求大大加强，与银行、券商和保险公司等金融机构之间，以及与物流货运仓储、会计师事务所、咨询公司、律师事务所等专业服务机构之间的合作也有待加强。

长三角实体经济一体化的核心在于，上海建设国际贸易中心、航运中心，贸易与航运业离不开金融业的支持。受航运业大周期影响，融资租赁企业、银行提高了航运行业融资的门槛，甚至有融资租赁企业考虑风险，也婉拒为航运企业提供融资租赁服务。

2. 金融生态受制于市场竞争结构，无法满足科技企业创新驱动需求

全球贸易与数字经济促使企业规模呈现规模两极分化的垄断竞争格局。独角兽企业拥有规模效应和网络效应，快速复制扩张，挤占小企业的市场规模，依靠的是资本的力量；在市场夹缝中生存下来的小企业，必须找到自己的核心竞争力，依靠的也是资本的力量。

现有的资本市场难以满足所有异质性企业的创新驱动资本需求。尤其是中小微企业、初创企业的创新风险高，无纵向对比，只能横向比对，很容易出现新兴行业“一窝蜂兴起、一窝蜂灭亡”的现象。

创业孵化示范基地是培养科创板成功企业的“苗圃基地”，也是开展科技创业培训的重要阵地。经过区级推荐、市级评审，认定市级创业孵化示范基地。孵化基地的管理、运营机制已经比较成熟，但是仍需改变定位，从管理者向创新者转变。

3. 金融生态受制于监管体系，无法满足投资避险需求

资本流动受制于企业信用体系建设，为规避系统性金融风险，亟待多层次资本市场、科创板等金融创新，以及大数据信用数据共享等制度设计。企业与个人日益增长的投资避险需求与现有金融机构所提供的金融产品供给在数量和质量上出现结构不平衡。

随着经济增长，企业和个人的投资或避险需求日渐增加且多样化，现有的金融市场中的金融产品还无法满足各层次的投资避险需求。例如，P2P 平台往往通过承诺高投资回报率来吸引投资者，一旦出现挤兑，就会严重侵害广大人民群众的利益，影响社会稳定。

金融机构与产品多样性需要改变现有监管模式。融资担保公司、小额信贷贷款、典当行、股权投资基金 PE 或创业投资基金 VC、融资租赁、P2P 平台等准金融业务，以及商业渠道占款、预付融资等类金融业务在利益驱动下快速生长。

金融机构、金融产品的准入要求、管理、监控流程缺乏灵活性与创新性，缺少预警机制、风险评估预判与危机预案，金融监管慢于金融创新，无法应对不断创新的市场环境，会增加社会风险，严重扰乱上海金融市场秩序，广大投资者遭受巨大损失，进而损害科创板所处的金融生态环境。科创板的建设，需要拥有能识别创新、激励创新、约束违约的保护投资者机制。

金融数据信息分散，形成信息阻隔。在数字经济时代，生产、消费、商贸等经济活动都呈现数字化特征，而大部分数据并不被政府掌握，被各类金融、商业、互联网公司分散掌握，形成金融生态中信息阻隔，反复核实企业个人的信息，增加交易成本，同时无法对企业、个人的信用进行核实，也无法保证信息的安全。2018 年 5 月，商业保理公司、融资租赁公司、典当行等业务经营和监管规则由商务部转交给银保监会。这些金融创新领域的金融机构，亟须通过设立专门的法

律法规、人员机构，形成专业的力量进行外部监管。

由此可见，上海建设国际金融中心的金融生态宏观环境也在不断变化。上海的机遇来自中国改革开放的继续深化：经济全球化和全球经济复苏、中国话语权提高、人民币国际化进程加快、新兴金融业态快速发展、“一带一路”建设、上海自贸试验区以及科创板、科创中心的建设、数字货币与数字金融等。上海的威胁与挑战来自国际市场的不确定性：中美贸易摩擦、逆全球化趋势、人民币结算、金融科技带来的风险等。

二　优化金融生态的必要性与科创板建设目标

实体经济是金融的基础，金融又能促进实体经济更好更快发展。优良金融生态形成，有助于增强金融服务实体经济和社会发展的能力，而科创板建设将带动提升现代金融业发展水平。科创板建设以发展战略性新兴产业为目标，战略性新兴产业的发展离不开良好的金融生态环境，离不开金融机构、金融市场与金融督管部门之间的协调合作，其产业快速发展与高度不确定性急需多元化金融服务，以满足战略新兴产业的发展需求。

（一）优化金融生态的必要性

1. 优良的金融生态有助于提高融资效率

优良的金融生态体系为战略性新兴企业从封闭走向开放，为获取外生资本提供了必要的基础条件。产权－收益－风险，构成了金融生态必要性的核心问题。

第一，优良金融生态有助于界定清晰的资本所有权。金融生态体系帮助界定外生资本的所有权，汇聚分散的资本；然后再将资本注入不同的创新企业或企业集聚而成的产业组织，相当于资本将企业重新连接捆绑起来了。资本所有权保障了资本所有者在投资过程中的利益，基于信息共享、未来收益的界定，形成投资组合，通过多样化组合降低投资风险，形成建立在产权界定明晰的基础之上的资本投资组合机制。在产权界定不清晰的情况下，土地、资本、劳动力、技术与知识，都不可能进行拆分与组合；企业之间相互独立，创新缓慢，无法形成战略性创新成果。

第二，优良金融生态有助于激励约束资本与人力资本的收益分配。随着资本所有权与经营权的分离，资源的所有者和使用者分属于不同人，资本激励约束机制激发创新。如果资源的所有者对于收益有过高预期，就会导致资源使用者保守地使用资源，只产生保守的创新；或者增加创新者的道德风险，未必能够获得比较好的创新结果。而如果资源的所有者对于收益有过低预期，那么就会导致资源使用者滥用资源，或懈怠偷懒，也不会产生创新结果。

第三，优良金融生态有助于降低创新过程中的风险。创新风险来自企业内部的创新技术研发、管理与生产中的不确定性，也可能来自企业外部市场对产品需求变化或意外事件冲击的不确定性。战略性新兴企业的较高创新风险会减少风险厌恶者的投资，他们为了避免不确定产生的效用减少情况，与风险喜好的投资者相比将更多地持有流动资产作为个人财富的主要形式，风险较少，也缺乏生产性。同时，战略性新兴企业的高技术伴随着高风险，也会意味着更高的预期回报；有效的融资体系既可以规避依赖单个创新企业的生产性风险，也可以规避企业由于过高风险而做出无效的技术选择。

因此，在优良的金融生态中，通过金融市场将分散的资本聚集之后，分散投资创新企业，其前提就是产权明晰可以按比例份额拆分。

在成熟的金融资本市场中，投资组合可以分散并消除非系统性风险，同时专业化分工也会提高生产效率。反之，在不成熟的金融资本市场中，分散风险策略并不可行，企业只能选择风险较低、较为变通的非专业化技术来规避风险，无法细化社会分工，这是一种生产效率损失的低效率均衡（见表1）。

表1　分散风险的多重均衡

类别	成熟的金融资本市场	不成熟的金融资本市场
专业化技术	分散风险的高效率均衡	非均衡
非专业化技术	非均衡	分散风险的低效率均衡

由表1可见，从分散风险的角度来看，企业可以通过技术选择分散风险，或者通过金融市场分散风险。成熟而优良的金融生态将为创新企业创造更适宜创新的环境，提高创新成功概率。在成熟的金融市场中，企业偏向于选择更为专业化的技术，而在不成熟的金融市场中，企业则往往偏向于非专业化的技术。

2. 优良的金融生态优化多层次的资本供给结构

在优良的金融生态中，提供适合企业发展的多层次的资本市场，资本供给结构以银行为主或以市场为主。

从银行为主的金融结构角度来看，银行体系的优势体现为，促进现有企业扩张、推进新企业建立，以及有效配置资本等方面。在发展中国家，银行体系能避免市场失灵，对于企业扩张融资、创新企业融资比市场更有效率，也更为持续。

从以市场为主的金融结构角度来看，强大的银行更保守，其安于现有企业，低效的融资策略降低了企业的创新意愿。银行更有可能贷款给低利润但稳定的劳动密集型产业，而忽视真正的战略性新兴产业，而以市场为主的金融结构更能改善银行的种种弊端，促进创新经济的发展。

优良的金融生态将提供更多层的资本市场。科创板正是多层次金融市场结构建设的体现之一。从科创板制度的预设目标而言，既不同于主板市场服务于大中型企业的宗旨，也区别于创业板市场面向成长型创业企业的特质，科创板与主板及创业板整体上表现为一种金融细分市场的发展关系，成为我国金融市场的又一重要组成部分。

3. 优良的金融生态提升要素市场配置效率

优良的金融生态可以提升资本等关键要素的市场配置效率，以科创板为代表的资本市场建设将助力科创企业大有可为。金融机构提供的金融服务能评估企业家精神并为企业家及其创新活动融资，从而把新产品带到市场。

金融生态提升要素配置效率，风险资本成为科技创新创业的孵化器。科技创新只有与金融相结合才能有效实现经济的创新驱动发展，而我国企业长期科技创新能力不足主要有以下两方面的原因：其一，初创期的科技创新型企业通常具有主体小、高风险、高成长、轻资产以及信息不对称程度高等特点，企业较难通过银行贷款等传统间接融资渠道获取资金，研发投入资金短缺，后续创新乏力现象突出；其二，科技创新关键在人，而科技创新型人才的成本往往很高，其更多的是期待通过企业的股权价值变现。综上，科技创新始于技术，成于资本。科创板的推出恰逢其时，将帮助我国更多的科技创新型企业借助资本市场突破融资瓶颈，并提高科研水平，吸引科技领军人才。

金融生态优化要素配置结构，风险资本促进企业技术创新和产业结构转型升级。企业技术创新来自内部研发与外部技术获取的交互作用。内部研发耗时长、风险高、不确定性强，一旦遭遇技术迭代加速、产品生命周期缩短，就会丧失既有的竞争优势，最终被淘汰失败。借助资本配置，企业可以通过并购重组从市场获取关键技术、核心资产、优质品牌、营销渠道等，可实现规模经济和协同效应，缩短从技术到产品的周期，并高度融合内外技术实现二次开发，开拓产品与技术的应用领域。

4. 优良的金融生态有助于完善法治环境

优良的金融生态需要辅之以差异化的监管模式，将会扩张证券法律制度的适用范围，提升法规的包容性；同时，差异化监管的核心辅助制度是差异化信息披露，其更具有操作性、更为具体，完善法治环境，突破企业金融约束与化解信息不对称困局。

化解金融领域信息不对称困局，以信息促信用，以信用聚信息，规避道德风险与逆向选择。优良的金融生态离不开金融信用的建设。金融信用渗透到实体经济建设之中，也是维系经济生产大循环的必要基础。金融信用不仅包括广义的信贷发放和信贷管理的相关信息与数据，帮助分析债务人的债务水平、历史偿债能力，以及债务人总体风险评估，以降低金融风险。

金融生态的法治建设为科创板顺利运行提供了必要的制度保障。从科创板制度的运作形式而言，实施注册制（这是一套与现有核准制迥异的审核理念），科创板需要一套适应其市场定位与板块特点的差异化信息披露规则。在差异化信息披露制度的构建过程中，差异化标准的确立原则与差异化披露的监管逻辑是规制工作的重点，前者是制度建立的基础，后者是制度实施的保障。

（二）科创板建设的定位与预期

科创板建设旨在为科技创新企业提供金融服务，实体产业与金融生态相互促进，形成创新资本。由于创新企业的特殊性，创新技术具有战略性、外部性、引领性，因此需要解决科技与金融结合过程中的问题。

1. 科创板是多层次金融生态的重要组成部分

科创板是金融生态的必要组成部分，而金融生态是经济发展的核心。把握服务实体经济这个立业之本，借助发展科创板，推动金融资源向实体经济领域、科技创新领域集聚，紧紧围绕科技创新、新兴战略产业等改革重点领域和薄弱环节，加大金融生态建设力度。畅通企业融资渠道，提高金融服务水平，引导金融资金向实体经济集聚。同时，要进一步深化金融改革，积极谋划推进地方金融改革项目，不断优化配置结构，做强金融品牌，利用并监管好“互联网＋金融”，提高金融服务可得性和便利性，鼓励银行机构创新产品和服务，提高金融服务实体经济能力。

2. 科创板突破初创企业的金融瓶颈

我国基本建立了多层次资本市场体系，金融机构精准发力，扶持实体经济发展为中小微企业崛起助力。

科创板建设可以通过加强市场化机制筛选、培育新型企业等方式。目前天使投资、创业投资、股权投资基金等发展方向逐渐清晰，风险投资机制哺育新兴产业，其功能发挥正在逐步显现。根据我国金融生态环境的特点，探索扶持中小企业技术创新融资的有效模式和机制，实施微观金融培育创新工程，借力金融创新产品，协助中小企业创新孵化与发展成长，孵化培育并发展壮大科技型中小企业，催生新兴产业和高技术产业集群，创造高端科技人才创新就业。实现宏观金融制度服务实体经济可持续增长，调整产业结构、转变经济发展方式，实现经济社会又好又快发展。

现有金融生态体系并不能完全覆盖所有企业对于资本的需求，无法满足创新企业与产业发展的需求，因此金融生态亟待突破现有瓶颈。战略性新兴产业在企业成长演化的不同阶段，具有不同的需要和利益，因此政策的侧重点也应针对不同的成长阶段有所不同。

主板针对处于成熟阶段的企业。企业生产步骤成为定式，价格成为竞争的关键要素。这一阶段需要新技术、新营销手段或新产品。这一阶段的企业也更容易通过银行等间接融资渠道获得资金支持，企业可以选择的融资渠道更为丰富。

科创板与原有的主板、创业板等资本市场之间形成互补。初创阶段的企业社会支撑结构较为薄弱，产品或服务尚待开发，需要更多的有才能的企业家、研发活动以及种子资本或风险资本的支撑。融资要求不宜过高，风险较高，未来的预期收益也较高。成长阶段的企业已经拥有达到一定的开发程度的市场，并开始吸引大量的企业进入和模仿，其具有建立在创新能力、声誉和劳动技能基础上的竞争优势。这一阶段的金融服务需要具备对其供应链、产品、人才、市场等进一步扩张的基础。

3. 科创板探索资本市场改革与创新

根据科创板的基础性制度的设计理念，预期科创板将带来三点改变。

第一，改变创新企业的估值预期。随着科创板建设，壳资源的稀缺性将会逐渐消失。科创板由于针对更高风险的初创企业，需要更多的专业背景知识；尽管中短期内，还会对上市主体进行资格审查，但是科创板市场上的投资主体更偏向于知情投资者，中小投资者更多选择直接进入市场而不是通过公募基金等集合投资工具间接参与市场。可以预见未来，科创板的估值水平将会看齐成熟市场的估值水平。

第二，改变投资标的量与质。科创板的建设将补齐资本市场服务科技创新的短板，促成了资本市场的多元化、金融产品的多元化，是促进我国多层次资本市场建设的一个重要步骤。从数量上，为众多投资者和投资机构提供了更为丰富的投资标的；从质量上，引入更多潜在的优质企业，避免这些企业由于金融生态不成熟而放弃国内融资，寻求海外融资，使得国内投资者与投资机构错失优质的投资标的。科创板建设对于提高国民储蓄率与储蓄投资转化率都是有益的，有利于从供给侧促进我国经济的增长。

第三，改变资本市场运行机制。科创板是一块金融市场改革的实验田。科创板的注册制试点，也正在酝酿与尝试过程中，企业本身综合素质提升、投资者与投资机构的专业素养提升，以及金融市场信息披露机制的完善，都将帮助科创板更健康地成长。科创板注册制不断地完善，达到预期目的，将为主板、中小板和创业板逐渐引入注册制提供可资借鉴的成功经验。

总之，上海作为我国金融中心城市，要建设金融生态并不是孤立的，必然要受到长三角地区经济与金融发展，乃至粤港澳大湾区，或京津冀地区的影响。建设国际金融中心的使命，意味着更多的责任：带领周边地区、全国，乃至亚太地区的经济、金融发展。上海必须要有汇聚资本之吸引力，配置资本之协调力，监管资本之治理力。

三　科创板建设的金融生态优化政策建议

上海提出加强金融基础信用环境建设、促进金融生态良性发展，提出对标国外其他国际金融中心金融生态的建设经验、以金融生态良性发展促进科创板建设的政策建议和举措。

（一）鼓励金融科技创新，提升金融生态能级

上海优化金融生态，促进科创板建设，要以科技为抓手。金融生态优化要从金融机制效率角度，寻求实体经济与金融、科技与金融有效结合的最优途径；从金融机制角度，探索科技企业与金融机构互动

的内部组织和运行变化规律；从金融实践角度，针对不同代表性的金融机构，为科创板建设营造优良的金融生态环境设计和科技金融体制。

在金融生态环境中，银行、证券保险、创新型金融机构等代表性金融机构的运行效率各不相同，表现为科技企业与金融机构之间的关系也远近亲疏不同。根据科技企业与金融机构之间的关系，可以将金融机制的运作模式分为三种——行政—计划式、指导—服务式和监督—服务式。比较三种金融机制运作模式发现，不同模式下代表性金融机构的效率不同，导致金融机构与科技企业的关系也有疏远与紧密之分，将成为影响金融生态环境的重要因素（见表2）。

表2　三种主要金融机制的运作模式比较

模式	金融机构效率	金融机构与科技企业的关系	有代表性的金融机构
行政—计划式	较低	疏远	银行
指导—服务式	较高	紧密	创新型金融机构
监督—服务式	中等	一般	证券保险等

因此，上海优化金融生态的关键就是要改变金融机构和科技企业之间的关系，亟待打破现有的银行、证券、保险分业各自为政的现状，克服缺乏合作的经营模式，解决金融服务的细分化、专业化、协调化的难题，形成系统的关联上下游的金融服务链。

新一轮金融科技革命和产业革命加快重塑世界，改变着金融生态体系未来的运作机制与模式，促进线上线下并行发展，将大幅且快速提高金融机构效率，改善金融机构和科技企业之间的关系，为金融业的革新提供了一次自下而上的机遇。在全球范围内，金融科技发展正在呈现三个趋势。

1. 金融科技引领创新产业

优化金融生态，要营造金融服务实体经济的大环境。从金融科技方面来看，技术应用从原先作为技术手段支撑转到引领创新，金融与科技深度融合，上海要促进科创板建设就要创新金融产品和服务、提升金融服务品质和效率、加快金融数字化和智能化。这几年金融科技应用已经取得了较多领域的重要突破，显著地推动了金融服务的颠覆式创新与重塑。科技与金融有效结合聚焦于创新创业风险投资、科技贷款、科技资本市场和科技保险等领域。在投资顾问、智能营销、风险防控等领域内，大数据和人工智能技术被全面深化应用，大幅降低了服务长尾客户成本，并显著提升了风控能力和客户体验。

技术、新技术之间的交叉结合，众多新金融业态不断涌现。金融科技是一场由下而上的革新，从广大的消费群体、广泛的消费场景、广阔的消费领域开始，逐渐地影响到生产领域，乃至金融领域，从而改变了主流金融机构的行为方式。金融科技变革的受众面大，应用广泛，发展迅速。例如，电子银行替代了银行柜台服务，互联网基金、证券服务降低了费率扩大了规模。再如，以区块链技术为基础的数字货币研究应用也在提速，金融机构积极搭建安全可控的云服务平台，提供中小微“云化”综合服务方案。

金融科技首先有助于推动金融机构转型升级，数字化转型已经成为所有金融机构特别是银行业，包括大中小银行，共同关注、共同推动的行业趋势。对传统金融业产生的一些颠覆性的变化，拓展了金融服务的边界，提高了金融供给的效率，拓宽了金融机构的发展空间，成为金融机构的重要战略选择。金融科技简化金融服务供需双方的交易环节，降低了交易成本，推动金融机构实现服务模式创新、业务流程再造、运营管理变革，不断增强金融业务的核心竞争力，为金融业转型升级持续赋能。

2. 金融科技对金融业的影响

优化金融生态，要坚持数字化转型，以金融科技推动金融转型发展。在新一轮科技革命和产业转型升级的背景下，全球金融科技的投融资额迅速增长，金融科技蓬勃发展。驱动全球金融格局演变有着众多因素，其中金融科技是各国共同高度关注的新因素、新变量，将引领全球金融业新变局。整个金融科技特别是金融科技的变化，都会深远地影响着消费者、金融业务，乃至金融监管。数字化不仅是一种工具，还会慢慢转化成为未来一种发展引领新方式、新思维。在数据背后隐藏着我们对人类，对消费者客户及其消费行为的洞察。创新产品，满足大家的需求，同时也能够保证风险可控。

金融行业格局从竞争竞合到融合共赢。金融科技发展初期，传统金融机构在这一波新金融技术浪潮面前，略微有些迟钝；而一些科技公司依托技术好、平台大、流量多的优势，以网络支付为切入，逐步从电子商务、社交娱乐等领域渗透，迅速积累了大量客户群，向网络融资、资产管理、理财保险等金融领域转型，冲击传统金融机构的市场份额。随着传统金融机构的广泛醒悟，它们加速投资，整体数字化转型，加强技术数据赋能，整个传统金融行业也正在从后台走向前台，逐渐走向新技术、新客户、新服务的融合共赢。很多金融机构积极打造数字金融的产品与服务，与非金融的新技术企业深入开展合作伙伴共建场景生态，积极接入多平台、开展全场景营销，拓展全渠道，寻找创新引擎，助力实体经济数字化发展。

同时，金融发展有助于推动普惠金融发展，直面财富发展不平衡的问题。金融机构与不同规模企业之间的关系也并不均衡。大银行服务大企业，而被大银行所忽略的中小微企业则面临贷款难的问题。如今，依托新金融技术，通过大数据挖掘应用，对海关数据、工商数据、税务数据等第三方数据库进行整合分析，利用生物识别技术、数学建模等方式，大大提高了中小微企业信用尽调的效率。金融技术把业务覆盖面推向了更多的中小企业，解决中小企业融资难、融资贵的问题，使普惠金融成为可能。例如，蚂蚁金服互联网普惠金融，以在线电商历史交易记录或订单为融资抵押或信用依据，实现小微电商的低成本融资。

3. 金融科技化解金融风险

优化金融生态，要防范并化解金融风险。新技术、金融科技也有利于防范化解金融风险，接入第三方数据进行交叉印证，增加数据库词条数量，建立前置的风险监测预测系统，能有效做到风险早识别、早预警、早处置，提升风险动态感知能力、风险预防和风险管控水平。例如，中国银行作为传统金融机构，正在加速推进金融科技发展，利用金融科技这一全球金融变革的机遇推动传统金融业的增量发展，优化金融生态，提升金融科技在全球地位。

金融技术有助于维护金融安全，同时也自带一定的风险。首先是IT技术自身的风险，系统承载的数据和运行的空间越大则产生的影响可能就会越大。同时，挖掘数据运营系统将会产生一些技术上的风险，包括声誉潜在威胁、客户隐私保护等风险。另外，金融技术的发展是一个非常大的运营系统，具有开放性的重要属性，例如金融互联网、人工智能等。只有开放才能合作共赢。金融安全是金融生态建设的基础与基本要求，是重中之重，也是金融生态整体的底线。金融安全涉及错综复杂的金融体系，需要整体金融生态体系协同合作，整体应对，对金融生态建设提出了更高的要求。

金融监管态度从密切关注到鼓励创新。金融科技具有跨行业、跨领域、跨地域等特征，其快速发展也带来了一定风险。上海促进科创板建设，监管科技（RegTech）是金融科技的重要组成部分之一。从国际经验来看，各国监管部门都在积极探索，以合规为基本要求，在此基础上力求在鼓励创新和防控风险之间寻求一种平衡。美国主要以功能性监管为原则，注重保护金融消费者；欧盟注重强化数据保护，充分挖掘数据价值。英国是探索金融科技监管的急先锋，开创性地提出监管沙箱等措施。日本积极探索数字货币监管，是唯一通过立法明确数字货币法律地位的国家。近年来，我国制定了《新一代人工智能发展规划》、《促进大数据发展行动纲要》和《金融科技（FinTech）发展规划（2019—2021 年）》等政策文件，为促进金融科技发展创造了良好的政策环境，强化了行业发展信心。

（二）大力发展科技企业孵化基地，培育后续企业资源

上海优化金融生态，促进科创板建设，创业孵化示范基地可作为正面防范非法集资引导理性投资的重要路径，鼓励通过发展正轨的孵化基地，搭建科创板企业培养、融资对接、市场拓展平台，增强金融对于创新的扶持作用。

1. 建立覆盖多层级、全产业链扶持激励制度

优化金融生态环境，要重视产业与金融之间的融合发展。构建完整的创业投资链，完善投融资政策，通过全产业链各环节的扶持激励、政府采购政策引导和拓宽市场。发挥多层次资本市场的引导作用，进一步发展各类风险投资和私募股权基金。引入政府担保机制，降低战略新兴产业项目风险，以改变银行选择倾向；减少政府产业基金直接补贴模式，减少政府干预银行市场行为。

2. 运用政策性金融，创新债券工具支持产业发展

优化金融生态环境，开展政策贷款及贴息撬动产业融资，为高科技初创企业提供长期低息贷款，并可以通过财政补贴低息贷款利差。由第三方独立专家评审机构认定前景良好的高新技术企业或开发项目，银行或其他信贷机构采取国家财政和银行贷款的匹配方式给予资金支持。

3. 鼓励股权融资、项目融资，鼓励国际合作

优化金融生态环境，鼓励企业充分开展国际合作。鼓励国际资本参与创新投资，研发经费资助的方式，可以从直接补贴模式转变为风险投资入股模式。鼓励公共研究机构与企业的合作。高新科技创新具有较大的外部性，私人投资会顾虑失败风险与技术溢出可能出现的损失，因此股权投资形式可以将政府作为投资人引入投资中，形成以公私合作形式发展创新产业集群。产业园区的建设配套金融扶持，通过公共和私有企业合作模式，园内所建立的孵化器，政府提供部分资金支持，包括实物投资等；入园的企业可享受中长期的先进设备配置、基础设施建设以及消费品免税、营业税免税等待遇。创业孵化示范基地联动工业（创意）园区、楼宇，形成孵化、成长、成熟的一条龙机制。孵化园区不做“二房东”工业地产或商业地产，孵化基地本身也是一个创新创业项目，探索孵化基地参与创业项目的途径与渠道，鼓励多种形式的金融支持入驻企业创新项目。

4. 进一步完善创业投资体系，打造产学研创新产业链

优化金融生态环境，完善创业投资体系。以科创板为平台，对接创新投资的资本供给与资本需求。在产学研创新体系中，引入创新型金融机构或金融产品，帮助创新成果在科研单位、学校和企业的关联体系内进行产业化。选择一批优秀骨干企业技术中心作为重点产业振兴的技术创新支撑平台，发挥行业骨干企业的领军作用，带动中小企业参与，对接国家重大专项科技基础设施的建设。现阶段大型企业更适合通过低成本的债权融资获得研发的资本，通过创新活动提升自身的竞争力，进一步强化在融资市场上的声誉，为以后持续获得低成本的融资奠定基础。

（三）加强对非法集资的监控与执法，净化金融生态环境

上海优化金融生态，促进科创板建设的重点和难点在于开放资本市场的准入标准、申审评批流程、风险预判、监控与管理。上海需要建立金融监控数据库，从源头上掌握与监管信息动态；加强对于非法融资行为的多渠道、全方位、高科技手段综合治理。

1. 多渠道商贸活动，聚焦新型金融业务

优化金融生态环境，数字化商贸体系便利商品、服务与要素的流动，新兴的金融业务快速发展，尤其针对 P2P 之类的准金融业务、基于商业活动的类金融业务。这些新兴金融业务，带有商贸特征，本质上是金融服务，投资者容易由于信息不对称而遭受经济损失。所以，要建立多维度的金融监管体系，建立数据库动态识别，早期介入监管。

2. 全方位梳理金融监管体系，把控金融安全

优化金融生态环境，新型金融业务呈现资金来源分散化、创新迭代快、资金聚集能力强的特点，传统的金融管理模式已经不适应新型金融业务的发展。银监会、保监会、证监会“三会合一”，避免监管过程中三会分离而出现沟通不足现象，提升沟通效率，改变监管信息分享数量不足、质量不稳定、机制不够畅通的问题。面对网络小额贷款、P2P 等新兴的金融业态，风险监管要加强中央监管机构和地方金融管理部门的沟通与协调。

中国银行保险监督管理委员会与地方金融办之间权力与责任的划分并不清晰。中国银行保险监督管理委员会负责银行、保险、证券等传统金融业务领域，而大部分地方金融办的主要责任之一依然是直接投资领域的招商引资，而对于新兴金融业务的监管，一没有执法权，二没有先进的监管工具，三缺少相应的金融监管人才队伍，四缺少地

区间联动机制。尤其是地方金融办隶属于地方政府，属地化管理，在处理互联网金融事前监管、事中风险预警与事后协助调查的过程中，没有足够的人力物力精力支持跨地区协调。

3. 高科技动态监管，线上线下互动

优化金融生态环境，利用数字科技，从时间、空间两个维度做好金融安全与监管的工作。

从时间角度来看，实时掌握金融机构的存量与流量数据。动态实时掌握金融机构的经营活动，尤其是新兴互联网金融业务要实现备案制度，准确掌握该金融机构的实际控制人、主要经营管理者、财务人员等信息，如有变更，需要及时报备。同时，对其从事的业务，要在银行系统中监控大额或异常资金流向，开展知晓监管。尤其需要注意异常的大额资金流动，预防资金未流入实体经济的空转现象，及时做好投资机构与投资者的风险警示。

从空间角度来看，跨部门多部门联动机制，协调资源加强全程监管。要从源头开始进行全流程监管，从公司的工商注册及平台的网络注册开始形成监管，形成市场监管部门、税务管理部门、开户银行、大数据公司、公安部门、金融监管部门等多部门联动，形成全流程监管链条。对于那些资金集聚速度很快、资金调动频繁、资金去向不明或令人生疑的互联网金融平台要立即介入监管。

因此，通过建立数据库动态识别，预防挤兑等金融风险。形成金融机构的资金预警机制，动态把握金融机构的资金往来情况。对线上线下金融活动、经济往来情况进行综合汇总，设立风险阈值，提示金融企业的风险程度，可以对新型金融企业进行风险评级。

（四）加强征信体系建设，构建金融生态法治化治理体系

上海优化金融生态，促进科创板建设，要加快社会信用体系建设

的步伐。进一步推进信用体系建设，构建守信激励和失信惩戒机制，建立健全信用法律法规和标准体系，地区间部门间合作实现诚信信息全覆盖。

1. 强化市场机制的作用，深度开发和创新征信产品

优化金融生态环境，要深度开发征信产品并大力推广应用。从产品加工深度角度看，改变原有原始基础数据描述式报告，用数据说话，更多地以原始数据为基础，通过深度加工、分析数据，升级信用评级产品，提供符合客户需求、专业整合处理的征信报告，增加征信产品的知识产权附加值。这样才能使征信产品从简单描述过程，升级到有数字分析更有说服力的数据分析过程。

同时，积极探索征信数据交叉验证使用，积极探索非债替代数据的采集和使用，征信产品应拓展对非银行类金融机构数据的采集。尝试使用日常经济往来活动的行为来反映个人或企业的信用状况，用于解决个人或小微企业的“首贷”信用记录问题。

另外，还要升级并优化监管工具，以分担监管任务、降低行业合规成本，征信监管中大量使用新金融技术，使非现场监管变得更及时、更快捷、更准确、更全面。

2. 构建金融征信体系，补齐监管短板并改进监管方式

优化金融生态环境，信用体系建设要推进“放管服”改革，以信用为核心，加快形成守信激励与失信惩戒的新型监管机制。

从风险控制方法角度来看，要寻求科技与金融结合的收益与风险平衡。在科技与金融结合的过程中，新科技的研发往往伴随着较大的失败风险，风险来自项目内部，也可能来自项目外部大环境；因此针对不同的科技资金来源，要采取不同的风险规避与监管方式。对外部风险的规避与转移而言，所针对的内部风险主要是信用风险，例如风险预警体系欠缺，产业—金融互动中没有履约保证金等等情况。对于

内部风险的规避与转移而言，所针对的外部风险主要是产业发展动态状况、项目和配套扶持政策等情况，以及金融机构对企业的后续跟踪管理和服务。

3. 建立健全信用法律法规与标准体系

优化金融生态环境，要加强金融领域的信用建设。作为营商环境的一部分，不断完善征信制度机制，加强征信基础设施建设与应用，有效提高征信信息的共享公开水平；提高全民诚信意识，优化诚信文化体系；加快发展信用服务市场，引导社会力量参与信用建设；完善法律法规和标准体系，切实做好信息安全和个人隐私保护。

成立征信行业协会，制定自律标准，传递同业间信息，解决行业自律性监管不足问题。同时，加强培训征信从业人员，增加法规制度、信息采集与使用方面等业务的培训。协调征信行业秩序，推动征信机构成为征信市场的主体。

4. 加强大数据建设，发挥数据共享共治的作用

优化金融生态环境，要拓展数据采集的范围，提高数据综合使用的能力。地区、部门、企业之间合作实现诚信信息全覆盖，避免在信用征信过程中出现“信息孤岛”现象。征信数据会被不同的政府部门或企业掌握，实施了局部信息化应用，或者现有系统之间出现了无力实现信息共享需求，做不到共享信息，抑或信息系统本身不愿意共享，无法满足彼此信息沟通需求。因此，系统之间无法通过相互沟通来调整系统配置，也无法共享信息与数据，容易出现“信息孤岛”，从而进一步阻碍全面掌握个人和企业资信。

解决“信息孤岛”的根本措施，必须要整合不同系统，包括信息数据、应用系统、用户界面、业务流程等方面。在这个信息整合的过程中，政府将发挥重要的作用，将散落在实体经济中的数据中心、信息中心进行整合，这是一个“去中心化”的过程，也是一个重建中心

化的过程。将所有数据作为公共资源进行整合，将使企业内部管理面临制度、社会舆论、道德伦理等诸多问题。政府的公信力与数据安全技术既可以保障信用数据的私密安全，又可以全面准确及时地获取和保护数据。

（五）推进多层次资本市场建设，发展普惠金融、绿色金融

上海优化金融生态，促进科创板建设，积极完善多层次资本市场实体，发挥多渠道融资功能，做强主板、壮大中小板、完善创业板、推动新三板、探索科创板，大力发展产权交易市场，尽快建立全国统一的场外交易市场。

1. 完善股权融资、债券融资体系，积极探索融资创新产品

优化金融生态环境，鼓励符合条件的企业上市融资。加快建设上海股权托管交易中心，建立与统一监管下的全国场外交易市场相衔接的区域非上市公司股权转让公司，满足创业企业在不同发展阶段的融资需求。大力发展债券市场，鼓励中小企业通过债券市场融资。

积极探索融资创新产品，优化融资担保体系。战略性新兴产业企业的重要财富是企业发明专利、商标权、版权等无形资产；缺少可以供抵押担保的固定资产。需要探索知识产权等无形资产的评估、质押融资、担保与风险控制的可行性方案。鼓励各类担保机构积极针对初创企业的融资提供担保，通过再担保、联合担保、担保与保险相结合等多渠道组合方式分散风险。

2. 完善普惠金融，服务中小微企业

优化金融生态环境，还应着力发展信用担保、信托贷款等多元化普惠金融投融资机制。鼓励金融机构为小微企业提供普惠金融服务。引导金融机构建立信贷管理与贷款评审制度，解决初创企业融资难的困境。积极发展中小金融机构和新型金融服务。扩大科技担保规模，

完善包括财政出资和社会资金联合组建的多层次信用担保体系，促进投保贷联动，进一步推广知识产权质押融资、股权质押贷款、供应链融资等金融创新产品。

利用大数据等金融科技，建立合理的项目评级授信体系，金融机构在设计内部评级和授信体系时，应充分考虑创新技术企业或项目的特殊性，充分意识到企业或项目的预期成长性。同时，信贷融资工具应重点聚焦于还款有保障的融资项目，主要偏向依靠综合收益还款的项目，偏向处于产业化后端或产业成熟期的项目。而风险融资工具侧重于处于产业化前端或产业萌芽期、成长期的项目。

3. 聚焦于新兴战略、绿色环保等产业的金融扶持

优化金融生态环境，即促进金融活动与环境保护的协调发展。积极引导并鼓励金融机构把环境保护作为企业价值评估指标体系的重要标准之一，在做出投融资决策时考虑与环境条件相关的预期回报、风险和成本等因素。绿色金融更强调人类社会的生存环境利益，将环境保护和资源的有效利用程度作为成效标准之一。

要将绿色金融理念融入金融生态。优化金融业务流程的环境评估，推广电子化交易流程。健全绿色金融法律法规，推出绿色金融政策，包括融资项目环保标准、“绿色信贷”目录指引、放宽“绿色信贷”规模控制与环境风险分类施策评级标准等。加强对相关评估人员进行环保规章制度、环保技术等培训。畅通金融生态中机构之间、国际之间绿色金融有效的信息共享渠道。

参考文献

蔡晓月：《熊彼特式创新的经济学分析》，复旦大学出版社，2009。

陈洁：《科创板注册制的实施机制与风险防范》，《法学》2019 年第

1 期。

高榴：《论科创板注册制试点制度革新：现实意义、经验借鉴与实践思考》，《西南金融》2019 年第 10 期。

葛其明、徐冬根：《多层次资本市场建设下的差异化信息披露制度——兼论科创板信息披露的规制》，《青海社会科学》2019 年第 3 期。

李燕、杨淦：《美国法上的 IPO“注册制”：起源、构造与论争——兼论我国注册制改革的移植与创生》，《比较法研究》2014 年第 6 期。

李志冰、杨光艺、冯永昌、景亮：《Fama-French 五因子模型在中国股票市场的实证检验》，《金融研究》2017 年第 6 期。

鲁桂华：《从科创板看中国资本市场改革的路径选择》，《财会月刊》2019 年第 4 期。

权小锋、尹洪英：《中国式卖空机制与公司创新——基于融资融券分步扩容的自然实验》，《管理世界》2017 年第 1 期。

石宇：《融资对企业创新影响的研究》，浙江大学，2018。

杨东：《我国创业板市场与高新技术产业发展研究》，华中科技大学博士学位论文，2011。

张萍：《我国科创板注册制改革下信息披露制度研究》，《海南金融》2019 年第 5 期。

中国人民银行乌鲁木齐中心支行会计财务处课题组：《新金融工具会计准则对我国银行业的影响及对策研究》，《金融发展评论》2017 年第 8 期。

周小川：《资本市场的多层次特性》，《金融市场研究》2013 年第 8 期。

朱红军、何贤杰、陶林：《中国的证券分析师能够提高资本市场的效率吗——基于股价同步性和股价信息含量的经验证据》，《金融研究》2007 年第 2 期。

上海自由港与国际金融中心建设相互促进研究报告

禹钟华　王　仲*

摘　要：随着经济全球化的深化与中国对外开放格局的推进，我国需要建立开放程度更高的贸易区域和国际金融中心。历史表明，任何国家和地区，只有在更大的范围内参与国际经济交往，才能充分利用自身及全球的资源，扩大并加速发展。在党的十九大会议上，习近平总书记在报告中指出，要推动形成全面开放新格局，“赋予自由贸易试验区更大的改革自主权，探索建设自由贸易港。创新对外投资方式，促进国际产能合作，形成面向全球的贸易、投融资、生产、服务网络，加快培育国际经济合作和竞争优势”。[①] 上海不仅是中国的金融、贸易和航运中心，作为世界第一大港口，伴随着中国的飞速发展，其世界影响亦与日俱增。在既有的保税区和自由贸易试验区基础上，发展自由港成为必然趋势。自由港的建设和国际金融中心的建设

* 禹钟华，金融学博士、副教授，中国国际金融协会理事，就职于东北财经大学；主要研究方向为金融史，主要成果有专著《金本主义及其历史演化》、《金融简史》（古代部分）、《金融功能的扩展与提升》和《两行论磋谈路》。王仲，硕士研究生，就读于东北财经大学金融学院。

① 《探索建设自由贸易港 助力全面开放新格局》，http://cpc.people.com.cn/19th/n1/2017/1022/c414305-29602086.html。

都是目前中国庞大战略体系中的关键步骤，二者的顺利实施具有客观上的重要性和紧迫性。自由港与国际金融中心的建设又恰是相辅相成的，世界上著名的自由港一般是重要的金融中心。有鉴于此，本文将分析自由港与国际金融中心在建设和发展中的相互促进作用，并尝试对上海的自由港和国际金融中心建设给出相应建议。

关键词： 自由港　国际金融中心　离岸金融

一　上海自由港与国际金融中心建设关系和现状分析

（一）自由港与金融中心相互促进的逻辑关系

自由港和金融中心都是经济高度发展的产物，人们通常在直觉上认为二者可以起到相辅相成的互利作用，却忽视了其中的内在逻辑。从逻辑的角度分析，金融中心和自由港本质上是货币和商品之间的关系，是金流和物流之间的关系。

“金融系统本质上是信息系统，运行的是代表抽象价值的数符号”。[①] 金融系统是以信息为依托的金流运行系统，必然与运输商品的物流运行系统逆向运行并互为条件。从运作原理角度而言，这两套管道系统是相互依托、相互促进的半共生系统，二者的叠加是一种天然的结合。在具体运行中，自由港与金融中心的互利作用不仅仅体现在物流与金流的交易方面。本文将详细分析自由港与金融中心的相互促进关系。

① 禹钟华：《金本主义及其历史演化》，中国金融出版社，2019。

1. 自由港对金融中心建设的促进

(1) 带动经济增长

自由港具有对外贸易功能、保税仓储功能、加工制造功能。对外贸易功能能够使本地市场与海外市场紧密结合，扩大了经济交流规模，提升了贸易自由度，促进了全球商品交易的发展；保税仓储功能使自由港内商品的各种税款得以减免，并且减少了相关的海关手续，降低了贸易的税收成本和时间成本；加工制造功能不仅使输入的原材料以及加工设备关税减免，还能够使制成品迅速进入世界市场流通，降低了商品的生产成本和流通成本。自由港的这三个功能有效地提高了贸易的自由度并扩大了贸易的规模，同时降低了交易成本，从两个角度促进了国际贸易的发展，进而带动经济发展。根据比较优势理论，国际贸易的发展有利于一个国家发挥其自身的比较优势、合理配置和利用经济资源并提高生产效率，从而使该国经济得到增长。

经济的增长一方面能提供充足的实体经济资源，另一方面能产生大量的对金融服务的需求，这将促进金融资源的集聚，并推动金融制度的变迁和创新，进而又使金融服务的供给增长，促进金融中心的形成和发展。可见，经济的增长是金融中心形成的重要前提和动力。因此，自由港通过带动国家经济增长而促进了金融中心的形成与发展。

(2) 促进金融基础设施建设和金融机构发展

通过自由港进行业务往来的企业和个人有着不同的金融需求。除了融资以外，与贸易相关的其他业务，如国际结算、行业研究、市场调研、信息处理、保险等也需要大量的金融服务。在当前变幻莫测的国际市场中，为了规避风险和降低交易费用，从事国际贸易的经济主体对高质量金融服务的需求程度极高。由贸易引起的多样化服务需求将吸引大量的基础设施和金融机构在自由港区域内设立和集聚，金融机构在满足差异化需求的服务过程中，自身也获得了收益并得以发展。

从本质上来说，金融系统的核心是信息系统，运行的是以数字为内容的抽象价值信息。因此，金融中心必须能够准确、及时地接收市场上来自关于金融机构、金融工具以及金融产品的信息并将信息反映在市场价格上，这需要以必要的基础设施作为依托。良好的基础设施有利于金融机构在降低运营成本的同时开展高质量服务，有利于促进金融资源集聚，是金融中心形成和发展的必要条件。从现象上来说，金融中心是金融机构集中的区域。金融机构的数量及质量决定了市场的规模和流动性，反映了金融活动的深化程度和金融体系的完善程度。因此，发达的金融机构是市场高效运行和金融中心存在的微观基础。可见，自由港具有吸引大量基础设施和金融机构并促使其发展的特点，对金融中心的建设起到了重要的促进作用。

（3）促进离岸金融市场发展

离岸金融市场是世界经济发展和金融市场创新的产物，主要业务是吸收非居民的资金并服务于非居民的各种金融需求，它不仅是经济业务重要的资金来源，也为国家资金余缺的调配提供了场所和条件。综观世界上各大国际金融中心，离岸金融市场都是其不可或缺的一部分。

与在岸金融市场相比，离岸金融市场具有手续简便、业务灵活、效率较高以及低税或免税的优势，并且不受市场所在国和货币发行国一般的法律法规约束。对于东道国来说，离岸金融市场可以疏通国际融资渠道，有利于金融资源集聚，促进经济发展，增加就业机会；对于国际金融市场来说，离岸金融市场能够将国际市场有机结合，加速信息传递，降低交易成本，提高资金的使用效率，使资源配置和利用更加有效。可以说，要建立国际金融中心就必须发展离岸金融市场。

自由港在进行对外贸易、物流中转、加工制造以及拓展服务的过程中能够带来大量离岸金融业务需求。办理离岸金融业务必须要有“人员进出境自由、货币携带自由、利率随市场自由确定、外汇管制相对宽松的环境”[①] 条件，而自由港往往是一个国家经济最自由、最开放、政策最优惠的地区，是满足这些条件的最佳区域。可见，自由港天然地产生了离岸金融市场的需求和发展条件，这对国际金融中心的建设具有重要的意义。

2. 金融中心对自由港建设的促进

（1）提高经济活动效益

金融中心在形成和发展的整个过程中将产生巨大的聚集作用。在金融中心的形成初期，金融集聚以商品贸易活动为基础而发生，即天然的金流与物流并行。在此过程中，金融机构、金融人才等资源向经济基础强、金融业务需求多的区域集中，促使金融体系趋于完善。随着金融资源的聚集和金融系统的运行，规模经济效应和信息优势使金融中心形成一个庞大的网络。金融集聚直接加强了金融中心所在区域的经济实力和金融实力。具体来说，金融中心内聚集着资金、金融机构以及金融产业等生产要素，发达的金融体系能够提供多元化的支付和借贷渠道，提供更佳的服务，进而优化资源配置，促进合理分工并提升经济活动效益。

利用聚集的金融资源，金融中心可以通过金融工具、信息、商品和服务等载体向外辐射能量，对经济腹地乃至世界范围内的经济和金融进行渗透和引导。金融辐射可以使资金、技术、信息等资源向外部流动，与周边地区形成互补效应，实现由点带面的发展，并由此进一步优化资源配置，提高整个区域的经济活动效益。另外，众多金融机构在金融中心聚集，彼此之间存在激烈的竞争关系，这些机构有动机

① 窦萍：《从保税区到自由港——上海保税功能能级提升研究》，华东师范大学，2006。

进行金融创新以求在竞争中占优。金融中心内的资源和信息优势也为创新提供了有利条件。可见，金融中心内的主体既有创新的动机也有创新的条件，而金融创新同样能够提高经济活动效益。

综上所述，金融中心的金融集聚功能、金融辐射功能和金融创新功能可以从不同角度实现对经济活动效益的提高。从内生增长模型来看，对经济活动效益的提高都表现为生产函数的优化。此外，由于经济活动效益提高，企业和个人从事投融资等金融活动的欲望就更加强烈，暂时闲置的资金就会被吸引到生产用途上，储蓄率就会提高，有效资本形成的速度也随之加快。由内生增长模型可知，生产函数的优化和储蓄率的提高将使经济增长率随之提高，在此过程中对外贸易必然得到促进。

（2）降低交易成本

交易是市场的首要目的，但在交易过程中由于各种摩擦而产生的交易成本会让一部分价值白白消散，使经济效率降低。从事前的交易成本来看，首先，金融系统是一个信息系统，金融中心能够及时汇集、处理、传导大量的金融信息，形成信息枢纽，实现信息的有效配置。具体来说，在金融中心，金融机构的集中使信息更易于收集和传播，大量的金融活动使得信息在市场中得到处理并不断创造新的信息。金融中心汇集了各个来源的信息并向市场扩散，信息在市场上引起的反应自动把资源引向有需求并且被市场认可的位置。相比个体单独搜寻信息，金融中心对信息的配置极大地提升了效率，降低了搜寻信息的成本。其次，作为金融市场的关键组成部分，金融中心聚集着多元化的金融机构，可以提供多元化、个性化的交易服务，为金融运行提供流动性，使交易能够高效地完成。同时，大量的金融交易使得均衡价格在市场的供给和需求作用下自发形成并不断调节，降低了议价的谈判成本和契约成本。从事后交易成本来看，金融中心的监管制度可以确立经济活动规则，为金融交易提供运行秩序，规范运行环境，并约束个体行为，降低了包括适应性成本、执行成本、运转成本等在内的事后交易成本。金融市场交易成本的降低将使自由港内对金融服务的需求得到更好的满足。

（3）支持自由港的多样化功能

随着经济的发展和业务的多样化，自由港内的企业和个人对贸易、物流和仓储等传统服务以外的服务需求日益增加，这促使自由港的功能向多样化、综合化方向发展。早期自由港的功能仅限于贸易中转和关税优待，之后发展出加工制造功能，再往后，一些运营较好的自由港进一步发展运输、通信、旅游、金融等其他功能。其中，金融功能是一项极为重要的功能。自由港在本身建设的过程中，就需要大量的资金、便捷的支付和借贷服务以及有效的风险分担渠道，而这些需求的满足都要依赖于金融功能的有效发挥。另外，自由港内贸易量巨大，企业和个人能够产生大量对金融服务的需求，包括融资、支付结算、尽职调查、信用担保、货币兑换、外汇交易、财务管理、会计、保值避险、离岸金融等。可以说，金融服务是自由港的多样化功能的重要支撑，离开金融服务，自由港的诸多功能便难以流畅运行。一般而言，金融系统越发达，金融工具和金融机构所提供的选择就会越多，金融服务就越完善。金融中心具有发达的金融系统，可以提供多样化、个性化的优质金融服务，为自由港的运行提供了便利，支持着自由港的多样化功能。

（二）自由港的发展情况对上海的借鉴意义

1. 自由港发展的历史简介

自由港是自由贸易区的高级形式，是一种位于一国境内海关辖区以外的特定区域。此区域内，在遵守该国有关卫生、移民、治安等政

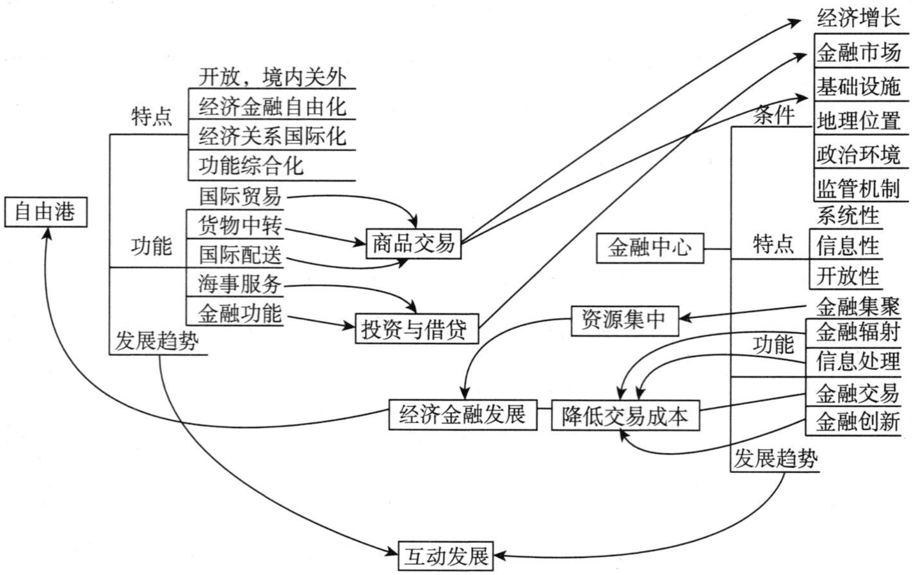

图 1　自由港与金融中心的对比情况

策法规的前提下，外国船舶可以不受海关管辖进出，货物的存储、装卸、分装、加工、转运及装配均不受海关控制，全部或者大部分货物可以免除关税。16 世纪以后，自由港作为一种国际经济联系形式和政策工具，为许多西方发达国家所运用。

世界上最早的成型自由港是欧洲的雷格亨自由港。1547 年，欧洲的商人在获取雷格亨港自治权后实行对过往船只的货物进出口提供豁免征收关税的优待政策。自此，以“开放”“免关税”“自由贸易”为主要特点的自由港诞生。受时代条件所限，早期的自由港的功能只局限于转口贸易，虽然在发展中逐渐增加了仓储、简单加工等业务，但仍然没有突破转口贸易服务的范围。直至二战之后，经济全球化和科技革命推动了世界经济和贸易的发展，第二代自由港在功能上发展出了增值性较高的加工制造功能。例如典型的自由港——中国香港和新加坡就在 20 世纪 50 年代提出转向加工制造业。加工制造功能对区位和运输系统的完善程度有较高的需求，因此第二代自由港打破了港口的空间限制，港区向腹地延伸。无水港于此时出现，如爱尔兰香农。与此同时，自由港的管理和海关监管制度逐渐优化。从 1980 年开始，微型计算机迅速发展，飞速发展的信息技术推动第三代自由港形成。第三代自由港以计算机与信息技术为依托，聚集各类产业，向多功能方向发展，并逐步走向港城融合。

联合国贸易发展委员会（UNCTAD）于 1992 年提出了港口代际划分理论，以港口功能和定位为标准将现代港口划分为三代：第一代港口在 20 世纪 50 年代前，其主要功能是货物的运输、换装、转口，发挥运输枢纽的作用；第二代港口在 20 世纪 50 年代至 80 年代，在第一代港口的基础上增加了运输装卸功能、仓储功能、增值产业功能，起到运输业和工商业服务中心的作用；第三代港口在 20 世纪 80 年代后出现，在第二代港口的基础上又发展了商业功能、信息功能、社区功能等。此时，第三代港口的定位已经转化为国际物流中心和国际贸易综合服务中心。按照港口代际划分理论的标准可以看出，港口在发展过程中功能不断拓展，服务辐射的范围也不断扩大。自由港虽然是相对特殊的区域，但总体上仍然围绕港口发挥作用。因此，自由港的发展也基本遵循港口代际演化的路线。

可以看出，随着世界贸易的发展和科学技术的进步，自由港在逐渐向功能多样化、综合化的方向发展。在经历了初期的“航运中转型”、第二代的“加工增值型”和第三代的“资源配置型”三个阶段[①]之后，当今的自由港，兼具航运、保税仓储、转口贸易、加工制造、商业旅游、服务贸易等功能。在各种优惠政策的配合下，自由港

① 胡凤乔、李金珊：《从自由港代际演化看“一带一路”倡议下的第四代自由港发展趋势》，《社会科学家》2016 年第 5 期，第 95 ~ 99 页。

逐渐成为综合性的交通枢纽、产业聚集地和资源配置中心。

2. 典型自由港的启示与借鉴

中国香港和新加坡是自由港的典型代表，同时也都是国际金融中心。在二战后特殊的国际形势与背景下，中国香港和新加坡都把握了世界经济快速发展的良好机遇，迅速集聚国际资本，成为美日欧之外重要的国际金融中心。同时，二者国际金融中心的成功发展对其自由港的贡献也是巨大的。分析比较中国香港和新加坡发展方面的成功经验，对在上海建设自由港和国际金融中心具有很大的借鉴意义。

中国香港是国际性的贸易与金融中心，集航运、全球贸易、物流中转、金融集聚、离岸金融、信息配置等多种功能于一身。香港能取得今天的成就依赖于两点：一是对商品优惠的税收政策，二是政府方面实行的“积极不干预主义”以及一套完备的对市场的不干预政策。第一次鸦片战争后，英国宣布香港成为自由港，香港开始发展转口贸易。同时，外资银行相继进入香港。二战以后，香港在恢复与发展经济的过程中，“港英政府一直采取自由主义的市场政策，对外贸易迅速发展，催生了对融资和结算等与贸易相关的金融业务的需求”。[①] “允许大部分商品自由进出并免征关税，完全是一种市场自主、自发的自由经济体系”。[②] 在这种条件下，香港的转口贸易和金融业都得到了良好的发展。20 世纪 60 年代，“香港自由港已经是亚太地区重要的转口贸易中心，并成为世界第二大货柜港”。[③] 国际贸易规模的扩大形成了对金融服务更高的要求，于是从 20 世纪 70 年代开始，香港有计划地增强金融的开放度和自由度：1973 年解除外汇管制实行

① 陈万灵、唐曦宁：《香港国际金融中心地位的形成、发展及其启示》，《南方金融》2011 年第 12 期，第 70 ~ 73 页。

② 黄汉生：《香港自由港的产生发展及其特点》，《南洋问题》1987 年第 3 期，第 34 ~ 35 页。

③ 陈会珠、孟广文、高玉萍、杨爽、邵擎峰：《香港自由港模式发展演化、动力机制及启示》，《热带地理》2015 年第 1 期，第 70 ~ 80 页。

货币兑换和资金进出自由；1974 年开放黄金市场；1982 年取消了外币存款 15% 的利息税；1983 年实行与美元联系浮动。一系列举措使香港基本实现了资本自由流动并形成了相对完善的金融机构体系，香港自由港由此得到了更好的金融服务支持，同时香港逐步发展为国际金融中心。

发展到今天，香港特区仍然坚持尽可能不干预市场自由运行的原则。政府赋予了在港企业极高的经营自主权，基本不干涉企业的决策，而只通过法律法规维护市场的秩序。另外，“香港自由港只对烟、酒、甲醇、碳氢油类四种货品征收进口税，而对于其他出口、转口税全部免征”。[①] 这些政策有力地促进了贸易环境的改善，对发展自由港起到了十分积极的作用。香港实行的货币兑换自由、资本进出自由、投资自由以及低税率的政策为金融运行提供了良好的环境，使得国际资本不断涌入，稳定着香港的金融中心地位。

与中国香港相比，新加坡的发展则是在特定的历史条件下，在政府的积极参与和长期扶持下有序进行，属于“政策推动型”。1819 年，英国取得了新加坡的租借权，利用新加坡优越的地理位置和优良的天然海港，把新加坡打造为其在亚洲地区获取原材料和倾销商品的转口贸易港。为了促进转口贸易的发展，英国实行自由港政策，将新加坡全境开辟为完全自由港。1959 年，新加坡自治邦成立，新加坡自由港也面临发展的困境。新加坡在英国殖民期间是单一畸形的转口贸易结构，与转口贸易相关联的经济活动占国民生产总值的 80% 以上。据统计，“1960 年新加坡转口贸易比重高达出口总额的 93.8%，之前发展的工业如橡胶加工业、木材业等，也只是作为转口贸易的补

① 蓝庆新、韩萌、马蕊：《从国际自由贸易港发展经验看我国自由贸易港建设》，《创新与创业》2019 年第 2 期，第 35 ~39 页。

充，发展基础十分薄弱”。[①] 而在20世纪50年代，广大的亚洲国家在摆脱英国的殖民统治后纷纷发展本国的直接贸易，导致经由新加坡港进行转口的货物量减少，新加坡经济不断衰退。在此情形下，新加坡自治政府决定优先发展工业，实行工业化。为了保护国内刚起步的工业，新加坡将完全自由港的政策调整为有限自由港政策。1960年，新加坡自治政府针对本国需要保护的工业，实行对部分相关进口货物征收关税的政策，在受保护的工业发展到一定阶段、具有国际竞争力时，再取消相关的关税保护。1961年，新加坡政府宣布第一个经济发展五年计划，发展自身经济。与此同时，在20世纪60年代中后期，美国为减少资金外流而采取紧缩的金融政策，形成了有利于美国境外美元市场形成的条件。在国际金融形势和身为自由港的有利条件下，新加坡政府实施倾斜式的金融发展政策，对重点发展的市场给予税收和管理上的优惠，积极发展国际银行业，培植亚洲美元市场，促使金融按政府预定的模式向前发展。1968年10月新加坡设立亚洲美元市场，同年取消了亚洲美元市场的金融管制。“1973年，居民和企业获准投资于亚洲美元市场。同时，新加坡政府出台政策，以优惠条件吸引和鼓励外资银行在新加坡营业”。[②] 1978年6月，新加坡全面开放外汇市场，取消外汇管制。可以说，新加坡的自由港和国际金融中心都是政府当局精心策划、以人为方式推动发展的。

今天，新加坡的市场被评价为全球最开放的市场之一。在由世界经济论坛和全球贸易便利化联盟发布的《2016全球贸易促进报告》（*The Global Enabling Trade Report 2016*）中，新加坡位列第一。目前在新加坡，“99%以上的外国货物可以免关税入境，应税商品只有酒

① 郭建军：《新加坡外向型经济全球化进程（1965～2010）》，社会科学文献出版社，2012。

② 于卉芹、刘妍芳：《从金融中心的形成看政府的作用》，《时代经贸》2009年第3期，第43～47页。

类、烟草产品、石油产品以及车辆四大类，应税货物和非应税货物进口到新加坡要征收7%的消费税”。[①] 自由港方面，“发展规划严格地以法律形式呈现，并采取政企分开的管理模式，这样不仅降低了经营成本，还大大提高了经济效率”。[②] 金融方面，新加坡政府只鼓励外国金融机构参加亚洲美元市场的交易，对它们在新加坡的业务范围则设定了较多限制，为此采取了一些金融保护措施。

通过比较中国香港和新加坡的发展，可以发现二者既相似又各有特色。一方面，中国香港和新加坡都有着优越的地理位置和稳定的经济社会局势，都有着极其优惠的关税，都取消了外汇管制，金融市场高度开放。这些共同的特点对两地自由港和国际金融中心的发展起到了重要的推动作用。另一方面，香港政府采取积极不干预的政策，这使香港的金融市场更加自由开放，但过度的自由化必然隐藏着市场混乱的风险。由于过于松懈的监管，1965年香港爆发了一场严重的银行危机。相比之下，新加坡政府则积极参与经济，在自由港和国际金融中心的发展过程中大力引导和扶持，并对金融市场严格监管。“内外分离型”的离岸金融市场就是新加坡政府将积极创新和严格监管成功统一的范例。中国香港和新加坡的发展经验对上海建设自由港和金融中心具有一定的启示作用，例如，在发展初期借鉴新加坡的“政策推动型”模式，对重点发展的产业给予各种优惠，制定符合我国国情的合理的发展路径；扩大贸易开放程度，减免关税，打造离岸金融市场，实施适当的监管制度，既要严加监管，防范和化解金融风险，又要处理好政府与市场的关系，避免过度管制。

① 《新加坡自由港竞争之道：开放·高效·低税负》，《珠江水运》2013年第16期，第63~63页。

② 李如平：《国际贸易视角下我国与新加坡主要港口竞争力对比研究》，《改革与战略》2016年第11期，第163~166页。

（三）国际金融中心的发展情况对上海的启示

1. 国际金融中心发展的历史简介

金融中心是指金融机构集中、金融系统完备、具有金融集聚和金融辐射功能的区域。当金融中心的集聚和辐射的范围能覆盖全球，即能够为全球范围内的客户提供金融服务时，就成为国际金融中心。国际金融中心的产生和发展是一个历史过程，随着世界经济的发展，国际金融中心也在不断演化和升级。

大航海使世界开始走向整体，欧洲的商品贸易迅速发展，金融业随之逐渐繁荣。17 世纪，随着荷兰在世界航运业中占据主导地位，阿姆斯特丹成为欧洲最大的商港，依托贸易中心的地位，以票据结算、清算为核心业务，逐渐形成涵盖欧洲、面向全球的世界上第一个准国际性金融中心。1750 年后，英国作为第一个进行工业革命的国家，率先实现了工业化，在很长时期内经济实力居于资本主义国家首位。英国建立了以英格兰银行为核心的、功能强大的金融体系，辐射全球，伦敦成为国际金融中心。英国的国际金融霸主地位一直持续到第一次世界大战的爆发。此后，美国的经济实力迅速超越英国，两次世界大战实现了美英之间霸主的交替。美国于二战后取得了制定贸易规则和金融规则的主导权，在成为世界政治、军事霸主的同时，也成为世界经济的霸主。美元依托美国强大的经济、军事实力，成为国际主导货币，纽约成为最大的国际金融中心。20 世纪 60 年代后，国际金融中心不再必须依赖于实体经济中心而存在。资金实现了真正的全球化流通，离岸金融中心开始形成，国际金融中心的全球布局呈发散趋势。

由于历史和现实方面的多重原因，目前伦敦和纽约仍然占有强势地位，是最主要的国际金融中心。与此同时，其他地区也涌现了类型不同的金融中心，如法兰克福、东京、香港、新加坡、悉尼以及迪拜等，并且一些国家也正在积极争取、努力打造自己的国际金融中心。这些新兴的国际金融中心在规模和成熟度上暂时难以企及伦敦和纽约，但在发展速度和服务的独特性方面具有一定的竞争优势。

2. 典型国际金融中心的分析与启示

大多数研究认为，纽约、伦敦属于第一层级的金融中心——全球性国际金融中心；东京、新加坡、香港、悉尼等属于第二层级金融中心——区域性国际金融中心；此外，还有一些属于各国国内的金融中心。2018 年 9 月发布的第 24 期全球金融中心指数（Global Financial Centers Index 24）中，纽约和伦敦分别列于第一位和第二位。因此，纽约和伦敦在发展国际金融中心方面的经验对上海具有很高的借鉴意义。

伦敦国际金融中心在英国进行工业化的时期得到实质性发展。强大的工业使英国自然地成为“世界工厂”，物美价廉的英国工业品很快遍布了世界市场而使英国成为贸易强国。在此过程中，英镑自然地成为国际贸易结算和资本输出中最普遍使用的货币。可以说，英国工业的飞速发展和经济霸主地位的确立，为伦敦国际金融中心的繁荣发展打下了坚实的基础。19 世纪 70 年代，英国成为工业生产和国际贸易的第一大国，殖民地遍布世界各地。“尽管处在金本位制下，然而超过 40% 的国际贸易并非使用黄金结算而是使用英镑结算，英镑成为当时最重要的国际货币”。[①] 一战前夕，“英国的海外投资高达 40 亿英镑，占西方总投资的一半，英国以绝对的优势取得了国际金融领域的统治地位”。[②] 伦敦也自然地成为整个国际金融体系的中心。

① 周雄：《英美证券市场开放的特点及其背景》，《河南金融管理干部学院学报》2004 年第 1 期，第 57 ~ 58 页。

② 游碧蓉：《透视国际金融中心的百年变迁》，《亚太经济》2001 年第 2 期，第 11 ~ 13 页。

20 世纪 60 年代离岸货币市场形成以后，伦敦一直保持开放的金融政策。英国在 1986 年 10 月实施的“金融大爆炸”改革使伦敦金融业更加开放化自由化，形成了开放竞争的市场环境。改革期间对信息技术的大量投入也提高了伦敦的现代化程度，巩固了伦敦金融市场的国际地位。1997 年 10 月，伦敦证券交易所针对股票交易进行第二次大规模改革，建立了以市场为核心的自动报价系统并奠定了有力且适度的监管制度基础。发展到今天，伦敦“仍然是国际银行业的中心、交易量最大的外汇交易中心、最大的国际保险市场、最大的金融衍生品场外交易市场”，[①] 金融行业在多个领域位居全球第一，在全球金融中心指数的排名中与纽约的相对地位不断交替。

相比之下，纽约能成为全球性的金融中心，则是美国外交、政治、军事、经济等各方面共同作用的结果。二战后，美国成为超级强国，“拥有了资本主义世界 50% 的总产出和 70% 的黄金储备”。[②] 在此条件下，美国掌控着制定世界规则的权力，建立了以美元为核心的布雷顿森林体系，并于 1947 年实施“马歇尔计划”，要求国际投资和借款必须以美元结算，许多国家的外汇储备由美元资产占据绝大部分。纽约国际金融中心随着美元的国际化成为世界清算中心和巨大的金融中心。1971 年 8 月，布雷顿森林体系解体，美元与黄金脱钩，美元受到的约束大大减少。“1973 年 10 月，美国迫使石油输出国组织欧佩克（OPEC）接受条件：全球的石油交易必须用美元结算”。[③] 这一举措稳固了美元的国际地位。1981 年 12 月，美国联邦储备系统批准设立纽约离岸金融市场，这一举措使纽约国际金融中心的地位又一次得

① 苏立峰：《全球金融中心演进规律的实证研究》，华东师范大学，2009。

② 陈洪辉：《全球主要国际金融中心发展中政府作用及对上海的启示》，《科学发展》2012 年第 2 期，第 99 ~ 104 页。

③ 侯耀颖：《“超主权货币”的马克思主义分析》，《中国商论》2015 年第 27 期，第 155 ~ 157 页。

到了提高。

今天，受金融危机以及经济、政治等其他因素影响，市场对美元的信心有所下降，部分石油输出国决定使用欧元或“一揽子货币”作为结算手段而不再使用美元。但美元目前仍然是世界上主要的储备货币，也是各国贸易结算与投资的主要工具。2019 年一季度末，“美元外汇储备在全球外汇储备中所占比例为 61.8%”。[①] 这表明美元在相当长时间内仍将是主要的国际货币，纽约作为国际金融中心的地位虽然受到影响但并未根本动摇。

分析伦敦和纽约的国际金融中心的形成和发展，可以得到如下启示。首先，英国和美国的国际金融霸主地位都是通过大规模战争获得的，因此，强大的国家实力，尤其是军事实力是国际金融中心形成和发展的保障与前提。其次，美英首先都成为“世界的工厂”，在此基础上才演化为“世界的银行”，因此，工业发展水平以及由此形成的综合经济实力是金融中心的坚实基础。再次，航运中心、物流中心、信息中心是国际金融中心的重要前提。最后，金融市场的开放和自由是国际金融中心的必要条件，当然，这并不排斥必要而有效的监管。

我们应该历史地看待他国金融中心发展轨迹，既要从中学习经验，又要吸取教训；既要看到共性，又要识别各自的社会历史文化特性；既要看到我们的差距，又要对自身的优势具有充分的了解和自信。在英国智库 Z/Yen 集团 2019 年 9 月 19 日发布的第 26 期全球金融中心指数（GFCI 26）排名中，上海位于顶级金融中心五强之列，与第四名新加坡仅相差 1 分（见图 2）。这表明了上海金融产业的高速发展以及国际社会对上海金融环境和地位的认可。上海作为国内、

① 《美元在全球外汇储备中的地位如何》，https://forex.hexun.com/2019-07-05/197749446.html。

国际的金融中心已经具有了长足的进展和坚实的基础，需要在借鉴国际经验的同时，立足中国、面向未来打造超前的国际金融服务中心。

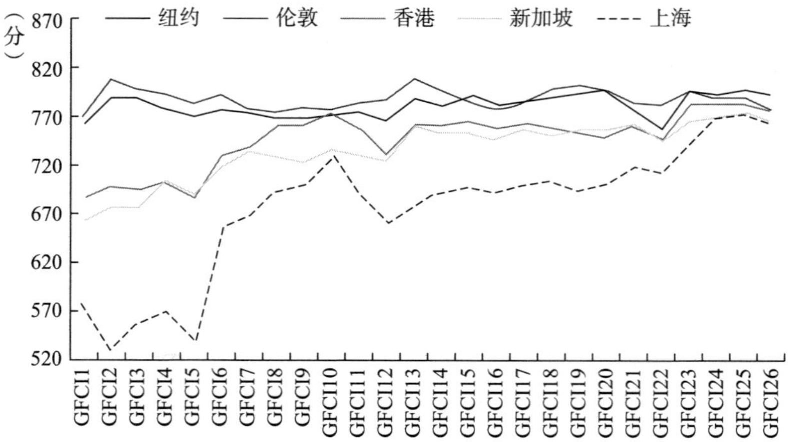

图 2　各期 GFCI 前五名城市分数

资料来源：https://www. longfinance. net/publications/long-finance-reports/global-financial-centres-index-26/。

二　原则确立与对策研究

（一）明确建立自由港与金融中心的原则

习近平总书记指出，当今世界正面临百年未有之大变局。在上海建设的中心注定与以往的中心不同，如英国和美国。英国能够成为世界的中心与大量的殖民掠夺密切相关，美国成为世界中心也是与战争和政治分不开的。而我国在上海建设物流中心和金融中心，并不是简单地着眼于获取经济效益，也不会使用暴力手段胁迫，而是为建立人类命运共同体服务，使全球人民共同受益。上海应在全球视域下完成物流系统、金融系统、信息系统的集成，应建立连接生产与消费、配置生产要素、沟通不同地域信息的超级物联网络。在此过程中，不能因循守旧、故步雷池，而应着力于探索未来的经济模式、贸易模式、金融模式、运输模式，全方位地进行模式创新、机制创新。为未来的人类社会提供中国方案。在这一艰巨的历史目标的建设过程中，我们应该秉持以下原则。

1. 国际化原则

整个设计应该立足于中国且着眼于全球，使依托上海的国际金融中心和自由港不是中国的对外金融中心、对外物流中心，而是超越于国别基础上的、具有全球视域的、真正意义上的国际金融中心、国际物流中心。其设计起点与未来的定位都应基于国际性原则。

2. 服务性原则

我们给世界提供的是公共产品，是为世界人民的经济交往提供超级交流平台，而非唯利是图的纯营利机制，更不是卡喉勒索的控制机制，绝不重复西方世界的以霸权支撑的国际金融控制体系的老路。我们要充分贯彻服务性原则，把“为人民服务”的精神扩展为“为人类服务”。

3. 合作性原则

我们搭建的平台是合作平台，在其所覆盖的范围内，世界各国人民可以凭借各自优势充分合作。合作则通过分工、比较优势和规模效应而实现共赢，使世界各地的资源禀赋充分发挥作用，获得合理收益，使世界经济和谐、平衡发展，实现经济效益和社会效益的最大化。

4. 整体性原则

既有的西方式国际体系是垂直控制型的食物链结构，由于其中各方所享有的权利义务严重背离而处于割裂状态，利益冲突剧烈，不具有整体性特征。与之相反，习近平总书记“人类命运共同体”的理念是视人类为一个和谐大家庭、为统一整体，而非少数利益集团控制大多数的阶级分割状态。唯有秉持“人类命运共同体”的理念，坚持整体性原则，才能最大限度、最高效率地调动人力、物力资源，维护人类社会经济的可持续发展。整体性原则是国际化原则、服务性原则、合作性原则的综合。本着整体性原则，应该以地球村的视角，综合各方面因素来总体设计未来人类的经济模式。

5. 前瞻性原则

总结历史，社会演化越来越呈加速度发展态势，尤其是进入信息化社会、数据化社会的阶段，人们的想象力总是落后于时代的步伐，对此我们应该有客观的认识，尤其应充分认识信息技术突飞猛进的发展及其带给社会经济生活的本质性改变，并在此基础上，具有前瞻性地进行模式、机制、路径设计。

总之，上海在设计、构建国际物流中心和金融中心的过程中，应本着“构建人类命运共同体”的理念，基于“大数据”，构建“大平台”，营造“大生态”，进行“大协作”，以推动“全球大生产”进而促进人类社会的可持续发展。从物流和金流两个方面，为世界提供依托于人民币和中国经济实力的国际金融网络和国际物联网络这两项公共产品，造福世界人民。

自由港与国际金融中心建设互相促进，相辅相成。自由港可以为国际金融中心提供经济基础，提供深化金融改革开放的试验区域和平台，为国际金融中心建设创造有利的前提条件。国际金融中心可以为自由港提供配套金融服务，降低自由港内经济活动运行的交易成本。从逻辑上来说，联动建设要提高物流系统和金流系统的契合度，拓展两个系统各自的网络覆盖，并在流量、流速、流向可控的同时，使管道畅通。就上海而言，应积极采取措施，促使上海成为货币和商品的集散枢纽、管道泵力中心和调节库。

（二）对策建议

1. 推动上海保税区向自由港转型

我国保税区的设立是改革开放的成果，是国际贸易往来的产物。1990 年，通过借鉴国际上的自由贸易区取得的成功经验，我国在大陆建立了第一个保税区：上海外高桥保税区。经过 20 多年的实践与发展，上海于 2013 年 9 月成立了中国（上海）自由贸易试验区。上海自由贸易区目前包括浦东机场综合保税区、外高桥保税物流园区、洋山保税港区。随着中国对外贸易的发展，保税区已经成为国内开放度和自由度较大的经济区域，在扩大贸易规模、引进资金和技术、推动经济增长等方面发挥了较大作用。但与自由港相比，保税区和保税港区还存在一些不足，具体表现如下。

在自由度方面，保税区的自由度低于自由港。我国保税区和保税港区内的企业没有完全自主的决策权限，受政府机构的影响较大。而在一些典型的自由港，如香港，企业和个人的经济行为在不违反法律和政策的前提下是完全自由的。香港特区政府通常不对经济实行计划指导，不干涉经济个体决策。在开放性方面，保税区相比自由港也有所欠缺。自由港的开放性表现在准入制度和优惠的税收政策，具体包括关税免税政策、出入境优惠政策以及企业投资优惠政策等。我国保税区和保税港区的优惠政策则仅表现在税收政策上；在对金融服务业的优惠政策方面，我国保税区和保税港区内的金融机构与区外一般的金融机构相同，没有相应的优惠政策。

综上所述，我国的保税区相比自由港仍有诸多不足之处。随着世界经济一体化步伐不断加快，保税区和保税港区已经不能完全适应新形势下我国进一步发展的要求。伴随着我国目前的深化改革，保税区向自由港转型势在必行。在转型过程中，需要不断完善法律、政策和基础设施建设，进一步深化改革开放。近日，国务院印发了《中国（上海）自由贸易试验区临港新片区总体方案》。上海可以将自由贸易试验区临港新片区作为自由港的“试验田”，立足国内、面向世界，以新片区为起点推动保税区和自贸区向自由港转型，在既有的世界性物流基础上进一步版本升级。这主要体现在两个方面。其一是管道系统的扩展与提升，实现物流管道系统对内的水陆空多层次联通以及对世界范围的更广泛覆盖；其二是制度方面的建设与创新，这是自由港之“自由”的主要体现，降低门槛、减免税费、舒畅通道、广纳八方商旅。尤其需要强调的是，面向世界的制度建设需要有国际性、兼容性、灵活性和创新性，我们既需要与既有国际体制接轨、兼容，又需要面对未来、面对新时代进行制度创新。

2. 在上海自贸区新片区尝试发展离岸金融

国际金融中心本质上是其所依托的主导货币的、面向世界的运行平台。在国际金融中心的建设方面也需从两点着力，其一是平台的高效性和管道覆盖的广泛性，具体而言就是依托于人民银行清算系统的跨境人民币支付系统（CIPS）的世界范围的最大化铺设，为人民币走出去及世界范围内的运行提供路径。其二是制度的建设，我们需要借鉴现有国际货币体系中的经验，同时也需要创新和提升，使中国为世界提供的人民币系统成为名副其实的公共产品。在此过程中，推进人民币离岸金融市场的建设和发展十分必要，离岸金融市场本身就包括了高效的平台、广泛的管道和创新的制度。党的十九大报告指出“赋予自由贸易试验区更大改革自主权，探索建设自由贸易港；离岸贸易、离岸金融将是自由贸易港政策最终的发展方向”。[①]

---

① 王勇、王亮、余升国：《自贸区离岸金融制度创新理论分析框架》，《上海经济研究》2018年第5期，第93～104页。

离岸金融市场对自由港和国际金融中心而言都是必要的组成部分。就自由港来说，离岸金融不仅可以为其提供更广泛的资金来源和多元化的金融服务，还是港内经济产业的一个重要内容。就国际金融中心来说，离岸金融市场可以推动一国货币的国际化，而货币的国际化是打造国际金融中心的必要过程。可以说，离岸金融市场是建设自由港和国际金融中心的重要结合点。离岸金融市场还可以连接不同国家和地区的金融市场，使国际间的金流管道覆盖更广、效率更高，其减免税政策、相对宽松的管制以及其他金融优惠措施，更进一步降低了资金在国与国之间的转移成本。金融机构通过离岸金融市场实现了业务的扩张，“有利于加强全球金融业和金融市场间的竞争，而竞争又提高了行业和市场的效率。金融资源在竞争状态下低成本高速流通，必然使其在全球的配置得到优化”。[①]

开放金融、建设离岸金融市场是世界各大自由港和国际金融中心的通行惯例。按照纽约、伦敦、新加坡和香港等地的经验，建立离岸金融市场对国家经济十分有益，并能促进自由港和国际金融中心的建设与发展。对中国而言，建立离岸金融市场有助于消化外汇储备，推进人民币的国际化。在人民币国际化的进程中，中国可以降低自由港贸易中的支付风险并且提升其在国际政治经济中的地位。但也应该认识到，金融开放是收益与风险并存的。这就要求在金融开放和发展离岸金融的过程中不可操之过急，应该摸着石头过河，逐渐形成符合中国国情和发展需要的制度和体系，稳步审慎推进金融开放和自由化。

当前世界上主要的离岸金融市场有避税港模式、内外一体型模

① 鲁国强：《国际离岸金融市场发展轨迹及影响研究》，《金融发展研究》2008 年第 2 期，第 15 ~ 18 页。

式、内外分离型模式。中国的金融市场目前暂未实现完全放开，内外分离型模式比较适合中国的发展状态。该模式对在岸业务与离岸业务实行独立核算，可以有效缓解离岸市场受到的波动对在岸市场的冲击。新加坡在金融开放时十分注重对金融风险的防范，在开放的起步阶段重视政府对金融的管制，采用了在岸金融与离岸金融相互隔离的内外分离模式。在金融体系走向成熟的过程中，新加坡鼓励金融创新，逐步开放，离岸金融市场由内外分离型逐渐过渡到内外一体型。上海在建设离岸金融市场的过程中可以借鉴新加坡发展的经验，在自由贸易试验区新片区范围内试点金融的进一步创新与开放，如完善汇率形成机制、创新金融监管模式、完善相关的激励与约束、优化人民币跨境管理流程，并借助新片区的贸易活动和“一带一路”倡议积极开展人民币跨境支付，助推离岸金融市场形成。在此基础上逐步过渡，最终建立国际金融中心。

3. 构建信息中心，支撑上海的金融中心和物流中心建设

随着社会的进步和科技的发展，社会经济领域也越来越被划分为截然而清晰的两个系统：“物质系统”和“意识系统”，即一切物理意义上的实体的移动都由广义物流系统实现，同时一切信息的运行都交由信息系统完成，而且物流亦须由信息引领。作为运行抽象符号的金融系统也由信息系统组成。

大数据、云计算、5G 技术、物联网等信息技术的发展正在改变人类的生产生活方式，推进人类社会进入数据化时代。因此，构筑世界性信息中心是上海成为世界性超级城市的必由之路，更是其成为自由港和国际金融中心的前提。目前，中国在信息技术方面处于第一方阵，如通信行业，目前世界四大通信设备巨头华为、爱立信、诺基亚、中兴，中国占据其二。在 5G 标准的制定上，以华为为代表的中国企业也开始崭露锋芒，中国在通信技术领域的地位不断提高。

"2017 年 11 月美国 Reno 举行的 3GPP RAN1#87 会议中，华为主导的 Polar 码成为 eMBB 场景下控制信道编码最终方案，而高通主导的 LDPC 码成为数字信道编码方案，中美平分秋色"。[①] 上海需要基于既有的中国电子网络优势及信息技术优势，构筑新时代的、面向未来的、面向世界的信息中心，构建超级网络，将自由港的物流系统与国际金融中心的金流系统和超级网络紧密结合，在从互联网到物联网升级的历史进程中走在时代前列。如此，方能实现运行模式的创新，例如，国际贸易的电子商务化、国际金融的"端口—母体"化等；如此，方能结合国际物流中心和国际金融中心的优势，更好地聚合、整合、融合国际国内的生产要素，于世界范围配置资源和财富，实现经济效益和社会效益的最大化。

4. 构筑面向长三角经济特区的大区域金融、物流管理服务平台

通过对香港、新加坡、伦敦和纽约的分析，可以发现，所在区域的经济繁荣是自由港和国际金融中心形成和发展的必要条件。随着中国经济转向高质量发展阶段，建立世界级规模的城市群是发展中必要的一步。上海处于世界第六大城市群之称的长三角城市群中，应当充分利用这一区位优势。长三角城市群包括上海、江苏省、浙江省及安徽省，区域总面积约 21.3 万平方公里，占中国国土面积的 2.2%；2017 年常住人口 1.5 亿，占中国总人口的 11%；GDP 达到 16.5 万亿元，占中国 GDP 的 20%，是中国经济发展最活跃的地区之一。"长三角是中国对外开放的最大地区，工业基础雄厚，商品经济发达，水陆交通方便，是中国最大的外贸出口基地"。[②]

2019 年 5 月 13 日，习近平总书记主持召开中共中央政治局会议，

---

① 任泽平：《中美科技实力对比：关键领域视角》，http://finance.sina.com.cn/zl/china/2018-07-24/zl-ihftenhz3489353.shtml。

② 《长三角年鉴》，http://www.jssdfz.com/index.php?m=content&c=index&a=lists&catid=64。

会议审议了《长江三角洲区域一体化发展规划纲要》。会议指出，“长三角是我国经济发展最活跃、开放程度最高、创新能力最强的区域之一，在全国经济中具有举足轻重的地位。长三角一体化发展具有极大的区域带动和示范作用，带动整个长江经济带和华东地区发展，形成高质量发展的区域集群。上海、江苏省、浙江省、安徽省要增强一体化意识，加强各领域互动合作，扎实推进长三角一体化发展”。[①] 长三角区域是中国城镇化基础最好的地区之一，经济发展水平领先，并且区域内经济互补性强。上海在金融业方面最为发达；浙江省在电子商务和信息技术方面处于领先，并拥有高质量的民营经济；江苏省是制造业大省，实体经济发达；安徽省制造业也比较发达，并且区域创新能力连续 7 年位居全国第一方阵。长三角区域内产业体系基本完备，没有明显短板。可以预见，长三角城市群在政策倾斜下的高速发展可以为上海提供坚实的经济依托，使上海的发展程度进一步提高。一方面，长三角的商品经济和对外贸易有助于自由港功能的发展；另一方面，实体经济也会产生大量相关的金融业务需求进而支持国际金融中心的发展。此外，可以将长三角区域内企业的闲置资金引导至上海，提升上海的金融实力。《中国（上海）自由贸易试验区临港新片区总体方案》明确提出打造上海的全球高端资源要素配置功能，这与长三角的资源配置一体化趋势恰好吻合。

上海应充分发挥在长三角城市群中的龙头作用，构建平台、加强物流辐射和金流辐射以优化长三角的资源配置、产业结构和金融环境，助力长三角区域一体化发展。这需要我们弱化行政区划所产生的壁垒，面向长三角区域，建立跨省、大区域金融监管服务体系

① 《中共中央政治局会议审议〈长江三角洲区域一体化发展规划纲要〉》，《城市规划通讯》2019 年第 10 期，第 1 页。

以及物流体系，在完善长三角地区的资源整合效率的基础上，辐射全国乃至全世界。这也是建立国际金融中心和国际物流中心的基础步骤。

5. 利用上海的特殊地位，推进人民币国际化进程

货币的国际化不仅是打造国际金融中心的关键一步，也会极大地促进自由港的发展。从中国的角度来看，人民币的国际化能够为我国带来可观的铸币税收入。从全球视角来看，人民币作为国际货币可以降低相关国际贸易的成本，有助于全球财富的流动和增长。按照既有的国际惯例，人民币要成为国际货币有两个必要条件，一是可以自由兑换，二是外国有广泛的对人民币的需求。

首先，人民币可自由兑换意味着放开外汇管制。当前，我国的资本项目还没有完全放开，上海可以在自由贸易试验区新片区范围内对制度进行改革和创新，试点人民币的自由兑换。如果自由兑换能够实现，那么人民币的使用成本就会降低，外国人持有人民币的意愿将大大增强。其次，持有货币的主要动机是协助交易和贮藏价值，外国对人民币的需求大部分体现在交易需求和保值需求两方面。中国作为世界工厂，对外贸易额十分可观，2018 年中国外贸总额达 4.62 万亿美元。从交易需求来看，若能促成在相关贸易中使用人民币结算，那么外国对人民币的交易需求就会显著提高。在此过程中，我国可以循序渐进，首先与日韩、东南亚国家以及共建“一带一路”国家展开合作，在贸易中推动使用人民币进行交易。机制成熟后再进一步推广，逐步实现在国际贸易中尽可能多的用人民币计价、结算。从保值需求来看，持有一种资产的意愿来自对该资产升值或至少是保值的预期，就货币而言，币值保持稳定并且具有较强的购买力才能满足保值需求。而一国货币币值是否稳定、购买力是否足够强则取决于该国的经济实力。正是因为英美两国有强大的经济实力作为支撑，英镑和美元

才能成为国际货币。目前，中国的经济总量位于世界第二，而从产业的完备性来看，甚至可以认为中国的经济实力不弱于趋于空心化的美国。可见，人民币可以满足持有货币的保值需求。

可以预见的是，人民币的国际化将对美国造成沉重的打击，因此必将遭到美国的重重阻挠。一方面，美国可能打击中国的实体经济以影响人民币币值。这需要我国继续推动产业发展，夯实实体经济，促进经济平稳健康发展，提升经济实力。另一方面，人民币的自由兑换可能引来资本的狙击，若没有有效的应对手段，类似于 1997 年东南亚金融危机的情况就会发生。这需要央行在币值计算方法和货币政策工具上进行改革和创新，以适应资本项目的开放。

6. 结合“一带一路”倡议，构筑金融支撑体系

目前，全球经济总体延续复苏态势，但不同水平经济体之间差距仍在扩大。全球贸易摩擦升级，港口吞吐量增速放缓。在此背景下，中国提出的“一带一路”倡议有助于推动自由港的发展。2017 年 1 月，习近平主席在日内瓦万国宫“共商共筑人类命运共同体”会议上发表了《共同构建人类命运共同体》主旨演讲，“人类命运共同体”的理念在联合国成员国中得到了广泛认同，海内外学者普遍认为，“一带一路”倡议是该理念走向实际的关键一步。“一带一路”倡议致力于增强亚欧非大陆及附近海洋的互联互通，“旨在通过共建、共享，形成更高水平的陆海空通道网络、高标准自由贸易网络”,① 并以重要港口为节点，建设通畅安全高效的运输通道，帮助相关国家进行互联互通和共同合作，以实现多方共赢。在“一带一路”倡议的布局中，自由港和国际金融中心有着良好的机遇，发展空

① 国家发展改革委、外交部、商务部：《推动共建丝绸之路经济带和 21 世纪海上丝绸之路的愿景与行动》，《交通财会》2015 年第 4 期，第 82 ~ 87 页。

间巨大。上海作为长三角城市群与“一带一路”的交汇点，应当充分发挥作用。

贸易保护主义和西方对中国的种种干扰是人为制造自由贸易壁垒，而“一带一路”倡议则是破除壁垒。大力发展“一带一路”，可以在一定程度上绕过西方的遏制并对冲贸易保护主义带来的不利影响。21 世纪，海上丝绸之路分布着众多自由港，如香港自由港、新加坡自由港、吉布提自由港以及鹿特丹自由港等。在建设海上丝绸之路的过程中，上海应加强与沿线合作国家自由港的对接与合作，建设第四代自由港，即“物理空间上分离但通过公共经营者或管理部门相联系”[①] 的港口联盟。建立自由港联盟有诸多好处。首先，在建立联盟的过程中，上海可以在发展自由贸易的同时吸取其他国家自由港的发展经验，既推动了国际间的自由贸易又利于自身的迅速发展。其次，自由港具有高度开放化、自由化的特性，与国家整体制度相比，不同国家的自由港制度之间通常具有更高的一致性和匹配度。因此，可以将自由港作为试点区域，与“一带一路”沿线的合作国家在商品通关、海关监管、贸易结算、劳务出口、离岸金融等领域尝试开放与合作，为国家之间扩大合作奠定基础。在试点合作成功后，可以将合作机制推广并制度化，实现共建“一带一路”国家之间长期多角度的深度合作。

此外，在与共建“一带一路”国家进行金融项目合作时，我国央行可以出面牵头，促进我国金融机构与多边国际金融机构如亚投行、丝路基金、中国—东盟银行联合体、上合组织银行联合体、世界银行及欧洲复兴开发银行等机构以及合作项目所在国金融机构的多方合

① SECRETARIAT UNCTAD. Technical note: Fourth-generation port. [EB/OL]. http://www. customs. gov. cn/publish/portal174/tab63990/module168947/info703529. htm.

作。在此过程中，应大力推广人民币跨境结算，提升我国金融系统的开放程度和人民币的国际化程度，甚至可以与“一带一路”合作国家共建新的国际金融治理架构，这将极大地有利于国际金融中心的建设与发展。

打造上海国际金融特殊机会交易中心研究报告

陈　阳　安振宇　廖思洋　李　双*

一　特殊机会投资概述

（一）特殊机会投资的定义

广义而言，特殊机会投资指经济金融由于周期性波动而导致标的物处于特殊困境的、承压的场景下的投资机遇。狭义而言，特殊机会投资指由于个体原因而被持有或需处置变现的资产。在来源上，可以分为金融类特殊机会投资资产和非金融类特殊机会投资资产等。两者

* 陈阳，远洋资本有限公司副总经理，金融资产管理业务董事总经理，中国老年学和老年医学学会老龄金融分会副总干事；多年从事公司金融和投资银行业务，在大类资产管理和养老金融领域有丰富的实务与理论经验；在社保金融体系运行机制的国别比较、养老金融资产管理等领域颇有创新研究。安振宇，现任远洋资本投资总监、资产管理业务中心执行董事；研究方向为金融机构风险管理、不良资产投资领域和公开市场特殊机会投资。廖思洋，现任远洋资本资产管理业务中心投资经理；研究方向为另类资产投资、金融科技、金融计量经济学。李双，远洋资本资产管理业务中心投资经理；研究方向为另类资产投资、大类资产配置、房地产经济、金融科技。

共性在于交易价格与真实价值或预期之间存在的价格空间。购入者通过资产定价和筛选，在平衡处置成本与收益的前提下，通过赋能提升资产的长期价值，并实现较高的处置价值。这个定义与传统意义上的不良资产有一定交集，如无特别指出，可在本文中通用。从历史数据和较长周期来看，这类投资机会的投资回报整体较为丰厚且收益稳定。特殊机会投资是一种可持续可复制的商业模式。

（二）境内外不良资产交易的缘起及其相关分析

2019 年 10 月 25 日，国家外汇管理局发布《关于进一步促进跨境贸易投资便利化的通知》，部署推进境内信贷资产对外转让试点工作，允许试点地区扩大可对外转让的信贷资产范围，包括银行不良资产和贸易融资等。商业银行的信贷资产跨境转让业务，开始走进我国金融创新与资本项目对外开放的前沿地带。

1. 历史回顾

20 世纪末，在亚洲金融危机爆发之后，为化解银行业金融风险，财政部出资组建中国国有四大资产管理公司（AMC），当时从四大国有商业银行累计收购 1.4 万亿元的不良贷款，剩余约 2 万亿元由四大国有商业银行自行处置。四大国有银行及 AMC 合计持有近 3.4 万亿元不良贷款，并未从根源上化解银行业整体风险，若不加快处置，势必将蔓延到货币市场，严重威胁国家金融安全。但由于国内不良资产处置市场的容量有限，四大资产管理公司处置大规模不良资产的经验不足，利用外资处置不良债权便成为当时的一项重要政策。一方面，能够引进先进的资产处置技术和管理经验；另一方面，能够提升不良资产的处置效率，缓解国内市场资金紧缺的问题。

在国家层面的重视下，作为外资参与不良债权处置的一系列政策的标志，2001 年 10 月出台的《金融资产管理公司吸收外资参与资产重组与处置的暂行规定》，首次以部门规章的形式允许四大资产管理公司与外资合作开展不良资产的重组和处置。2003 年出台的《关于外商投资企业和外国企业从事金融资产处置业务有关税收问题的通知》，2004 年出台的《关于金融资产管理公司对外转让不良债权有关外债管理问题的通知》和《国家外汇管理局关于金融资产管理公司利用外资处置不良资产有关外汇管理问题的通知》，明确了该领域外债登记、外汇登记、收益汇出等政策。高盛、摩根士丹利、花旗、雷曼兄弟、美林、所罗门美邦、瑞士第一波士顿等华尔街投行，均对我国不良债权市场表现出强烈的投资兴趣，踊跃参与四大资产管理公司对不良资产包的处置。据不完全统计，截至 2007 年底，我国利用外资处置不良资产的规模约为 3200 亿元，占四大资产管理公司处置金额的 30%。由此可见，外资曾经在化解我国银行业金融风险、协助处置银行不良债权方面发挥了重要作用。2007 年，《国家发展改革委、国家外汇管理局关于规范境内金融机构对外转让不良债权备案管理的通知》出台后，银行信贷资产跨境转让业务进入低谷期，逐渐成为市场冷门业务。

2. 2016 年以来的试点与推进情况

2016 年，《国务院关于积极稳妥降低企业杠杆率的意见》明确：“拓宽不良资产市场转让渠道，探索扩大银行不良资产受让主体，强化不良资产处置市场竞争”的改革方向。同年 8 月，《国家发展改革委关于做好对外转让债权外债管理改革有关工作的通知》，将境内金融机构向境外投资者转让不良债权纳入企业外债登记制管理。同期，国家外汇管理局也表示将支持研究跨境资产转让。随后，部分在华外资银行出于自身不良贷款处置的需要，开始与中国银保监会、国家发展改革委、国家外汇管理局等部门主动接触，沟通跨境转让不良债权事宜。而银行信贷资产跨境转让业务再次进入商业机构的视野，深圳、广州两地先后开始先行先试。2016 年末，深圳前海金融资产交易所（简称“前交所”）获准开展跨境债权转让试点，办理了全国首单通过跨境平台交易的银行不良资产跨境转让业务。2017 年 6 月，国家外汇管理局批复授权深圳市分局对辖区内的银行不良资产跨境转让试点申请。2018 年 2 月，前交所开展保理、融资租赁等资产跨境转让业务试点。2018 年 5 月，广东金融资产交易中心获准开展银行不良资产跨境转让试点；同月，深圳市外汇和跨境人民币业务展业自律机制发布《关于发布跨境人民币资产转让业务暂行管理要求的通知》，允许辖区内商业银行开展票据资产和人民币福费廷资产的跨境转让业务。

（三）特殊机会投资在中国的现状

1. 不良贷款及违约债权规模持续上涨

近年来，受监管趋严、经济增速趋缓等影响，国内不良资产市场呈现出规模持续上升的特点。根据银保监会数据，截至 2019 年二季度末，商业银行不良贷款余额已达 2.24 万亿元；商业银行不良贷款率从 2014 年的 1.04% 增至 2019 年二季度末的 1.81%。银行业资产质量出现分化，局部压力显现，部分地区城、农商行则面临更大压力（见图 1）。

从债券违约主体数量来看，自 2014 年公开市场首只债券发生违约至 2019 年 1 月 15 日，债券市场共有 105 个主体发行的 242 只债券发生了违约（统计范围仅为银行间、交易所交易的债券），涉及违约的债券本金规模达 1946.28 亿元，2014 ~2018 年债权市场新增违约主体情况见图 2。

降低与严控表外业务，是本轮金融去杠杆的重要措施。通过对新增表外业务的限制和固有表外业务的整改，杜绝资金空转套利，引导和规范银行表外业务逐渐回归表内；表外业务的回归，一方面是还原

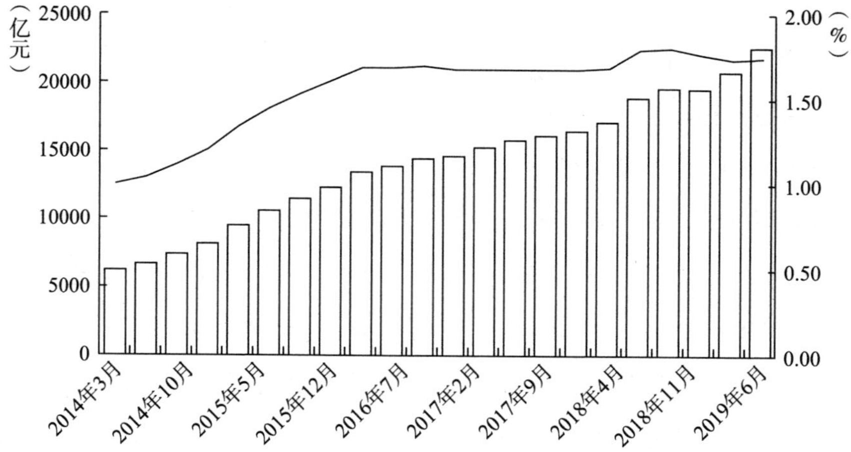

图 1　全国商业银行不良贷款余额及不良贷款率

资料来源：Wind。

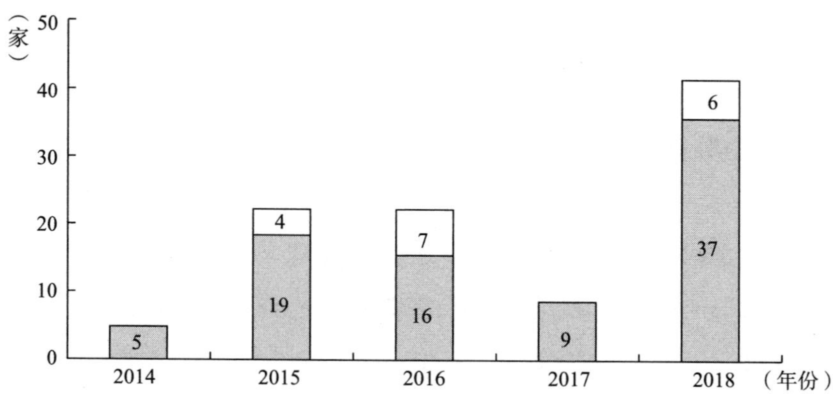

图 2　2014～2018 年债权市场新增违约主体数量

资料来源：Wind，光大证券研究所整理。

资产负债真实状态，另一方面使原本应该预警和隐藏的风险真实暴露，从而对银行资产负债表造成很大压力，如何化解风险、合理处置资产成为当务之急，从而为特殊资产投资带来更多机会。

2. 银行存量不良出清提速

作为防范和化解系统性金融风险重要阵地，2019 年以来银行方面利用拨备较为充足的有利条件，加大不良贷款处置核销力度。强监管压力下，商业银行加大了出清不良资产的力度。2019 年前三季度共处置不良贷款约 1.4 万亿元，同比多处置 1765 亿元。

从监管和行业管理角度来看，2019 年以来银保监会发布《商业银行金融资产风险分类暂行办法》，并先后要求“逾期 90 天以上的全部计入不良”，地方资产管理公司不得帮金融企业虚假出表掩盖不良资产。2019 年 9 月，财政部发布《金融企业财务规则（征求意见稿)》，对银行拨备覆盖率进行限制，意在促使不良资产加快暴露。同时，也进一步加强了地方中小银行机构不良贷款的相关检查。

3. 特殊机会投资行业的挑战与机遇

随着中国经济进入结构性调整和新旧发展动能转换时期，特殊机会投资迎来了具有一定周期性特征的机遇，整个行业无疑将面临新一轮投资机会与行业挑战。从行业机构类别看，可分为以下 4 种。

（1）金融资产管理公司（包括四大资产管理公司和地方资产管理公司）

四大金融资产管理公司及地方资产管理公司占据参与主力的位置。截至 2018 年，持牌地方资产管理公司达到了 58 家，其中完成注册成立的有 43 家，正在筹建的有 15 家。浙江、广东、福建、山东等地已出现第三家资产管理公司。

（2）区域及地方类机构

区域内投融资性质平台和地方资产管理公司在特定背景下，也会作为地方政府的代表，解决地方债务问题；同时，也存在地方政府主导的在行政指令下进行不良资产转让，这种情况多发生在同一地区的地方国企、城市商业银行系统与区域投融资平台之间。

（3）外资基金

近年来，许多外资基金进入中国不良资产投资行业，在本土化的过程中，大都选择了与四大资产管理公司进行合作。例如 KKR 与中国东方资产管理股份有限公司组建合资公司，橡树资本（Oaktree Capital）与中国信达资产进行战略合作，Lone Star 与中国长城资产也建立了业务联系等。为了方便资金流转、减少交易审批，国家外管局相继批准深圳前海金融资产交易所、广东金融资产交易中心作为试点开展不良资产跨境交易。

（4）社会投资者

近几年，大量的非银行、非资产管理公司纷纷设立特殊机会投资或不良资产投资部门，既有招商局、华润集团、国新公司、中国人寿等传统大型央企，也包括平安、阿里巴巴等大型民营企业，还有互联网金融公司、传统行业公司等。

随着特殊机会市场规模的扩大，市场竞争必然日益加剧。资产处于相对特殊状态使得特殊资产投资领域的处置具有产业链较长、处置过程环节复杂的特性，进一步增加了投资难度，需要整个行业通过加强内外交流，不断总结与完善，最终推进整体行业和实体经济的持续健康发展。

二　上海自贸区金融创新须重视特殊投资机会

（一）特殊机会投资与金融生态系统的共荣与共生

1. 特殊机会投资对于我国经济和金融发展的重要意义

通过特殊机会投资创新与发展，可以有效实现“金融活，经济活；金融稳，经济稳”；可以为实体经济发展创造良好金融环境，疏通金融进入实体经济的渠道。通过积极规范发展特殊机会基金等方式，扩大直接融资；丰富金融供给，降低特殊机会投融资难度和成本，可以为经济转型升级提供强大支撑。可以更好地落实科学防范风险，提高金融业竞争能力、抗风险能力、可持续发展能力，坚决守住不发生系统性金融风险底线的相关要求。

2. 特殊机会投资与金融发展的共荣和共生

金融的一个重要功能是进行风险管理。特殊机会投资可以实现金融资源的优化与重新配置，通过持续的局部优化，进而谋求提升整体金融资源效率。特殊机会投资体系的完善与提升，可以理解为金融功能的逐步扩展、提升和复杂化的演进过程。在这个过程中，经济资源配置效率不断提高，进而会促进经济健康发展。特殊机会投资有利于进一步实现把主动防范化解系统性金融风险放在更加重要的位置，科学防范，早识别、早预警、早发现、早处置，着力防范化解重点领域风险，着力完善金融安全防线和风险应急处置机制。同时，也有利于进一步提高我国金融业的全球竞争能力，扩大金融高质量双向开放，提高开放条件下经济金融管理能力和防控风险能力，提高我国参与国际金融治理的能力。

（二）上海国际金融中心建设与特殊机会投资分析

1. 国际金融中心定位与发展

在 2009 年《国务院关于推进上海加快发展现代服务业和先进制造业建设国际金融中心和国际航运中心的意见》的基础上，国家还陆续出台了一系列支持将上海建设成为国际金融中心的具体政策。上海在金融市场体系的建设上，已经具备了全球体系最完整的金融要素市场体系，形成了包括股票、债券、期货、货币、外汇、黄金、保险、信托等各类市场集聚的金融中心城市；在金融机构体系建设上，除银行、证券、保险、信托等金融机构不断汇聚外，

2018 年底上海的持牌金融机构已有 1605 家；在金融开放方面，先后启动了沪港通、黄金国际版、债券通、自由贸易账户等重要的金融创新品种，投贷联动在全国率先试点，上海自贸区成立 5 年共发布 9 批、111 个金融创新案例，成为中国金融发展环境最为完善的地区之一；在金融改革创新与发展方面，“一带一路”倡议、自贸区等一系列改革试点率先在上海实行，通过建立上海金融法院，实现“专案专审”，成立金融审判庭、金融仲裁院、人民银行金融消费权益保护局等一系列机构。

上海金融生态环境的进一步完善与构筑，特别是在金融市场和金融中介有效运行的机构、制度、信息和金融科技，具体包括法律制度、会计与审计制度、信息披露机制、征信机制、支付与清算组织、监管机构等金融基础设施方面。

2. 新旧增长动力转换中的特殊机会投资契机

中国外向型经济经过 40 多年的发展已成为世界经济的重要组成部分。当前，面对百年未有之变局，以新一轮高水平开放促进经济金融高质量发展，是新形势下的正确抉择。

2019 年 10 月 23 日，第 68 次国务院常务会议审议通过了优化外汇管理、促进跨境贸易投资便利化的 12 条措施。根据该会议精神，国家外汇管理局及时发布了《国家外汇管理局关于进一步促进跨境贸易投资便利化的通知》（汇发〔2019〕28 号，以下称《通知》）。按照风险可控、审慎管理的原则，《通知》允许粤港澳大湾区与海南自由贸易港先行试点，扩大参与境内信贷资产对外转让的主体范围，将可跨境转出的信贷资产范围扩大至银行不良债权和贸易融资等。部分政策如取消外债逐笔登记，银行不良债权跨境转让等仅在个别区域试点，待试点取得经验后才能适时推广。这有利于银行清理不良资产、盘活资产。从形势上看，跨境投融资便利化政策的调整，适应了当前跨境资本流动情况的新变化。从监管手段来看，监管科技水平的不断发展，为加强跨境资本流动提供了有力的保障。资本项目信息系统自2013年5月在全国推广以来，经过不断完善改进，目前已经可以有力地监测资本项目各个板块、同一主体在不同银行的跨境资本流动。从银行展业上看，商业银行执行外汇业务的合规意识不断增强，外汇自律机制不断健全。

3. 开展跨境特殊机会投资的必要性与可能性

2013年上海自贸区自确认金融支持建设的总体政策框架以来，基本形成了与国际通行标准较接近的市场准入方式。上海自贸区金融制度创新政策涉及降低服务业对外开放门槛、扩大资本账户重点功能范围、简化人民币跨境资金管理程序、推进部分金融产品定价市场化及探索外汇管理改革措施等诸多方面，为推进更高层次的贸易投资便利化创造了良好的外部环境。

2019年8月，国务院正式印发《中国（上海）自由贸易试验区临港新片区总体方案》，“打造更具国际市场影响力和竞争力的特殊经济功能区，主动服务和融入国家重大战略，更好地服务对外开放总体战略布局”，具体包括三个特点：①发挥开放型制度体系优势，推动统筹国际业务、跨境金融服务、前沿科技研发、跨境服务贸易等功能的集聚，整体提升区域产业能级，推动经济发展质量变革、效率变革和动力变革；②在前期探索实践的基础上，对标国际上公认的竞争力最强的自由贸易园区，选择国家战略需要、国际市场需求大、对开放度要求高，但其他地方又不具备实施条件的重点领域，研究提出具有较强国际竞争力的开放政策和制度；③坚持以风险防控为底线，加大开放型经济的风险压力测试，为长远发展夯实基础。从重点领域监管、信用分级管理和边界安全等不同维度，构建全面风险管理体系，全面提升风险防范水平。

依托上海自贸区新片区进一步推进金融创新，提升金融服务于实体经济的成效和力度，把防范和化解系统性金融风险放到更重要的地位。综合分析自贸区金融创新进展的局限与国内外经济环境后，上海自贸区新片区金融创新方向之一，即服务于跨境特殊领域交易、创设上海国际特殊资产交易中心，成为一种新的可能。进一步地看，特殊机会投资有利于推进金融供给侧结构性改革，也有利于进一步提高中国金融业全球竞争能力，扩大金融高水平双向开放，提升开放条件下经济金融管理能力和防控风险能力，增强参与国际金融治理能力。这与有关“防止发生系统性金融风险是金融工作的永恒主题”是高度相关和逻辑自洽的。

4. 特殊机会交易资产跨境转让中的相关问题

尽管国家在政策上鼓励银行信贷资产跨境转让业务试点，但实践操作中仍存在诸多问题，亟须得到协调和解决。主要是以下几方面的问题。

（1）外债备案流程复杂

我国现行的外债管理机制仍停留在2003年出台的《外债管理暂行办法》，而针对银行信贷资产跨境转让业务的基本规定也仅为2007年发布的《国家发展改革委、国家外汇管理局关于规范境内金融机构对外转让不良债权备案管理的通知》，其要求境外金融机构同时向国家发改委和国家外汇管理局申报并纳入外债管理。

尽管2016年发布的《国家发展改革委关于做好对外转让债权外债管理改革有关工作的通知》，2017年发布的《中国人民银行关于全口径跨境融资宏观审慎管理有关事宜的通知》，推动了外债管理机制的改革，但涉及信贷资产跨境转让的外债备案管理方面，部门间职能重叠、要求存在差异，在实务操作中需同时向两个部门提交外债备案申请。

（2）部门间的登记程序重复

《合同法》第八十七条规定“法律、行政法规规定转让权利或者转移义务应当办理批准、登记等手续的，依照其规定”。国家外汇管理局 2014 年发布的《国家外汇管理局关于进一步改进和调整资本项目外汇管理政策的通知》要求“简化境外投资者受让境内不良资产登记手续。有关主管部门批准境内机构向境外投资者转让不良资产后30日内，受让境内不良资产的境外投资者或其境内代理人应持以下材料到主要资产所在地外汇局或其境内代理人所在地外汇局办理境外投资者受让境内不良资产登记手续”。而中国银保监会 2016 年发布的《中国银监会办公厅关于银行业信贷资产流转集中登记的通知》，要求“银行业金融机构开展信贷资产流转业务，即将所持有的信贷资产及对应的受益权进行转让，应实施集中登记，以促进信贷资产流转规范化、透明化，实现对信贷资产流向的跟踪监测”。

鉴于《合同法》第八十七条规定，银行在开展信贷资产跨境转让时，为了确保法律效力，不得不在银登中心和国家外汇管理局同时登记，耗时耗事，也增加了不必要的费用。

（3）正常类信贷资产转让缺乏统一全面的流程规定

目前，针对正常类银行信贷资产转让尚未形成统一规定，相关的监管规范性文件主要是中国银保监会于 2009 年、2010 年、2016 年陆续发布的一份批复和三份通知：《中国银监会办公厅关于商业银行向社会投资者转让贷款债权法律效力有关问题的批复》、《中国银监会关于规范信贷资产转让及信贷资产类理财业务有关事项的通知》、《中国银监会关于进一步规范银行业金融机构信贷资产转让业务的通知》以及《中国银监会办公厅关于银行业信贷资产流转集中登记的通知》。

其中，《中国银监会关于规范信贷资产转让及信贷资产类理财业务有关事项的通知》要求“为满足资产真实转让的要求，银行业金融机构应按法律、法规的相关规定和合同的约定，通知借款人，完善贷款转让的相关法律手续”，《中国银监会关于进一步规范银行业金融机构信贷资产转让业务的通知》要求“信贷资产的转出方应征得借款人同意方可进行信贷资产的转让，但原先签订的借款合同中另有约定的除外。银行业金融机构转让银团贷款的，转出方在进行转让时，应优先整体转让给其他银团贷款成员；如其他银团贷款成员均无意愿接受转让，且对转出方将其转给银团贷款成员之外的银行业金融机构无异议，转出方可将其整体转让给银团贷款成员之外的银行业金融机构”。

在实际操作中，要求信贷资产转让时取得借款人的同意或者银团贷款其他所有参贷行的同意，在实施中存在较大难度，若未取得相关同意，借款人以监管要求为由主张无效，银行或投资者将面临法律风险。

（4）债权转让通知的法律形式

《合同法》第八十条规定“债权人转让权利的，应当通知债务人。未经通知，该转让对债务人不发生效力”。最高院发布的《关于审理涉及金融资产管理公司收购、管理、处置国有银行不良贷款形成的资产的案件适用法律若干问题的规定》（法释〔2001〕12号）指出“金融资产管理公司受让国有银行债权后，原债权银行在全国或者省级有影响的报纸上发布债权转让公告或通知的，人民法院可以认定债权人履行了《合同法》第八十条第一款规定的通知义务”。此外，《最高人民法院关于判断确定的金融不良债权多次转让人民法院能否裁定变更执行主体请示的答复》指出“……但对普通受让人不能适用诉讼费用减半收取和公告通知债务人等专门适用金融资产管理公司处置不良债权的特殊政策规定”。

目前已出台的司法解释，仅支持金融资产管理公司在受让不良债权后以公告的形式通知债务人，以及在此情形下诉讼费用减半收取的请求，而银行向其他类型债权人转让不良债权或者转让正常类信贷资产，则缺乏相关的司法支持。

（三）开展特殊机会投资跨境转让与交易试点的积极意义

1. 资本项目持续开放，兼顾多重政策目标

长期以来，境外投资者对我国资本市场保持着强烈的投资兴趣。近年来，我国资本项目陆续加快对外开放，股票、债券等标准化债权市场已相继对境外投资者开放。在金融去杠杆化的进程中，积极稳妥化解同业业务和非标准化债权资产风险是当前的一项重要任务。向境外投资者开放银行不良贷款和贸易融资等非标准化债权资产，既在资本项目的开放进程中迈出了新步伐，又兼顾了稳定实体经济杠杆、金融去杠杆、化解金融风险等多重政策目标。在去杠杆政策逐步稳健、理性、协调的背景下，将银行信贷资产跨境转让纳入宏观政策的工具箱，通过建立试点机制，在监管沙盒机制下有限创新、有序推进，确保了以金融安全为前提的金融创新和对外开放。

2. 改进信用风险评级，完善信贷资产风险定价

银行不良债权多为高风险的企业信用敞口资产，而贸易融资则包含了低风险的同业信用敞口资产和中、低风险的企业信用敞口资产，将上述两类银行信贷资产对境外投资者试点放开，有助于吸收国际先进的信用风险评级经验和信贷资产风险定价经验，间接缩小我国信用风险评级体系与国际体系的差异，促进国内商业银行不断优化贷款风险定价模型，使国内市场的风险利率逐步与国际市场接轨，从而减少跨境资本流动中的套利活动，有助于汇率稳定。

3. 优化资产负债结构，缓解资本和流动性的压力

自 2019 年以来，受同业压缩、非标回笼等因素的影响，商业银

行呈现出资产增长放缓、贷款增长加快的现象，资本和流动性的压力陡升。开展银行信贷资产跨境转让，一方面有利于商业银行优化资产负债结构、缓解资本压力；另一方面可以盘活信贷存量，推进市场化、法治化债转股，腾出更多信贷额度支持小微企业、民营企业。

三　对上海作为境内外特殊机会投资中心的建议

近年来，我国外债管理模式进行了重大创新，资本项目业务不断开放，银行的经营模式也发生了巨大变化，金融去杠杆化成为当前化解金融风险的一项重要任务。开展银行信贷资产跨境转让业务，有必要重新梳理和完善与之相关的外债管理机制、特殊机会投资标的信贷资产转让流程以及配套的司法支持，适应新时代金融对外开放的需要。

1. 在考量金融风险时，不仅要关注债务端，还要关注资产端

在中国，各级政府，特别是地方政府，一方面负有一定规模的债务，另一方面还拥有更大规模的资产。通过制订与发布权威特殊机会交易指标，实现将负债和资产置于同一个框架内研究创新，才能对中国的金融风险，特别是地方政府债务风险，做出准确判断。

2. 创设并支持金融创新示范区内机构开展跨境特殊机会双向交易业务

通过完善统一金融基础交易所平台，支持特殊机会投资要素市场设立跨境电子交易和资金结算平台，向自贸试验区和境外投资者提供以人民币计价和结算的交易服务。鼓励金融机构为境外投资者参与区内特殊机会投资要素市场交易，提供人民币账户开立、资金结算等基础式服务，同时一并开始应用市场定价、资产管理与运营、金融创新产品与交易工具等，持续提升投资者参与境内要素平台交易的便利化水平，改善市场交易流动性、提升投资人预期等。

3. 通过金融科技赋能、开放平台和生态经营，提升特殊机会投资配置效率

具体从执行层面上看：①GP层面寻找国际与国内一流优质管理人合作方；②重点作为汇聚各类投资人的平台，运用产品结构设计、不良资产组包技巧满足投资人的需求撮合交易，共同投资获取投资回报；③发布特殊机会投资指数，促进金融不良债权，并购重组及重整，特殊机遇的物业收购和改造等。

4. 特殊机会投资资产证券化创新

创新型特殊机构投资资产证券化，即通过合理配置特殊机会投资标的资产，使其具备稳定的现金流，提高信用，以其为标的资产发行证券在金融市场进行流通销售，从而实现对目标资产的快速处置，有效降低不良率，减少资本占用，包括但不限于资产支持证券、抵押贷款支持证券、抵押担保证券、过手证券、转付证券、剥离债券、投资受益凭证等。这些证券的设计充分考虑了不同投资者的投资，其结构各有优势，公募、私募方式都可以采用，同时，针对特定资产鼓励采取REITS等方式退出。

结　语

综上所述，通过系统梳理特殊机会领域理论、需求与痛点，并在实践中勇于、善于创新，有助于全面观察和分析金融风险，提升金融效率，进而推进供给侧结构性改革。要提高资产配置效率，必须创造开放包容的市场环境、使用现代金融科技工具、建立有效的体制机

制，只有如此，方能促进特殊机会投资行业公平竞争，进而切实提高资产配置效率，国有资产方能真正得到保护。

建设一个规范、透明、开放、有活力、有韧性的特殊机会投资与交易市场，有助于完善资本市场基础性制度，把好市场入口和市场出口两道关，加强对交易的全程监管。尊重市场规律、坚持精准支持，选择那些符合特殊机会产业发展方向的领域，如对主业相对集中于实体经济、技术先进、产品有市场、暂时遇到困难的市场经营主体予以支持，为中国经济转型升级提供可持续的发展动力。

上海国际金融中心建设法律适用体系研究报告

王海峰　主力军　杜相宜*

一　上海国际金融中心建设及法治环境现状研究

《上海国际金融中心建设行动计划（2018—2020年）》明确提出“到2020年，上海基本确立以人民币产品为主导、具有较强金融资源配置能力和辐射能力的全球性金融市场地位，基本形成公平法治、创新高效、透明开放的金融服务体系，基本建成与我国经济

* 王海峰，法学博士，上海社会科学院法学研究所研究员、国际法室主任、区域经济一体化研究中心主任、国际法学科带头人，哈佛大学肯尼迪政府学院访问学者，上海市浦江人才；担任浦东新区人民政府、中国（上海）自由贸易试验区管委会法律顾问，上海仲裁协会副会长，中国国际经济贸易仲裁委员会仲裁员、上海仲裁委员会仲裁员等；在《法商研究》《法学》《国际贸易》《哈佛亚洲季刊》等国内外学术期刊发表中英文论文近百篇，专著及合著数十部，主持或参与国家哲社、教育部、上海市哲社、上海市政府决策咨询重点课题等多项，完成上海市人大、上海市政协、上海市高级法院、上海市商务委、上海市法学会等部门委托课题多项。主力军，上海社会科学院法学研究所副研究员，德国 Augsburg 大学法学博士学位，华东政法大学博士后；研究方向为民商法、金融法和欧盟经济法。杜相宜，华东政法大学法学学士，原上海融力天闻律师事务所执业律师，现于上海社会科学院攻读国际法学硕士。

实力以及人民币国际地位相适应的国际金融中心，迈入全球金融中心前列”。

金融发展离不开良好的法治环境为其保驾护航。在优化法治环境方面，《上海市推进国际金融中心建设条例》设立了在上海市营造“最规范、最高效、最公平”的金融环境这一目标，从依法行政、完善金融纠纷解决机制、提升金融法律服务能力等方面做出规定，旨在以一个良好的法治环境助力上海国际金融中心的建设。

（一）中央机关及地方政府部门的金融立法及相关规范性文件

1. 我国金融法律框架体系

我国法律框架体系的构成可以从多个角度进行划分，而具体到金融法律方面，其从法律制度的层级看，是由法律、行政法规、部门规章和规范性文件共同构成的。而从法律制度调整的对象看，金融法律框架体系又可以划分为金融监管法和金融交易法等。从法律体系框架分析的完整性、全面性角度而言，本报告主要从法律制度层级角度进行分析。

（1）法律

我国没有专门的金融法，也没有专门的金融法这一法律部门，但一般意义而言，与金融相关的法律范围极广，包括但不限于公司法、商业银行法、银行业监督管理法、证券法、证券投资基金法、保险法、期货法、信托法、物权法、破产法、反洗钱法、中国人民银行法、税法等。此外，《刑法》与多个《刑法修正案》也涉及金融犯罪的罪名与刑罚。

（2）行政法规

国务院作为国家最高权力机关的执行机关，同时也是国家最高行政机关，其以“国务院令”形式颁布的行政法规是效力层级仅低于人大立法的第二位阶的法律。不同于人大立法，行政法规的主要目的在于实施、执行层面。自21世纪以来，国务院制定并颁布了包括但不限于《外汇管理条例》、《期货交易管理条例》和《外资银行管理条例》在内的行政法规以保障金融市场的稳健发展。

（3）地方政府规章——上海贯彻落实国家金融法律法规及政策制度的实践

上海始终贯彻实施国家金融立法活动，并结合地方特点积极出台落实措施，如2009年4月15日，国务院发布了《国务院关于推进上海加快发展现代服务业和先进制造业建设国际金融中心和国际航运中心意见》，次月上海市政府即推出了《上海市人民政府贯彻国务院关于推进上海加快发展现代服务业和先进制造业建设国际金融中心和国际航运中心意见的实施意见》；2014年5月8日，国务院发布了《国务院关于进一步促进资本市场健康发展的若干意见》，同年9月16日，上海市人民政府即印发《关于本市进一步促进资本市场健康发展实施意见》。此外，为防范和化解金融风险，规范上海市交易场所的行为，引导交易行为回归服务实体经济本源，促进交易行为健康发展，上海市政府根据有关法律法规和《国务院关于清理整顿各类交易场所切实防范金融风险的决定》（国发〔2011〕38号）、《国务院办公厅关于清理整顿各类交易场所的实施意见》（国办发〔2012〕37号）等文件，于2019年1月30日发布了《上海市交易场所管理暂行办法》。

2. 国务院首次出台国家规范性文件，指导上海国际金融中心建设行动纲领

《国务院关于推进上海加快发展现代服务业和先进制造业、建设国际金融中心和国际航运中心的意见》（以下简称《意见》）是我国首次正式且系统的以规范性文件的形式，对于如何建设上海国

际金融中心提出了规划和指导，并从国家层面做出了全面的动员部署与安排。该《意见》的公布，意味着上海建成国际金融中心这一计划已上升成为国家战略目标级别。国务院“十二五”“十三五”规划中都将“到2020年，将上海基本建成与我国经济实力以及人民币国家地位相适应的国际金融中心”这一目标定位于我国发展规划纲要中。

3. 上海地方政府紧跟国务院纲领，推出上海国际金融中心“基本法”

2009年6月25日，《上海市推进国际金融中心建设条例》（以下简称《条例》）经上海市第十三届人大常委会第十二次会议表决通过，并于2009年8月1日正式实施。《条例》是上海市地方人大制定的首部关于推进国际金融中心建设的地方性法规，其地位相当于金融中心“基本法”，为上海市的国际金融中心相关的金融体制建设与改革创新的连续性、合法性奠定了基础，并为制度架构提供了保障。条例包含的内容包括但不限于金融市场体系的建设、区域布局的划定、基础设施的搭建、金融人才服务环境的提升、金融创新氛围的架构、社会信用体系的建设，以及本文将重点予以论述的金融风险防范体系构建与金融法治环境优化等。条例提出了要在上海市营造“最规范、最高效、最公平”的金融环境这一目标，从依法行政、完善金融纠纷解决机制、提升金融法律服务能力等方面做出规定，旨在以一个良好的法治环境助力上海国际金融中心的建设。此后，为确保条例得以充分完善的贯彻落实，同时为保障国际金融中心的稳健建设，国务院各部委及其驻上海派出机构、上海市政府及相关部门纷纷出台了一系列相关的配套规范措施。

（二）监管部门对标国际金融中心建设，积极推进金融监管制度创新改革

1. 我国目前金融运行与监管模式——分业经营、分业监管

我国的金融行业实行“分业经营、分业监管”的模式，银行业、证券业、保险业、信托业各自经营和自身职能相关的金融业务。人民银行统筹货币政策，银保监会统一监管全国银行、金融资产管理公司、信托投资公司及其他存款类金融机构以及全国保险市场，证监会统一监管全国证券、期货市场，外汇管理局负责监管外汇收支、买卖、借贷、转移以及国际间的结算、外汇汇率和外汇市场等。证监会主要负责证券期货市场有关法律法规的拟定与修改、垂直领导全国证券期货监管机构、监管证券期货交易平台、经营机构及相关交易行为等。

为了方便对各地金融业进行监管，各金融监管机构在全国各地设立了派出机构，各派出机构在主管部门的监督下，在其被授权的权力范围内对辖区内的金融企业及相关金融活动进行监督管理。

2017 年底国务院机构进行调整与改革，成立金融稳定与发展委员会，其对于离岸金融的业务监管承担了非常重要的角色。虽然委员会事实上在金融活动的监管中并不承担任何实权，但作为国务院内设专门负责统筹、协调金融改革发展与稳定的议事机构，金融稳定与发展委员会的最重要职责即在于金融监管活动中的统筹与协调。上海自贸区监管机构建设路径见图 1。

2. 监管部门在金融中心法治环境建设中已落实的工作

国家金融监管部门及其驻沪机构近年来在实施《上海市推进国际金融中心建设条例》过程中，积极采取措施以保障上海市金融条例的贯彻落实，在金融中心法治环境建设工作中取得了重要的成就。

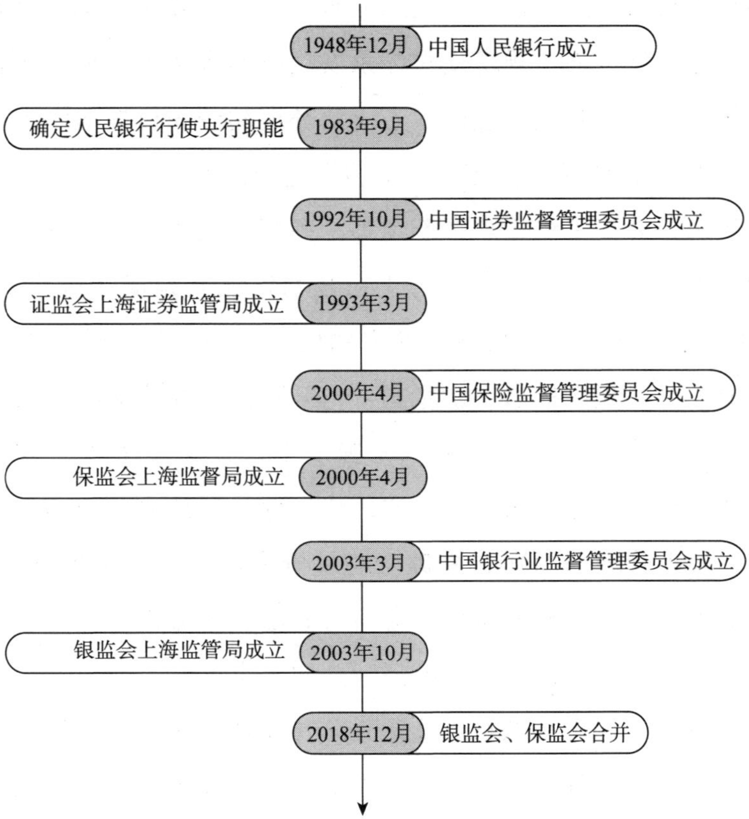

图 1　上海自贸区监管机构建设路径

（1）中国人民银行推进上海金融中心建设的情况

人民银行总行、上海总部，以及人民银行在沪直属机构近年来进一步完善了金融市场基础设施的建设：包括但不限于建立银行间市场清算所股份有限公司（上海清算所）；积极推动债券市场发展，扩大债券市场对外开放；积极推出银行间债券、外汇、货币等市场并加快开放，开展人民币海外投贷基金、跨境 ETF 等试点工作；创新设立自由贸易账户体系作为对区内各项金融创新进行风险管理的载体；积极探索投融资领域中本外币汇兑的便利；进一步推动人民币跨境使用范围的扩张；推进利率、汇率的市场化体系建设等。

人民银行及其上海总部分别从完善金融体系建设方面、促进跨境人民币业务发展方面、规范支付体系发展方面等依据其职能范围出台了多项规范，对优化上海金融中心法治环境起到积极推动作用。

（2）外汇管理局在金融市场中的推进与监管工作

近年来，外汇工作重点在于统筹平衡贸易投资自由化便利化和防范跨境资本流动风险，在维护外汇市场稳定尤其是成功应对 2015 年底至 2017 年初外汇市场高强度冲击的同时，外汇领域改革开放取得历史性成就——先后推出“沪港通”“深港通”等跨境证券投资新机制，扩大了金融市场双向开放，完善了全口径跨境融资宏观审慎管理，推动银行间债券市场双向开放，建立健全开放有竞争力的境内外汇市场。外汇管理部门在建立健全跨境资本流动宏观审慎管理体系，监管外汇市场合法、健康运行，提高对跨境资本流出冲击等风险的应对承担能力，有效维护了国家经济与金融安全。

（3）证监会、银保监会在金融市场中承担重要的监管职责

证监会及银保监会在金融市场中承担着业务指引及监管执法的重要角色，近两年来，证监会及银保监会发布了大量的金融活动指引性文件及金融监管政策性文件[①]以推进上海国际金融中心的稳健、有序建设。

证监会主要支持自贸区符合条件的主体进行境内外证券期货市场双向投资，支持自贸区符合条件主体的海外母公司获得人民币债券境内市场发行权，允许证券期货经营机构专业子公司在区内注册成立，支持建立大宗商品和金融衍生品面向境内客户的柜台交易。前述证券市场投资和交易的三条支持措施与人民银行推出的“金改 40 条”主

① 整理自中国证监会官网，https://neris.csrc.gov.cn/falvfagui/及中国银保监会官网，http://www.cbirc.gov.cn/cn/list/9103/910303/1.html，2019 年 9 月 10 日浏览。

要意见相一致，是证券监管部门从业务角度落实“上海总体方案”的具体支持措施。

银保监会主要从准入层面作出改革，推行准入前国民待遇政策，简化准入程序，并进一步优化监管方案，以支持上海金融中心的建设。

（4）金融稳定与发展委员会的统筹与协调机制

党的十九大强调了关于防范和化解重大风险的重要任务，基于此，结合我国金融市场监管存在的空白与重叠、多头监管导致的冲突乃至失序等现实问题，2017 年 11 月底，国务院金融稳定发展委员会成立，其设立目的在于强化人民银行对于金融活动宏观审慎管理的职责以及对于金融市场的系统性风险的防范能力，并协调、分配其他相关金融监管机构的监管职责，确保我国金融市场的安全与稳定发展。

两年来，委员会主要通过协调会议的形式，组织各监管主体共同探讨、研析金融市场中存在的问题与症结，探索解决方案并予以协调落实，通过主动且高效的沟通机制，统筹、协调、再分配各部门的具体职责，并尝试在不同监管主体间打通便捷透明的信息共享机制。

3. 上海市政府金融服务机构为金融中心法治建设保驾护航

上海市金融服务办公室设立于 2002 年 9 月，是较早设立的地方政府金融服务协调机构。作为市政府负责金融管理和服务工作的直属机构，该办公室肩负着与金融服务相关的领域的诸多工作，从各方面推进上海国际金融中心建设与发展，包括但不限于促进金融服务经济社会发展，推动有关金融国资企业的改革，完善对于金融机构与金融人才的服务，促进金融创新，加强区域间的金融合作与交流，维护金融市场的安全与稳定等。

多年来，经过数次内部机构、职能及编制调整，目前，上海市政府下设的金融服务机构有金融工作委员会及上海市地方金融监督管理局。金融工作委员会与金融监督管理局及其下属各职能处各司其职，共同为上海市建设国际金融中心提供有力的支持与保障。

4. 金融行业自律组织是金融监管必要的辅助力量

目前，中国金融市场范围内的行业自律组织主要有中国银行业协会、中国证券业协会、中国期货业协会、中国证券投资基金业协会、中国保险业协会、中国银行间市场交易商协会、中国互联网金融协会等，它们在各自金融行业领域范畴内形成行业自律组织，受民政部及相应的行业监管部门监督与指导，为金融市场的平稳、规范运行以及金融行业的绿色、健康发展提供了强有力的支持力量。

（三）金融司法与金融纠纷解决机制的发展与成果

1. 全国第一家金融专门法院于上海设立

为进一步推进上海国际金融中心的建设，同时也是为了促进金融案件审判的专业化与集中化，提升金融司法环境。2018 年 4 月 27 日，《全国人民代表大会常务委员会关于设立上海金融法院的决定》发布后，2018 年 8 月 20 日，上海金融法院正式挂牌成立。

根据《最高人民法院关于上海金融法院案件管辖的规定》，上海金融法院的管辖范围为由中级人民法院受理的第一审证券、期货、信托等金融民商事纠纷，以金融机构为债务人的破产纠纷，以上海市辖区内金融监管机构为被告的涉金融行政案件等。审理对上海市基层人民法院作出的第一审金融民商事案件和涉金融行政案件判决裁定提起上诉的案件，当事人对上海金融法院作出的第一审判决裁定提起上诉的案件，由上海市高级人民法院审理。

作为全国首家金融专门法院，上海金融法院始终坚持改革创新，发挥标杆作用，大胆先行先试，努力打造金融司法新高地。根据上海市高级人民法院 2019 年 7 月 29 日发布的《2018 年度上海法院金融商事审判情况通报》，2018 年，上海法院共受理一审金融商事案件 170955 件，共审结一审案件 168520 件，结案率为 98.58%（见图 2）。

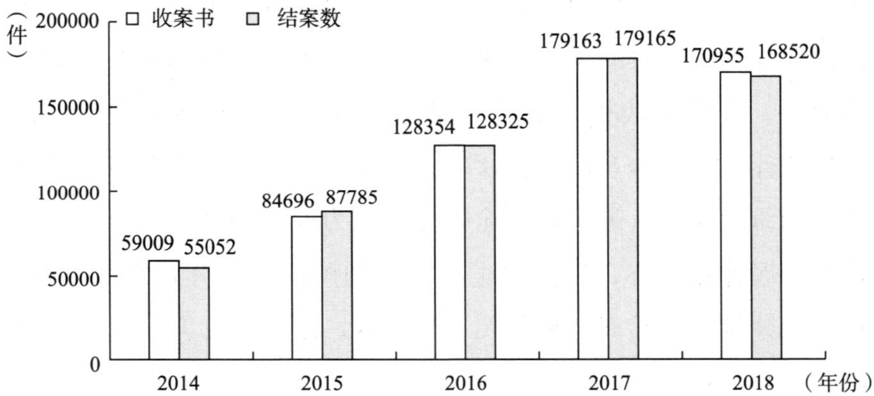

图 2　2014～2018 年上海法院一审金融商事案件数量

2. 金融检察坚决落实预防、打击金融犯罪工作

上海检察院系统建立了全国首个金融犯罪公诉专门机构，专门负责审查起诉涉嫌破坏金融管理秩序，涉嫌金融诈骗，与金融、证券等相关联的其他破坏市场经济秩序的犯罪案件，以及发生在金融领域的其他犯罪案件。典型案件有“e 租宝”“中晋系”“快鹿系”等重大涉众型金融案件，全国首例高频交易操纵期货市场案、非法经营“新三板”股票案等新型案件也由上海检察审查并提起公诉。根据上海市检察院 2019 年工作报告，上海市检察系统 2018 年对各类金融犯罪案件提起公诉 1269 件共计 2345 人，制发检察建议 14 件，并加大对涉众型金融犯罪的惩治力度，积极推动追赃挽损，第一时间提前介入“善林”“旌逸”等新发案件，推动完善金融监管机制。同时，根据上海市人民检察院 2019 年 7 月发布的信息显示，

2019 年度上半年上海市检察机关对于金融刑事案件提起公诉 481 件，共涉及 808 人。

3. 其他高效、快捷的金融纠纷解决机制——仲裁与调解

(1) 金融仲裁

仲裁作为高效、专业、灵活的金融纠纷非诉解决方式，在金融市场中愈发承担着重要的角色，进一步推动金融仲裁的发展，对金融市场法治环境的提升具有积极意义，亦有助于推动上海国际金融中心的法治建设。金融仲裁相较于其他纠纷解决机制，具备自主性、保密性、快捷性、专业性及国际性这五大优势，基于此，仲裁可以说是解决金融纠纷最实用且最高效的途径之一。为此，各大国际金融中心纷纷设立金融仲裁中心，以方便金融纠纷的解决，提升自身的竞争力。例如，巴黎设有国际商会仲裁院（ICCCA）总部，伦敦设有伦敦国际仲裁院（LCA）总部。

对于正在致力于建设国际金融中心的上海而言，金融仲裁中心的设立同样意义重大。目前，上海的金融仲裁机构主要是上海国际经济贸易仲裁委员会（又名上海国际仲裁中心）和上海金融仲裁院。

(2) 金融调解

调解起源于美国的 ADR（非诉讼的争端解决机制）运动，作为有效解决民事商事纠纷的方式之一，其具有非对抗性、费用低廉、程序灵活、省时省力、温和有序等特点和优势。

上海根据国家战略大力推进国际金融中心建设，将调解作为解决金融纠纷的重要途径，发挥着重要的作用。2009 年 7 月，《最高人民法院关于建立健全诉讼与非诉讼相衔接的矛盾纠纷解决机制的若干意见》的出台，确立了诉调对接的工作要求。2010 年 6 月，最高人民法院印发《关于进一步贯彻“调解优先、调判结合”工作原则的若干意见》的通知，牢固树立“调解优先”的理念。目前，上海的金

融调解中心主要有中国贸促会/中国国际商会上海分会调解中心、上海经贸商事调解中心、上海市金融消费纠纷调解中心和上海银行业纠纷调解中心等。

金融商事调解在中国方兴未艾，由于其专业化、国际化的优势，以及“高效省时、保密灵活、不伤和气、费用低廉”的原则，调解对当事人合法权益的维护，对法律尊严的崇尚，真正做到案结事了，均起到了积极的作用。在推动金融调解机制发展的同时，应妥善做好和法院的沟通联络，以确保诉调对接、调解协议的司法确认、调解协议的司法强制执行等工作顺利进行，从而进一步提升金融调解服务的专业性及效力性，这对于有效解决金融纠纷、建立高效有序的金融市场“软环境”、加快推进国际金融中心建设等，都具有十分重要的意义。

（四）其他有关国际金融中心的基础法律环境的建设

1. 社会征信体系

社会征信体系包括联合征信服务系统、社会信用制度和社会诚信活动三个层面，其中社会信用制度是核心，包括健全的信用法律规范、高效的信用管理体系、规范的征信服务机构和市场化运作机制、发达的信用交易和信用消费市场，以及有效的失信惩戒和守信受益机制等内容。

良好的社会诚信关乎着经济秩序的稳定及金融市场的安全。上海市自 1999 年 8 月起即开始征信试点工作。经过二十余年的探索实践，社会各方对社会诚信体系内涵特征的认识逐步清晰。上海社会诚信体系建设整体布局见表 1。

表 1　2003～2016 年上海出台的社会诚信体系建设相关文件及内容

时间	文件名称	要点归纳
2003 年	《关于加强本市社会诚信体系建设的意见》《上海市 2003—2005 年社会诚信体系建设三年行动计划》	一是统一思想，提高认识，把社会诚信体系建设摆在重要位置；二是明确目标，坚持原则，高标准建设社会诚信体系；三是精心组织，有效管理，确保社会诚信体系建设各项任务落到实处；四是加强领导，扎实推进，促进社会诚信体系建设协调发展
2006 年	《上海市社会诚信体系建设三年行动计划（2006—2008 年）》	努力建成全国重要的征信中心，加强社会管理领域信用制度创新，推动信用服务行业健康快速发展，加强企业和个人信用制度建设，营造诚实守信的社会氛围
2007 年	《上海市社会诚信体系发展“十一五”规划》	深入推进金融领域信用制度建设，建立现代服务业相关领域的信用制度，发挥浦东新区信用制度建设的创新示范作用，推进社会管理领域或信用制度建设，促进市场主体信用制度建设，推动信用服务机构快速发展和开展社会诚信创建活动，并提出相应的保障措施
2013 年	《征信业管理条例》	从征信机构、征信业务规则、异议和投诉、金融信用信息基础数据库、监督管理、法律责任等方面进行了规制，是我国征信业的“基本法”
2013 年	《上海市社会信用体系建设 2013 - 2015 年行动计划》	推动地方信用立法，健全社会信用制度体系；改善社会公共服务，完善市场信用管理机制；推广信用服务应用，优化要素市场资源配置；提高信用服务水平，加快信用服务产业集聚；加强诚信宣传教育，弘扬社会主义诚信文化；围绕解决现实紧迫需求，推动重点领域信用体系建设；完善组织保障，确保任务落实
2014 年	《社会信用体系建设规划纲要（2014—2020 年）》	明确现阶段我国社会信用体系建设的主要目标：到 2020 年，社会信用基础性法律法规和标准体系基本建立，以信用信息资源共享为基础的覆盖全社会的征信系统基本建成，信用监管体制基本健全，信用服务市场体系比较完善，守信激励和失信惩戒机制全面发挥作用。政务诚信、商务诚信、社会诚信和司法公信建设取得明显进展，市场和社会满意度大幅提高。全社会诚信意识普遍增强，经济社会发展信用环境明显改善，经济社会秩序显著好转
2016 年	《上海市社会信用体系建设“十三五”规划》	推出未来上海市社会信用体系建设的目标：到 2020 年，信用制度更加完善，地方信用法规政策体系基本形成；信息流动更加通畅，信用信息共享开发利用机制明显改善；平台服务更加优化，开放共享和应用支撑功能持续提高；联动奖惩更加有力，信用价值感知度和获得感显著增强；信用市场更加活跃，全国领先的信用服务创新高地基本建成

此外，上海市公共信用信息服务平台也于2014年4月30日正式面向社会提供服务。作为市社会信用体系建设的基础平台，信用平台承担信用信息互联互通的枢纽作用，对接国家信用信息共享平台和其他省（自治区、直辖市）信用信息平台，做好公共信用信息共享、发布和服务工作。截至2018年底，市信用平台可供查询数据共计约3.2亿条，法人信用信息累计查询约2310万次，自然人信用信息累计查询约3163万次。[①]

2. 政府信息公开制度

政府信息公开制度是指将行政权力运行的依据、过程及结果向相对人和公众公开，使相对人和公众知悉，它体现了现代民主政治的核心。信息公开是我国社会主义民主政治建设的重要基石，同时也是建设社会主义法治国家的基本需求之一。而在经济领域及金融中心建设层面，公正透明、高效完备的信息公开制度，则有利于防治腐败、完善权力监督机制，进而有助于促进我国社会主义市场经济体制的进一步健全，对国际金融中心的法治环境建设与完善也至关重要。

1987年，党的十三大报告首次提到政府信息公开，在此后的一段时间内，《中共中央办公厅、国务院办公厅关于在农村实行村务公开和民主管理制度的通知》、《中共中央办公厅、国务院办公厅关于在全国乡镇政权机关全面推行政务公开制度的通知》、《全面推进依法行政的实施纲要》和《中共中央办公厅、国务院办公厅关于进一步推行政务公开的意见》等相继出台，我国的政府信息公开日趋规范，而2007年通过、2008年5月1日正式生效的《中华人民共和国政府信

① 数据摘录自上海市公共信用信息服务中心编制《2018年上海市公共信用信息服务平台运行情况报告》。

息公开条例》更是信息公开建设的里程碑。

上海市始终坚决贯彻落实党中央、国务院关于全面推进政务公开工作的系列部署，紧紧围绕市委、市政府中心工作，坚持需求导向、问题导向、效果导向，加快推进行政决策、执行、管理、服务、结果公开，加强政务公开标准化规范化建设，公开内容逐步覆盖权力运行全流程、政务服务全过程，公开制度体系基本完备，公开实效进一步提升，全市政务公开工作总体水平迈上新台阶。

2018 年，上海市新增主动公开政府信息 121.5 万条，其中，市级机关 75.3 万条，区政府 46.2 万条。全市各级行政机关共受理政府信息公开申请 31425 件，答复 31056 件。在答复中，“已主动公开”2271 件，占总数的 7.3%，“同意依申请公开”11390 件，占总数的 36.7%；“同意部分公开”385 件，占总数的 1.2%，三者合计占总数的 45.2%；“不予公开”1736 件，占总数的 5.6%。其余 15274 件中，“信息不存在”4282 件，占总数的 13.8%；“不属于本行政机关公开”3741 件，占总数的 12.0%；“告知作出更改补充”3161 件，占总数的 10.2%；“告知通过其他途径办理”4090 件，占总数的 13.2%。[①]

此外，上海市政府还积极开展多种渠道进行信息公开，例如政府公报、政府官网、政务微博、政务微信等，使社会公众更方便地获得政府施政的方针和进度信息，极大地提高了为人民、为经济社会发展建设服务的水平。

3. 金融消费者保护制度

金融消费者是金融市场重要的参与者，也是金融行业持续且健康发展的推动者。金融消费者的权益保护一方面切实关系到消费者自身

① 上海市政府办公厅印发《2018 年上海市政府信息公开工作年度报告》。

的合法利益，另一方面也与资产管理行业的长期稳健发展息息相关。加强金融消费者权益保护工作，有利于防范和化解金融风险，同时，对金融消费者信心的提升、金融安全与稳定的维护、社会公平正义的发展等方面均具有积极意义。随着我国金融市场近年来的深化改革与持续发展，金融产品不断创新，服务种类也日趋丰富。金融消费者在享受金融市场发展与革新带来的便利与收益的同时，其必然地也将承担着因金融产品与服务行为不规范所带来的风险，而针对新型金融产品与服务监管的缺位，则将进一步扩大风险，前述种种原因，综合导致金融消费纠纷频发这一现实问题。

为规范和引导金融机构提供金融产品和服务的行为，构建公平、公正的市场环境，加强金融消费者权益保护工作，我国针对金融消费者权益保护的政策性文件见表2。

表2　我国针对金融消费者权益保护的政策性文件

时间	部门	文件名称	主要内容
2013年	国务院办公厅	《国务院办公厅关于进一步加强资本市场中小投资者合法权益保护工作的意见》	资本市场应健全投资者适当性制度，优化投资回报机制，保障中小投资者知情权，健全中小投资者投票机制，建立多元化纠纷解决机制，健全中小投资者赔偿机制，加大监管和打击力度，强化中小投资者教育及完善投资者保护组织体系
2015年	国务院办公厅	《国务院办公厅关于加强金融消费者权益保护工作的指导意见》	金融消费者保护工作应当坚持市场化和法治化原则，坚持审慎监管与行为监管相结合，建立健全金融消费者权益保护监管机制和保障机制，规范金融机构行为，培育公平竞争和诚信的市场环境，切实保护金融消费者合法权益，防范和化解金融风险，促进金融业持续健康发展
2016年	中国人民银行	《中国人民银行金融消费者权益保护实施办法》	从金融机构行为规范、个人金融信息保护、投诉受理与处理及监督与管理机制四方面详细规定了金融市场的相关规范，旨在进一步加强金融消费者合法权益保护力度，规范金融机构提供金融产品和服务的行为，从而更好地维护公平、公正的市场环境，促进金融市场健康稳定运行

二　从上海自贸区法治建设分析上海市金融法治的改革创新

2013 年 7 月，国务院常务会议通过并公布了《中国（上海）自由贸易试验区总体方案》（以下简称《上海总体方案》），同年 9 月，上海自由贸易试验区正式挂牌成立。作为中国第一个自贸区，同时为进一步推动上海国际金融中心的建设，上海自贸区在深化金融改革创新领域扮演着重要的角色。

为保证自贸区金融改革试点的顺利进行，国家及各级政府出台了相关法律规范以确保改革行为依法且符合程序，此后，政府有关部门及人民银行、证监会、银保监会等金融监管部门则在相关框架下，推出各项配套性的政策制度，以促进上海自贸区金融创新法治体系的完善，进而为上海国际金融中心法治建设的发展提供了方向指引。

（一）自贸区金融法治改革的支持性框架

1. 国家层面

全国人大常委会先是于 2013 年 8 月通过了《全国人民代表大会常务委员会关于授权国务院在中国（上海）自由贸易试验区内暂时调整实施有关法律规定的行政审批的决定》[①]，此后又于 2014 年 12 月通过了《全国人民代表大会常务委员会关于授权国务院在中国（广东）自由贸易试验区、中国（天津）自由贸易试验区、中国（福建）自由贸易试验区以及中国（上海）自由贸易试验区扩展区域暂时调整有

① 2013 年 8 月 30 日第十二届全国人民代表大会常务委员会第四次会议通过。

关法律规定的行政审批的决定》①，该两项决定是上海自贸区内相关立法创新的制度性前提与基础，为上海自贸区内的金融法治改革合法性提供了保障。

2. 地方政府层面

根据上述全国人大和国务院相关授权的决定，上海市人大常委会于2013年9月通过了《关于在中国（上海）自由贸易试验区暂时调整实施本市有关地方性法规规定的决定（草案）》②，该决定基于全国人大关于授权上海自贸区法律调整行政审批事项的前提，结合自贸区设立的目的及发展实情，对上海市地方性法规与国家法律、行政法规以及上海市地方政府规章与地方性法规之间的关系予以进一步梳理，并明确停止原先对于境外资本审批的相关严苛要求，为自贸区金融法治环境的改革与创新提供了必要的基础。

基于上述国家层面及上海市地方政府层面的相应授权，2013年9月，上海市政府制定并公布了《中国（上海）自由贸易试验区管理办法》③（以下简称《上海自贸区管理办法》），该办法对于国务院公布的《上海总体方案》中有关金融创新、区内行政职权划分、金融风险的监管与防范等相关政策均予以细化；2014年7月，上海市人大常委会通过了《中国（上海）自由贸易试验区条例》④（以下简称《上海自贸区条例》），该条例主要从自贸区的管理体制、投资开放、贸易便利、金融服务、税收监管、综合监管和法治环境等方面制定了一系列的规则与指引，旨在为自贸区建设提供制度性保障的同时，推进区内金融体制改革、提高区内经济金融市场的开放程度，充分发挥金融

① 第十二届全国人民代表大会常务委员会第十二次会议决定公布。

② 2013年9月26日上海市第十四届人民代表大会常务委员会第八次会议通过。

③ 2013年9月29日上海市人民政府令第7号公布。

④ 2014年7月25日上海市第十四届人民代表大会常务委员会第十四次会议通过。

市场领域改革“试验田”的作用，探索制定一套符合上海国际金融中心建设需求的、符合我国当前“一带一路”倡议、人民币国际化战略大背景的、更符合我国进一步深化改革与发展需求的金融法治体系，并形成可复制、可推广的经验。上海自贸区管理办法与上海自贸区条例相结合，共同起到了上海自贸区基本法的作用。

（二）上海自贸区条例金融创新政策的创新点梳理与分析

从国家层级的上海总体方案分析，其主要是从建制目的、发展目标、落实方向等宏观的层面对自贸区相关立法提供了指引。上海总体方案支持在自贸区范围内先行先试金融制度的改革试点，事实上也是对金融市场开放、创新与发展的有关事项作出尝试性的政策性引导，以探索并固定经验。而这些政策性措施应当被限定在《上海总体方案》所明确的范围内，因而《上海总体方案》也是上海自贸区改革创新试点的框架与主干，也是自贸区内制定各项单行配套政策的基础与依据。

单看自贸区内基本法地位的《上海自贸区条例》，其第三章投资开放及第五章金融服务中规定了大量金融创新政策，这些政策诸多是区内独有的，是近年来上海金融发展的风向标。《上海自贸区条例》全面地对上海自贸区的金融该“如何创新”给出了方向并划定了范围，在鼓励、促进金融创新的制度举措中，部分内容突破了上位法的相关规定，具有鲜明的改革特点。

上海自贸区的创新特点及目标主要有四个：其一是最重要且最主要的改革特点，即引入了准入前国民待遇＋负面清单的管理模式，这一模式改革了投资管理的基本体制并扩大了自贸区内的金融服务业开放程度，在2019年新《外商投资法》中，该制度被予以正式固定并为全国范围内普遍推广、适用；其二是立法立规以推动金融领域的持续创新，促进人民币资本项目的可兑换，促进金融市场的利率、汇率市场化，进一步开放金融服务相关业务的准入条件，允许符合条件的民营即境外资本入驻金融行业，以最大限度地实现贸易投资的灵活化与便利化，拓宽金融市场开放程度；其三是创新监管服务模式、促进贸易转型升级，具体体现在倡导培育新型贸易业态、鼓励跨国公司于自贸区内设立亚太地区总部、进一步深化国际贸易结算中心的改革试点工作、建立第三方检验鉴定机构等；其四是有关自贸区内行政职权架构建设的最终目标——建立一套相对完善且高度适应国际贸易投资秩序的行政管理体制。

上海自贸区的制度创新将不可避免地对上位法进行一定程度的突破，甚至很可能与上位法产生冲突，故而通过一定的制度设计，使得这些“突破”与“冲突”合法、合理化则是自贸区改革的前提与基础，基于此，国务院在印发《上海总体方案》前，首先就自贸区内部分法律的暂时调整这一事由提请了全国人大常委会审批，而上海市政府亦是在获得了上海市人大的有关授权后，才予以发布《上海自贸区管理办法》，对上位法的突破，需要以获得相应授权为前提，这一立法思路对于我国其他自贸区的区内法治改革起到了良好的借鉴。

上海自贸区条例及上海自贸区管理办法共同搭建成的上海自贸区法律支持框架，为上海自贸区进一步深化金融改革提供了坚不可摧的基础。

（三）上海自贸区金融创新具体法律内容分析

金融创新改革的分析可以从多个角度切入，除可以从具体政策内容出发外，从法律内容可以将自贸区金融政策分为机制创新、金融主体法创新和金融行为法创新三个方面[①]。

1. 机制创新

根据《上海总体方案》的相关规定，自贸区内需要构建两套联动机制，其一是自贸区内金融改革创新与上海国际金融中心建设的联动机制，使得自贸区内的金融改革与创新成果充分服务于上海建设国际金融中心的战略目标；其二则是经济金融改革建设与贸易、航运、科创中心建设和发展的联动机制，跨产业的交流与协作，使得金融更好地助力于其他基础产业的建设与发展。上述两项联动机制是基于自贸区发展应当"为全面深化改革和扩大开放探索新途径、积累新经验"这一目标而搭建的，实施以区内金融创新政策的不断深化实施带动其他非金融产业的创新发展，以区内的金融创新法治改革的经验带动上海国际金融中心建设的国家发展方略。

2. 金融主体法创新

《上海总体方案》关于金融服务业的创新政策的一大亮点在于创新性的试点准入前国民待遇加负面清单的外资准入管理制度，这一制度近年来也在其他自贸区乃至全国范围内得以推广，并于 2019 年《外商投资法》中以立法的方式予以明确。

具体到上海自贸区的金融主体法创新层面，其创新点主要包括：在区内建立国际化金融交易平台、放宽金融机构的准入条件、深化对于区内本外币资金宏观监管的改革、在区内试点银行业务的有限牌照制度等。上述政策主要是从对标国际经济贸易主流规则的角度出发，在区内金融领域实行相应金融主体法改革实验，在开放了上海自贸区的金融市场的同时，也为这些金融创新制度在全国普

① 刘东方：《上海自贸区金融法制建设分析基于〈中国（上海）自由贸易试验区总体方案〉》，《理论月刊》2015 年第 9 期。

及提供了经验。

3. 金融行为法的创新

在金融市场准入条件得以放宽的同时，有关具体业务的准入条件、程序，金融主体进入市场后的待遇、监管以及金融市场退出机制等一系列制度都需要进一步根据实情及发展需求予以完善，才得以充分保障金融市场的稳定与安全。基于此，自贸区结合国际通行的一般商业规范，制定了相关制度以理顺产权关系、放宽资本流动性限制，建立公平竞争秩序，例如近日新公布的《关于进一步加快推进上海国际金融中心建设和金融支持长三角一体化发展的意见》提出要提前放开自贸区的外商投资金融业股比限制，并在临港新片区试点本外币一体化资金池双向流动的宏观审慎监管，其目的旨在进一步实现区内的外商主体在我国金融市场的大多数领域内的平等待遇、探索并建设与国际接轨的优质金融业态环境等，同时，这些制度的创新，也促进了上海自贸区金融市场的活力，使得金融市场及相关业务得以“有指引、合规矩地创新与发展”。

三　金融中心建设的国际经验分析与借鉴

（一）纽约国际金融中心建设的经验

纽约作为国际社会最具历史且最活跃的国际金融中心，长期占据全球金融中心指数前列，金融中心指数的评价标准之一即是具备健全且完善的金融法治环境。而美国国内相对完备的金融法律体系即监管框架，无疑对其金融市场的发达起到了促进作用。

综观美国的金融法律体系，其体现着相当浓烈的时代特征。首先是起步到全面监管阶段，美国对于金融的监管从 1863 年的《国民银行法案》起步，而以 1913 年《联邦储备法案》走向成熟。自 1933 年金融危机后，新制定的《格拉斯·斯蒂格尔法》则意味着美国金融业全面且严格的监管体系正式形成。其次是金融监管的宽松化阶段，自 20 世纪 70 年代起，为了促进金融贸易的效率与发展，美国在金融监管方面作出了诸多改革，诸如 1980 年的《存款机构放松监管和货币控制法》、1987 年的《银行业务平等竞争法》以及 1988 年的《金融机构改革、复兴和实施法》等促进金融市场活力的相关法案。最后是在亚洲金融危机后，面对金融恐慌，美国又在寻求更为系统及高效的监管模式，其中较为典型的立法革新是 1999 年出台的《金融服务现代化法》，其无论从制度还是具体内容均符合当前经济全球化、开放化的发展背景。

从美国法律体系的发展历程可以看出，其历次重要的改革与创新均是根据金融发展各个方面以及不同的发展阶段对金融市场相关政策进行调整，以持续地为美国境内的金融市场和金融机构创造一个符合时代背景需求的，更为开放、高效、自由的竞争环境，从而始终走在国际金融市场前列。

美国在推动金融中心建设的过程中始终高度重视金融创新，这与其高度冒险的社会理念以及追求自由化的社会氛围是离不开的。此外，也因为美国完善的基础建设与制度条件，其吸引了大量的高素质、多样化人才，这些均使得美国的金融机构创新能力处在目前其他国家和地区都无法企及的高度。[①]

创新需要被监管，但同时要注意避免监管过度。过度的监管会限

① 周海成：《国际大都市科技创新与金融“双中心”建设的经验与启示——以纽约、伦敦为例》，《科学管理研究》2016 年，第 34 页。

制金融市场的活力，对金融中心的发展造成负担，虽然监管的目标在于保障市场安全，但过多的限制及监管手段的僵化所起到的负面作用往往给金融市场发展带来不利影响。美国纽约国际金融中心也曾面对监管过度的困境，Gerard Baker 就此提出，“繁重的法律法规使得公司在财务、治理及其合规性审查方面付出更高的成本，从而导致许多公司选择离开美国市场，进入监管较松的伦敦和香港。”[①] 不仅如此，近年来，随着美国法律域外适用的不断增加，以及其法律体系发展的不稳定、不可预测性，均在很大程度上削弱了纽约金融中心的吸引力，大量资本纷纷寻找域外发展的机会，纽约作为国际金融中心的发展事实上受到了阻碍。

（二）伦敦国际金融中心法治环境建设经验借鉴

根据全球金融中心指数近些年的排名情况，伦敦已多次领先纽约，成为位居世界范围综合评估排名榜首的国际金融中心。不同于美国愈发紧缩的金融监管环境，伦敦国际金融中心则始终秉持着一种更为张弛有度的金融监管政策。英国自 1979 年《英国银行法》（该法于 2009 年更新）颁布以来，陆续出台了《英格兰银行法》《金融服务和市场法》等相关法律。2009 年美国次贷危机，引发了英国监管部门的反思，经研究后英国对《银行法》予以调整，同时公布了有关全球银行危机的监管措施专题报告以及《改革金融市场白皮书》，并于次年制定了《金融服务法》。这些法律共同确立了英国对于金融市场施行宏观审慎监管、强调金融风险的防范、注重金融系统稳定性等原则。伦敦金融中心的法治环境更多的是参照国际标准，在立法层面更

① Gerard Baker, “Why New York is losing out as the world’s financialcenter”, The International Economy (The Magazine of InternationalEconomic Policy), Spring 2007.

倾向于制定一些原则性条款而不是严苛死板的制度性规范。原则性规定有助于吸引投资者并鼓励金融创新。此外，不同于美国“多头多重”的监管机制，英国对于金融市场的监管采取的是更为高效的单一制监管——由金融服务监管局、英格兰银行与财政部三方常设的委员会履行日常的监管职责，如遇涉及金融消费者保护等问题，则由专门的消费者保护机构承担，至于有关金融刑事犯罪方面的事项，国家刑事犯罪情报局、公平交易办公室等职能机构也将依需介入，履行相应的调查、执法职能。即整体而言，英国对于金融市场的监管体制属于以单一、集中的宏观审慎监管为原则，特殊问题区别对待，各部门各司其职，有序行权，协力维护金融市场稳定、促进金融市场发展。

（三）香港特别行政区国际金融中心建设经验

我国的香港特别行政区属于典型的港城一体化、综合性自由贸易港，也是全球最为活跃、开放的自由贸易港，其全球金融中心指数排名长期位居前列。香港自由贸易港的成功除了得益于其得天独厚的地缘优势及历史因素外，当地政府所制定推行的一系列开放性宽松便利政策也是必不可少的，此外，内地对港“法治为先、依法治港”的精神理念和管理模式对于香港国际金融中心的建成也起到了助推作用。在金融市场风险管理方面，香港的制度建设主要是从不同的金融领域入手，即以《证券及期货条例》《保险公司条例》《银行业条例》三大条例为核心，建立一套相对完备的金融法律制度体系，并会根据金融市场的发展以及金融业务创新等问题的实际需求，对上述法律法规进行不定期的修改，以适应日新月异的国际金融中心市场环境。相较于完善且面面俱到的法治基础，香港日常对金融市场的监管则采取“小政府、大市场”的模式，长期奉行“积极不干预”原则——作为监管部门的金融监督管理局、证监会等负有监督管理职责，其对于港内日常且具体的金融活动并不会进行过多的行政干预，旨在尊重市场规律，充分发挥市场自发性调节作用。这些机构仅在危难情况下，才可依照职能给予一定的帮助或指导，有需求时还可协助处理一些纠纷，但总之，其工作重点仅在于凸显政府的服务和职能。香港自由贸易港在国际金融市场中的竞争优势在于其健全、完备的法治体系以及公正、开放、透明的营商环境。一方面，其重视金融市场监管体系的完善，以有效防范金融风险，保障金融市场的安全与稳定；另一方面充分尊重市场的自我调节机制，给予当事人正常金融环境下充分的自主权，以市场为中心，避免过度的行政干预，以实现政府作为管理者的服务和引导职能目标。①

（四）国际金融中心法治建设经验对我国的启示

综观上述三个国际金融中心的建设，不难看出一个成功的国际金融中心是离不开一个完备的法律体系的。而在搭建国际金融中心法治框架的过程中，必须予以重视的是法治体系是一个空间的范畴，某一金融市场的法治体系都与该地区的地理环境、政治情况以及金融市场发展状态息息相关。国际金融中心法治环境同时具备着明显的阶段性特征，没有一成不变的法治体系，其往往会随着时代的变迁、社会的发展而更新换代。所以，在搭建相应的法治体系时，必须要与自身金融市场的发展水平和本国的司法与执法能力相匹配。

前文论述分析的国家和地区的国际金融中心建设无疑是成功的，但不论是从发展路径还是从模式选择或是从法治建设角度看，其都是大相径庭、各有千秋的，但不同的选择并没有妨碍其金融市场的创新

① 李猛：《新时代我国自由贸易港建设中的政策创新及对策建议》，《上海经济研究》2018 年第 5 期。

与发展。因此，推进国际金融中心的建设还是需要从本国国情出发，在充分学习、吸收、借鉴他国成功经验的基础上，走自己的路，牢牢抓住当前“一带一路”建设和人民币国际化推动正处在白热化的好时机，稳扎稳打，胆大心细，让上海国际金融中心建设符合中国特色，并保持世界前列。

四　上海国际金融中心法律体系建设的建议

近些年来，我国在存款保险制度、股权投资基金、私募基金、金融期货市场退出、金融机构综合经营、金融控股公司、金融消费者保护方面等的法律法规及制度规范的空白已逐渐得到填补；期货业立法、金融衍生品立法、金融国有资产管理方面的规定也逐步完善，但不可否认的是，部分金融法律依旧落后于市场实践；一些金融监管制度与上海建设国际金融中心的要求和国际惯例存在一定差距。

上海国际金融中心的法律体系建设方向，从法律体系框架层面出发，应当去“制度化”为“法治化”；从法律体系的具体内容出发，需要在包括但不限于金融信息、离岸市场监管、创新监管、绿色金融等诸多方面重点着力。

（一）金融立法应当变“规章化”为“法治化”

随着上海国际金融中心的逐渐建成，金融监管“法治化”的需求也愈发明显。综观我国现行的金融法律体系，其在银行、证券、保险、金融控股公司、资产管理、互联网金融、打击非法金融活动等方面出台诸多单行的监管政策性文件，旨在对金融市场及场内活动加强引导与规制。但这些规范性文件多侧重于立规，甚至部分是以“建议”“指引”等不具备法律意义上的约束力的政府红头文件等形式出台，而不是立法。

仅就有关金融领域的法律与行政法规相比较而言，截至目前，全国人大及其常委会颁布的有关金融的法律共10部，包括但不限于国务院及其有关部门、央行、证监会及银保监会以及前述机关的地方派出机构为主体，其所指定并公布的行政法规及规章等规范性文件则超过了4000部。

通过对于纽约、伦敦以及香港在内的与成熟金融市场的分析，不难发现这些地区往往存在以相对高位阶的法律为基础所建制的金融法律体系，而我国目前的金融法领域则更多的是由较低位阶的规章堆砌而成，尚未成体系。一般而言，上位法由于其门槛相对较高，程序较为复杂，所以更为稳定，同时其在内容上对下位法能形成指引作用；与此反之，处于下位的规章制度则因其制定门槛较低，更容易发生变化，且缺乏上位法指引的下位法往往会发生因制定主体、制定时间不同而产生的冲突或空白，前述种种问题均能导致立法与立规在实际的执行层面上所展现的效果存在较大差异，主要表现在三个方面。

一是在一致性上存在差异。处在上位的法律，其制定及修改的流程较为严格且烦琐，但这恰恰保障了法律的严谨性，同时也使其具有良好的部门一致性和历史一致性。而处于下位的规章则由于制定及修改规则较为简化、便利，使得相应机构具有较大的操作空间及自由度，有可能会导致立规机构为了追求短期目标或部门利益而频繁出台或修改或废止规章制度，最终导致不同机构间针对同一金融活动的规范存在冲突或同一机构不同时期的金融规范前后不一致的不利后果。

二是对未来预期的形成存在差异。稳定的法治环境对于金融活动的参与者形成稳定的预期有促进作用。而稳定的预期则有助于推动金融经营者及金融消费者开展长期的、战略性的投资与决策活动。

三是对法治环境建设的效果存在差异。面对金融市场失灵、金融市场危机等事件之后的每一次立法，事实上是把当次危机中获得的经验教训以法律的形式予以固化的结果，而在不断总结与吸收过去的经验教训的过程中，法治水平与监管能力也将不断获得提升。随着立法的不断积累，以往的监管经验予以固化，使得重复试错的概率降低，这是一种自我反思与进步的学习机制。反之，如果仅仅是“立规”，由于其缺乏一定的稳定性，随着环境的变化和短期目标的驱使，经验和教训不能得到有效传承，最终还是难以避免同一问题反复试错的风险。

综上所述，立“法”更能使法律体系及法治环境得以进步，而立“规”虽在短期内具有一定的监管效果，但为金融市场长期稳定发展埋下隐患，难以构建一个和谐稳定且高效的法治环境。因此，我们需进一步推动金融立法，以完善金融治理，营造“最规范、最高效、最公平”的金融环境。

（二）金融法律制度有待多方面、深层次的完善

在搭建好金融法律体系框架后，完善的金融法律制度内容也是完善的金融法治体系中不可或缺的部分。一套完善的金融法律体系，其内容往往需具备完备性、目标性与主动性三大要素。我国金融法律制度应紧扣我国社会主要矛盾变化，按照高质量发展的要求，坚持以供给侧结构性改革为主线，以解决发展不平衡不充分问题为重点，着力增强金融业服务现代化经济体系建设的能力，着力防范化解系统性金融风险，用金融法律制度规范金融行业与行为，用金融法律制度释放金融新动能。[①]

① 李燕、吴敏：《提高金融法制化水平》，《中国金融》2018 年第 6 期。

金融立法应当在尊重金融价格市场规律的前提下，对金融活动保持持续、一致性的审慎监管，并及时对金融犯罪展开打击，保护消费者的合法权益。而具体到上海国际金融中心法治建设层面，金融法律体系亟须完善的方面还有很多（见图3）。

1. 进一步立法以加强对金融信息的保护

随着互联网时代的到来，越来越多的消费者参与到金融活动中，其存在的非理性以及聚众性等特点，使得在互联网时代下金融市场中的信息知情、信息使用、电子数据存管、隐私与个人信用无形资产保护等问题愈发突出，而适当性原则的应用、财产安全保障及求偿权的行使等各方面的实现也面临新的挑战。从金融消费者保护角度来看，金融市场最重要的是要保障消费者的财产安全权、信息安全权、知情权、选择权以及纠纷及时解决的权利。

此外，随着信息技术即互联网业务的发展，金融活动中涉及的个人信息、隐私数据的保护以及网络金融市场的安全治理等问题已成为亟须被关注的重点领域。近年来，由于数字金融监管法律缺位、金融消费权益保护法律不健全、个人隐私及数据保护等方面的手段落后等问题，金融市场产生了诸多纠纷，如对上述问题不及时立法予以规制，将对金融市场线上的进一步发展埋下隐患。

当前，首要任务保护金融消费者是从立法角度与理念，从保护弱者角度出发，向金融消费者“适度倾斜”，即在审慎监管这一基础上，适当参考行为监管理念，制定相对有利于保护金融消费者合法权益的法律法规。此外，由于目前互联网金融高速发展的态势，针对线上金融消费者的个人隐私、个人信息和数据的保护等问题也需要充分探讨并作出相应指引，并结合互联网时代日新月异的技术变化，合理设计高效、恰当的规制体系。

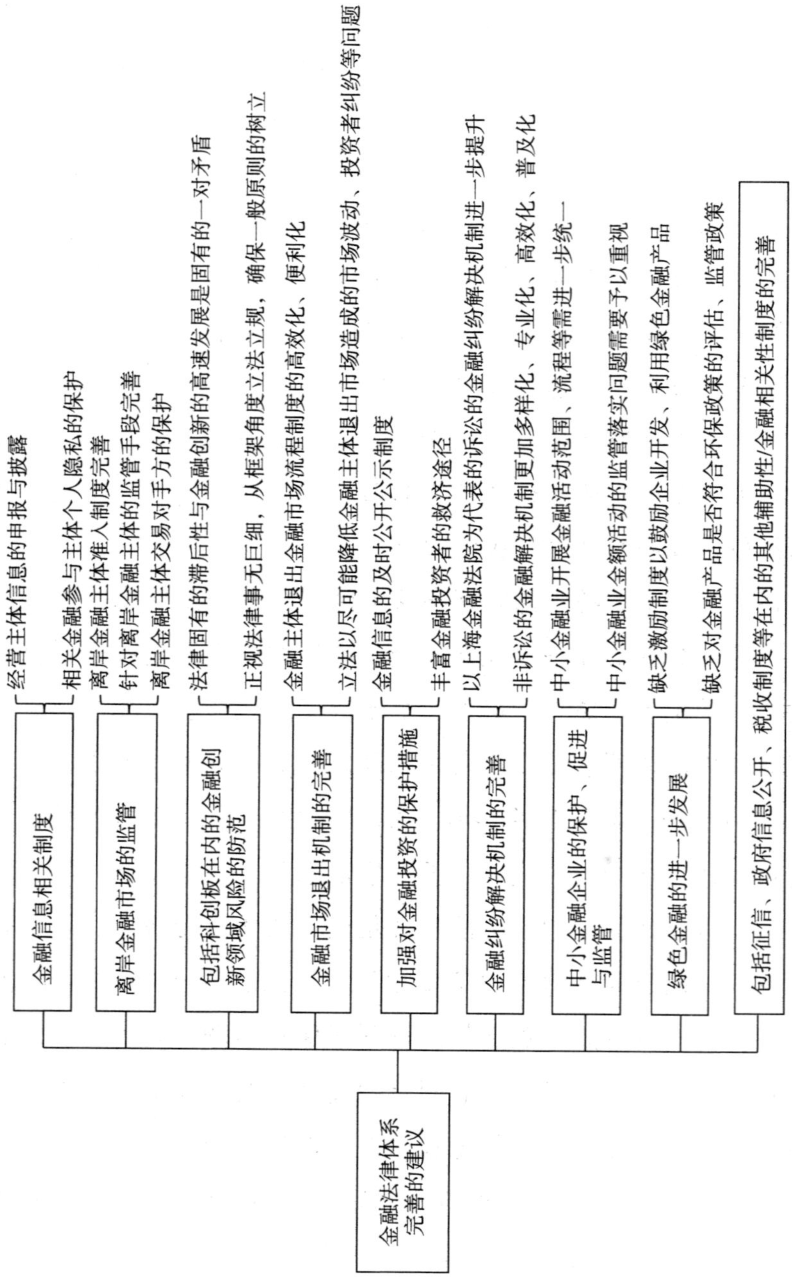

图3　金融法律体系完善的建议

2. 离岸金融市场的监管滞后与监管空白亟须立法弥补

离岸金融的发展是自贸区金融改革与创新的重点之一，也是在“一带一路”倡议以及人民币国际化战略大背景下中国金融业“走出去”，外国资本引进来的重要部署。离岸金融也即跨境金融，是指针对非居民提供各种国际性的金融服务，其业务种类包括但不限于存贷款业务，国际贸易货币结算业务，跨境投融资业务，跨境证券、债券、期货等金融产品的投资，外汇交易，跨境担保，金融租赁等。由于离岸金融活动独立于一国国内金融循环体系之外，其往往享受着比国内监管体制更为自由和宽松的监管环境及特殊的税收优惠政策。

离岸金融是一个复杂的开放式系统，其内涵包括了金融市场的开放、金融跨境合作以及金融市场的自由化。而伴随前述的金融市场开放与自由化，其必然伴随着风险的产生，包括但不限于对在岸金融市场的冲击、国际收支项目失衡、货币政策失效、金融违法行为滋生等。

所以，离岸金融为金融创新带来机遇的同时，也对金融监管的制度体系造成了新的挑战。离岸金融监管体制的完善应当从制度与执行两个层面着手，即既要制定系统、完备的离岸金融法规体系，又要搭建一套分工合理、权责明晰的金融监管主体架构。

虽然中国自20世纪起就开展了离岸金融业务的试点，但是至今就相关领域尚未出台一部系统化的“离岸金融法”，仅仅是以有关部门各自制定实施办法或条例的形式对离岸金融业务进行管理与规制，诸如《外资银行管理条例》、《离岸银行业务管理办法》及其实施细则、《合作金融机构行政许可事项实施办法》等。这些部门规章在一定程度上给予了离岸金融业务领域的指引，但还是远远不够的。此外，还需要注意的是，作为离岸银行业务的指导性法律《离岸银行业务管理办法》《离岸银行业务管理办法实施细则》出台于

20世纪90年代，与当前离岸金融市场发展现状相比已存在明显的滞后性，且包括该两部办法在内的上述文件立法位阶较低，内容又过于宽泛，多是以纲领性、口号性的条款笼统地提出加强离岸金融业务监管、加强金融风险防范等建议，至于如何落实该些政策却缺乏具体的指引。

此外，在具体的监管执行领域范畴，存在监管机构各自为阵，金融稳定与发展委员会协调作用不明朗，各监管机构职能的边界模糊，监管执法存在空白或重叠等诸多问题。目前，针对离岸金融的监管亟须搭建一套完整的、相互配合的离岸金融法律法规监管体系。

（1）明确上海国际金融中心离岸金融市场模式

根据目前学术界的通行理论，根据离岸金融市场的管理模式差异，可将全球各类离岸金融市场分成四种模式：内外一体型、内外分离型、渗透型和避税港型。这几种类型的离岸金融市场模式比较整理如表3所示（避税港型仅适用于金融监管完全失灵，金融犯罪猖獗的太平洋岛国等“避税天堂”，对我国金融中心建设无任何借鉴意义，此处不予比对）。

表3　离岸金融市场模式比较

	准入许可	交易主体	交易币种	账户及资金管理	对在岸市场冲击
内外一体型（伦敦、香港为典型）	相对宽松的准入许可	离岸金融机构、非居民、居民	自由兑换货币，原则上不包括本币	同一账户 允许跨境资金自由流动	较大程度影响
内外分离型（纽约、东京为典型）	离岸机构设立需经批准	离岸金融机构、非居民	自由兑换货币，包括本币	账户分离 禁止资金在两类账户间流动	最小程度影响
渗透型（新加坡为典型）	离岸机构设立需经批准	离岸金融机构、非居民为主、居民可有限参与	自由兑换货币，包括本币	账户分离 通常禁止资金自由流动，一定条件下可有限流动	较小程度影响

从表3可以看出，内外混合型离岸市场模型要求离岸市场所在地必须具备成熟的金融体系、强有力的调控力及完善的监管系统，而严格分离型离岸金融市场虽可以满足开展离岸业务乃至金融市场开放的基本需求，也能在开放的同时尽可能降低离岸金融市场对东道国在案市场造成的负面影响，但其弊端则在于会阻断离岸金融市场上的资金流入，而我国恰恰是资金需求国，在本外币完全分离禁止流动的模式下，开展离岸金融市场的意义于我国而言也将大打折扣。

上海自贸区作为我国境内成立最早且发展较为成熟的离岸市场，在模式选择层面可以考虑摆脱当前国内监管机制的严格限制，在发展离岸金融业务过程中进行内外渗透型模式的改革尝试，即在保证严格区分居民与非居民的基础上，允许离岸账户与在岸账户的资金之间在满足一定的前提条件下，单向、有序地渗透，并辅以反向渗透“正面清单”的监管模式。该模式不仅能减少离岸金融市场对境内金融市场的冲击，及时、有效地防御国际金融危机可能给东道国带来的负面影响，同时能进一步扩大金融市场的开放程度，此外，该制度还符合我国目前需要引入资金以推动生产力发展的需求。而反向的正面清单，则为境外资金的回流提供了一定的渠道，有助于平衡资本及利率、汇率市场，降低系统性风险。“单向渗透+反向正面清单”的离岸市场模式确立后，相应的监管原则也得以明确，即安全、高效、宽松监管、风险的适度控制及加强国际合作原则。

（2）建立健全离岸金融法律法规体系

可以尝试从上位法立法的角度出发，制定出台《离岸金融法》，为离岸金融市场法制体系搭建基础性框架。同时健全相关法律配套机制，如制定相关具体业务的管理办法、实施细则以及离岸业务指引、交易规则等，及时更新现行已存在但明显滞后于金融市场发展现状的旧法，促进离岸金融的健康发展。

（3）构建协调统一的监管体系

中国目前的金融监管以分业监管模式为主，该模式有利于监管部门各司其职，专业化监管，但对于一些包括离岸金融业务在内的复杂的金融活动则存在一定的监管短板，该类金融活动往往涉及多个不同的金融监管主体（央行、外管局、证监会、银保监会等），各个主体又各自根据其监管范围出台了不同的规范性文件，多方立规、多头监管，极易造成监管交叉或空白，并最终形成监管乱象。自 2018 年金融稳定委员会成立后，其在一定程度上承接了协调各监管主体，监管工作再分配的职能，但目前其作用尚不明朗，且鉴于离岸金融业务确属于一个高度复杂且专业化的领域，建议可以通过构建一个协调统一的监管部门，例如离岸金融监督管理局/部/科，专门负责离岸金融监管制度的拟定和监管执法与协调工作，以维护离岸金融市场的稳定和健康发展。

（4）明确离岸金融市场主体，构建离岸金融业务准入“负面清单”

准入制度作为事前监管，是一种有效的预防性监管方法，具体到离岸金融市场的准入，可以通过根据资产规模、内部控制、风险抵抗能力评价以及经营管理能力等量化指标，设置一系列的准入门槛。准入监管在这里可以分为金融主体的准入和金融业务市场的准入，在金融主体层面，虽最新的《外商投资法》依然确立我国外商投资实行准入前国民待遇加负面清单模式，但针对外资金融主体的准入目前仍存在股比的限制（2021 年取消），而至于离岸金融业务市场的准入，目前缺乏有关制度对外国金融机构设立在我国境内的分支机构予以约束。这直接造成中资金融机构在自贸区开展离岸业务受到了严格规制的同时，外国金融机构的分支机构却不在管制范围之内，这事实上导致了金融市场不同主体权利不平等的情形，给离岸金融市场的平衡、稳定发展埋下隐患。

基于上述问题，可以考虑参考香港的“分级拍照”制度，针对不同经营能力的金融主体进入中国金融市场后开展何种业务活动的权限进行更为细致地规范和完善；亦可以对离岸金融市场业务的准入采取“负面清单”模式，对于自贸区乃至国际金融中心的哪类金融机构禁止参与哪些范围的金融活动予以明确。

（5）加强事中监管，建立层级防火墙机制

在事中监管方面，对离岸市场的主要监管目标在于防范境外资金流动性过强而给在岸金融市场的稳定带来冲击的同时，制止金融违法行为。但发达的离岸市场应当具备较高水平的自由度与活跃度，这就要求在监管过程中应当注重尺度，严控政府的可干预范围，政府的监管应始终秉持守护在岸经济这一出发点，从汇率利率、货币和交易主体等方面进行合理地引导与规制，防范离岸市场与在岸市场的汇率利率巨大差异，避免为外汇转移、洗钱、国际逃税、国际恐怖融资等金融犯罪提供法律或管理体制上的漏洞。

基于此，在制度设计层面，可以通过制定相应规范，以明确的标准对金融业务期限、额度、目的等方面进行管控，从而确保离岸金融市场的健康运行，将离岸市场对在岸市场可能存在的冲击降到最低。监管部门还可以通过指导市场经营主体制定内部管理制度的方式，提高经营主体的自律性的同时，防范离岸金融业务的风险。在监管手段层面，可以建立层级防火墙机制。[①] 对于需予以重点监管的资金流动、市场交易等环节，在一般监管措施的基础上，建立级别更高且有效的保护措施，根据风险大小及重要性等方面的程度差异，建立起由宽松到严格的分级的监管制度，以最大限度地利用监管资源，保障离岸市

① 闫海洲、郑爽、黄诗晖、王安颖、赵星印：《国际离岸金融市场发展对上海自贸区建设的借鉴意义》，《上海经济研究》2014 年第 10 期。

场的有序监管。

（6）完善退出制度，设立强制退出机制

退出监管是一种事后的补救性质的监管。我国目前针对离岸市场的退出仅在《离岸银行业务管理办法》中提及了“申请退出”机制，至今尚无离岸业务强制退出的明确规定，这是我国离岸金融业务监管体系的一大漏洞。完善的退出机制除了有利于保证风险的及时止损外，还有利于维护业务相对人的合法权益，维护东道国及金融机构母国金融市场的健康、稳定发展。

退出机制的不健全亟须通过立法予以完善，应当赋权监管机构对于不具备经营能力或存在极大风险的金融机构采取强制暂停离岸业务或责令其退出离岸金融市场的相应权利。具体的强制退出机制流程设计，可以按照以下的方案：首先要求离岸金融机构定期申报经营状况及财务状况，一旦出现经营困难、重大危机等情况，监管部门可以采取一定的手段，例如协助整改重组等，进行止损或业务阻断，如在一定时间内仍无法解决的，则强制性地进入离岸金融业务退出程序中，按照一定的流程终止相应离岸业务，并按要求进行清算、理赔等。

而针对离岸金融市场的退出，从保护相对人的角度出发，还应完善相应的存款保险制度以及最后贷款人制度，建议可以通过自贸区条例或其他制度性规范的修订与整合，以解除《存款保险条例》第 2 条的对参与主体的束缚，将自贸区内的所有离岸金融机构均纳入存款保险范围，尤其是外国银行的分支机构，以及时防范和化解金融风险，保护存款人的利益，稳定金融市场秩序。此外，还应当建立最后贷款人制度。以人民银行的信用背书作为离岸市场的安全底线，当金融机构面临破产时，由中央银行维护离岸金融市场对于银行体系的信心①。有效的退出机制是离岸市场监管的最后一道安全防线。

3. 科创板的监管制度有待及时跟进

2018 年 11 月 5 日，首届中国国际进口博览会正式开幕，国家主席习近平在开幕式演讲中正式宣布于上海证券交易所中设立科创板。科创板作为依托于上海证券交易所但与现有主板市场相独立的新设板块，其创新点即在于试点实施注册制。这一资本市场的重大改革举措，目的在于进一步强化，增强市场包容性，并提升服务科技创新企业能力。

科创板的设立是中国资本市场改革的头等大事，其创新性的是中国证券市场监管由原先的政府监管为主朝向以市场主导迈进的一大步，是中国政府改革坚持市场导向的一大步。科创板是证券监管改革和完善的“先遣队”和“试验田”，将为后续改革提供样本。

2019 年 6 月 21 日，最高人民法院发布《关于为设立科创板并试点注册制改革提供司法保障的若干意见》②，针对科创板的系列改革和创新举措制定了配套的司法保障，旨在助力科创板改革得以平稳有序地推进。此外，在 2019 年期间，中国证监会和上海交易所也发布了包括但不限于发《科创板首次公开发行股票注册管理办法（试行）》、《科创板上市公司持续监管办法（试行）》、《上海证券交易所科创板股票发行上市审核问答》、《保荐人通过上海证券交易所科创板股票发行上市审核系统办理业务指南》、《科创板创新试点红筹企业财务报告信息披露指引》和《上海证券交易所科创板股票上市委员会管理办法》等多个规定，以确保科创板市场的平稳运行。

作为资本市场的重大增量改革举措，科创板在其板块内先行先试

① 王淑敏、陈晓：《中国建设自由贸易港的离岸金融监管问题研究》，《国际商务研究》2018 年第 4 期。

② 法发〔2019〕17 号 最高人民法院 2019 年 6 月 21 日公布。

了诸多创新性的制度安排，且以远超出市场预期的速度在推进改革，高速发展取得可喜成果的同时，必然面对的将是制度滞后所造成的初期运行屏障，伴随产生的还有各类风险。建设好一个新的市场是一个系统性的工程，而这项系统性工程中必不可少的一项内容即是完善的制度规则。

科创板改原先主板证券市场准入的审批制为注册制，即在新股上市与发行环节中，监管部门仅对拟上市企业信息披露信息的完整性予以审核，而不再确认其真实性，这在简化拟上市公司上市程序、缩短上市排队等后期的同时，也为其财务造假、欺诈上市等违法行为提供了一定的便利。在此种放宽事前监管的情形下，完备妥善的事中事后监管则成为必需，有关监管部门应当积极、主动予以跟进，建立完善的日常金融活动披露、审核、监管机制。同时，应当更注重保护投资者的利益，搭建完善的投资者权利救济体系，以使得科创板市场平稳、有序、健康地发展。

4. 绿色金融相关理念应当进一步以立法途径予以明确

随着当前世界经济持续且快速的发展、地球人口激增以及能源、资源消耗量的大幅增加，目前全球的生态环境受到了严峻的挑战，如何将经济增长与保护环境相结合，使得金融发展服务于绿色地球的建设，已成为各国的重要目标之一，“绿色金融”这一概念即应运而生。其主要有两层含义，其一是在金融活动中，通过对社会资本流动的合理引导，在投融资决策中纳入环境影响评价，以促进生态环境的保护与经济社会的可持续发展；其二则是金融行业本身的可持续发展，即需要避免局限于追求短期利益而过度的投机行为。①

① 张绍鸿：《促进绿色金融发展的法治保障机制研究》，《理论建设》2017 年第 5 期，第 103 ~ 108 页。

“赤道原则”作为目前国际项目融资的一个普遍采纳的标准，是绿色金融理念的典型体现，该原则要求金融机构在投资具体项目前，需要综合评估该项目对于环境和社会的影响，并有效利用金融杠杆促进项目在环境保护与社会发展中发挥积极的促进作用。该原则旨在通过金融促进人与社会、与自然和谐发展，稳步实现绿色金融、绿色经济生态环境。

（1）绿色金融法制环境现状

绿色金融在我国起步较早，以央行 1995 年发布的《关于贯彻信贷政策和加强环境保护工作有关问题的通知》① 为起步，该通知意味着绿色金融理念首次、正式以绿色信贷的形式被引入我国。但在接下来的十余年间，由于缺乏对“绿色金融”概念的深入认知，其法治层面的保障长期处于停滞状态。直至 2007 年，有关部门才逐渐意识到在绿色金融这一领域内，政府必须承担积极主动的助推者的角色，自此之后的数年间，我国相继出台了一系列政策以引导绿色金融的发展，更是将绿色金融固定在“十三五”规划中，将其提升为国家发展战略（见表 4）。

表 4　2007～2019 年各部门出台的绿色金融相关政策

年份	部门	文件名称	目的/内容
2007	国家环保局、人民银行、银监会	《关于落实环保政策法规防范信贷风险的意见》	将企业环保信息纳入全国信用信息基础数据库，并对企业的环保行为分级评价
2007	国家环保局	《关于加强上市公司环境保护监督管理工作的指导意见》	提出完善并加强上市公司环保核查制度，探索环境信息披露机制并加大监督检查的要求
2007	国家环保局联合保监会	《关于环境污染责任保险工作的指导意见》	对部分环境危害严重的行业、企业和地区开展环境污染责任险试点

① 银发〔1995〕第 24 号 中国人民银行 1995 年 2 月 6 日公布。

续表

年份	部门	文件名称	目的/内容
2012	银监会	《绿色信贷指引》	首次明确支持方向和重点领域，实行有差别、动态的授信政策，实施风险敞口管理制度，并基于此建立统计和考评体系
2013	国家环保部联合保监会	《关于开展环境污染强制责任保险试点工作的指导意见》	针对化工、重金属等环境风险较高的行业实施环境污染强制责任险制度，从而降低污染风险，并指引“三高一低”企业加快转型和促进绿色企业的创立与发展
2015	国务院	“十三五规划”	将绿色金融提升为国家发展战略
2015	国务院	《中国制造 2025》	计划并确立“绿色发展”作为基本方针之一
2015	国务院	《生态文明体制改革总体方案》	首次明确提出要建立我国绿色金融体系
2015	人民银行	《有关发展银行绿色金融债券市场注意事项的公告》	为绿色债券提供实践指导
2015	国家发改委	《绿色债券发行指引》	
2016	央行联合七部委	《关于构建绿色金融体系的指导意见》	给出了绿色金融的官方定义，对绿色金融体系建设提出框架性意见，鼓励养老基老、保险资金等长期资金开展绿色投资，鼓励投资人发布绿色投资责任报告
2017	证监会	《中国证监会关于支持绿色债券发展的指导意见》	引导了社会资本大量涌向绿色产业项目建设，使债券市场进一步服务于绿色产业的健康有序发展
2019	发改委联合七部委	《绿色产业指导目录》	为各部门、各地区切实开展绿色金融系列活动提供了及时的、可操作的指引
2019	人民银行	《关于支持绿色金融改革创新试验区发行绿色债务融资工具的通知》	支持绿色金融改革创新试验区发行绿色债务融资工具，进一步发展我国绿色金融市场，加强绿色金融改革创新试验区建设

此外，各地方政府纷纷对绿色金融政策出台相应保障措施，根据商道融绿与对外经济贸易大学 2019 年 5 月联合发布的《中国绿色金融分析政策报告（2019）摘要》显示，截至该报告出具前，我国各地及各部门发布的与绿色金融相关的各类政策超过 510 条，除中央政府外，全部 31 个大陆省级行政区（除港澳台外）均发布了绿色金融

政策，并有 20 个省级行政区发布了绿色金融专项政策[①]。

（2）绿色金融法制问题分析

从表 4 不难看出，我国目前的绿色金融有关立法存在效力低、分散化、缺乏激励性同时可执行性较低等诸多问题。首先，上述相关绿色金融规范性文件大多是国务院或国务院相关部门指定出台的指导性意见为主，并非上位阶的法律，故其缺乏一定的稳定性与强制力。其次，观其内容，上述文件规定的大多属于原则性条款，而对于相关主题具体的权利义务则缺乏明确的规定，这直接导致执法层面的障碍。再次，上述文件中过多的限制性、禁止性甚至惩罚性条款，直接导致了企业针对绿色金融政策的消极应对态度，然而绿色金融是需要被引导激励的，需要采取奖惩并用的手段才能达到绿色金融立法目的。最后，由于立法位阶低的现状，也直接导致各部门立法分散化，各地区存在各自为政的情形，最终将造成虽已下发相关政策文件却无法有效指导各地区实践的尴尬局面，为解决前述问题，亟须通过上位法立法对相关事项指定统一的、标准化的、可普遍执行的系统性规范，以法律保障绿色金融有序发展。

（3）绿色金融法制建设建议

绿色金融的法制建设，除去需要解决前述上位法缺失，以立法形式指定统一的、可普遍执行的标准化的系统性规范外，还需要对诸多具体的层面对绿色金融法律体系予以完善。

为了绿色金融发展予以更高效的法治保障，奖励机制与惩罚机制需结合使用，缺一不可。具体可以采取如下四个层次，从法律层面作出引导与规制：首先是政策上的引导，国家作为绿色金融活动的引导主体，可以通过出台有关扶持政策，将金融优惠政策与企业环境保护

① 钱立华、方琦、鲁政委：《中国绿色金融发展六大趋势展望》，《证券日报》2019 年 7 月 27 日。

及评价相挂钩，利用金融主体逐利性的本性，促使其主动开展绿色金融业务；其次，国家还应当通过健全绿色金融法律法规来加快节能减排法制化的进程，通过立法以明确绿色金融可持续的宗旨，制定有关节能减排、环境评价的指标，从而使得绿色金融的发展与监管活动有章可循、有法可依①；再次，关于绿色产权的交易环节，应当以立法形式予以明确规制，对于交易主体、交易标的、交易流程及模式以及救济措施等予以规范；最后，还需要建立健全绿色金融的监管机制，明确有关环境部门及金融部门各自的监管权限，包括但不限于绿色产权交易的监管权限、节能减排落实情况的监管权限、调查取证权限、信息披露权限以及针对违规行为的处罚权限等。此外，在绿色金融的监管环节中，公开、透明的信息披露制度以及高效、便捷的沟通协调机制也是必不可少的，该两项制度有利于金融机构在进行环保审查和评估时得以更为准确、高效地甄别和筛选社会环境风险，引导更多资本向绿色项目流动和汇集，加速金融业成为可持续发展的践行者和领导者②，同时也对国家绿色金融政策的发展起到促进作用。

5. 社会基础配套法治需有效落实

近年来，社会诚信体系及个人信用体系建设已取得良好成果，但我们仍期待有关社会信用立法得以尽快颁布实施。健全完备的社会诚信法律规范体系将有助于构建更为高效、有序的信用管理体系，同时有助于规范征信服务机构的行为，从发展信用交易、信用消费市场的角度，进一步优化征信业市场化运作的机制，同时也可以通过法律的授权，对失信行为进行必要且有效的惩戒。

至于政府信息公开层面，应当借助2019年新修订的《中华人民

① 袁康：《绿色金融发展及其法律制度保障》，《证券市场导报》2017年第1期，第4～11页。

② 黄昱菲、潘晓滨：《我国绿色金融法制体系的现状与完善路径》，《环境保护与循环经济》2019年第6期。

共和国政府信息公开条例》[①] 公布这一契机，进一步提升公开数量、优化公开质量，同时积极回应人民及相关主体对于政府信息公开的需求，坚持公开为常态，不公开为例外，切实发挥政府信息对人民群众生产、生活和经济社会活动的服务作用。

6. 金融纠纷解决机制应当大胆尝新

金融市场的发展对金融纠纷解决机制提出了越来越高的要求，航运金融、金融衍生品等复杂案件，以及层出不穷的新型金融案件，都给现阶段的金融纠纷解决机制提出了挑战——没有专业背景和市场实践，将很难把握金融纠纷中的法律关系。在建立高效的金融纠纷解决机制方面，我们还需进一步提高审判、仲裁及调解的能力和公平性，同时继续完善矛盾纠纷多元化解机制，以进一步提高国际上对上海的金融司法认可程度。

在金融审判层面，灵活、开放的金融市场给金融产品的创新带来了动力，而金融产品的创新则会导致新型金融领域内的纠纷解决缺乏可参照先例，更无相关法律可以直接援引适用，而金融案件有普遍具备当事人众多的群体性特征，往往给司法审判造成压力。面对前述问题，我国的金融纠纷司法解决机制也应当不断地探索、总结与创新，没有先例就创造先例，没有可援引的具体规则就通过对法律原则的指引，通过对金融市场规则的梳理以及具体案件的实时分析，一案一议，创新工作方法和审判机制，必要时可向消费者合法权益保护方面“适度倾斜”，以合法合理、高效有序的司法审判推动金融市场的革新与进步，并满足实体经济多样化发展的需求。

此外，上海市应当充分借助金融法院落户上海这一契机，在金融

① 《中华人民共和国政府信息公开条例》于2007年4月发布，后经中华人民共和国国务院令2019（第711号）修订。

司法领域内不断提升办案效率和专业化水平，厘清金融市场规则，规范金融活动行为，切实保障金融市场各类参与主体的合法权益，并与国际先进的司法经验交流，标齐国际通行的最高标准、最好水平，推进金融审判的专业化、国际化与智能化，进而更好地服务于上海国际金融中心建设，提升中国金融司法在国际社会的公信力与影响力。

此外，我们还应当积极推动金融纠纷的多样化解决机制，进一步落实仲裁、调解与法院的沟通与及时对接，更加完善非诉讼的金融消费纠纷第三方解决机制，这有助于节约司法资源的同时，还能帮助金融监管部门从具体的纠纷调解事务中解脱出来，进而对于营造稳定的金融法治环境、提高上海国际金融中心的“软实力”等层面，均具有重要现实意义。

结　语

十几年来，上海国际金融中心建设的成果是可圈可点的，但我们仍需注意到目前我国金融市场的发展依旧存在“重硬轻软”、国际化程度不高等短板。这不仅体现在金融市场整体发展水平与国际上的差距、与国际市场交流不足的层面，同时也是我们的金融中介服务以及与金融配套的法律法规、制度等“软实力”的建设没有完全到位的反馈。

我们正处在建设上海国际金融中心的冲刺阶段，根据我国的战略目标定位，到 2020 年底，上海市需架构一套公平法治、创新高效、透明开放的金融服务体系，建成一个基本确立以人民币产品为主导、具有较强金融资源配置能力和辐射能力的全球性金融市场，并成为与我国经济实力、人民币国际地位相适应且在全球排名靠前的国际金融中心。

这就要求我们仍需加速推动金融改革创新，进一步完善金融市场功能、健全金融机构体系并优化金融发展环境，从而持续增强金融资源配置能力、影响力，增强金融创新活力和综合服务能力，并有效维护金融安全稳定。注重金融创新的同时，金融法治的保驾护航是必不可少的环节之一。法律的滞后性是其固有属性，而金融发展的本质又在于创新，二者发展速度的不协调确实已导致了目前我国国际金融中心金融监管相对“疲软”的现状，体现在创新金融监管空白、离岸市场监管滞后、金融消费者保护力度不足等诸多方面，这些问题都是亟须研究者与立法者予以正视的。基于我国社会主义市场经济发展的实情，结合我国“一带一路”倡议与人民币国际化战略大背景下金融市场发展的契机，并遵循上海国际金融中心发展的根本方略，我们在借鉴国际经验的同时，应当积极地在自贸区进行法制建设的摸索，并将成功经验及时固化，以推广至区外乃至全国范围。

紧跟金融发展的趋向，遵循金融市场的规律，有效立法并充分执法，加强司法保护力度，推进纠纷解决机制多样化及高效化等层面，是建设完善金融法治环境的必然要求，而金融市场的发展离不开完善的法治基础，作为国际金融中心建设的“软实力”与奠基石，良好的法治环境将为金融市场的安全、稳定与可持续发展保驾护航，进一步落实科学立法、严格执法、公正司法的社会主义法治目标，结合自贸区敢于尝新的发展理念，深入探索、推进法治建设，从而为上海2020年建成国际金融中心提供强有力的保障。

图书在版编目(CIP)数据

上海金融促进实体经济及长三角一体化发展研究报告/上海研究院金融课题组著. -- 北京：社会科学文献出版社，2021.3

（上海研究院智库报告系列）

ISBN 978-7-5201-7963-8

Ⅰ.①上… Ⅱ.①上… Ⅲ.①地方金融事业-经济发展-研究-上海 ②长江三角洲-区域经济发展-研究 Ⅳ.①F832.751 ②F127.5

中国版本图书馆CIP数据核字(2021)第028940号

·上海研究院智库报告系列·

上海金融促进实体经济及长三角一体化发展研究报告

著　　者／上海研究院金融课题组

出 版 人／王利民

责任编辑／杨　雪

出　　版／社会科学文献出版社·城市和绿色发展分社（010）59367143

地址：北京市北三环中路甲29号院华龙大厦　邮编：100029

网址：www.ssap.com.cn

发　　行／市场营销中心（010）59367081　59367083

印　　装／三河市龙林印务有限公司

规　　格／开 本：787mm×1092mm　1/16

印 张：18.25　字 数：234千字

版　　次／2021年3月第1版　2021年3月第1次印刷

书　　号／ISBN 978-7-5201-7963-8

定　　价／88.00元